Dados Internacionais de Catalogação na Publicação (CIP)
(Câmara Brasileira do Livro, SP, Brasil)

Rochester, John Wilmot, Conde de (Espírito).
   Bem aventurados os pobres de espírito / John
Wilmot, Conde de Rochester ; tradução Victor
Selin ; psicografia da médium mecânica Wera
Krijanowsky. -- 6. ed. -- Catanduva, SP :
Instituto Beneficente Boa Nova, 2016.

   ISBN 978-85-8353-045-9

   1. Espiritismo 2. Ficção espírita 3. Obras
psicografadas I. Krijanowsky, Wera. II. Título.

16-03058   CDD-133.93

Índices para catálogo sistemático:

1. Ficção mediúnica : Espiritismo   133.93

WERA KRIJANOWSKAIA

Bem-aventurados os Pobres de Espírito

Instituto Beneficente Boa Nova
Entidade coligada à Sociedade Espírita Boa Nova
Av. Porto Ferreira, 1.031 | Parque Iracema
Catanduva/SP | CEP 15809-020
www.boanova.net | boanova@boanova.net
Fone: (17) 3531-4444 | Fax: (17) 3531-4443

6ª edição
Do 14º ao 17º milheiro
3.000 exemplares
Agosto/2016

© 2000 - 2016 by Boa Nova Editora

Capa e Projeto gráfico
Rafael Sanches

Diagramação
Juliana Mollinari
Rafael Sanches

Revisão
Mariana Lachi
Lúcia Helena Lahoz Morelli
Sérgio de Moura Santos
Maria de Lourdes Pio Gasparin

Tradução
Victor Emilanovich Selin

Coordenação Editorial
Ronaldo A. Sperdutti

**Todos os direitos reservados.
Nenhuma parte desta obra pode ser
reproduzida ou transmitida por
qualquer forma e/ou quaisquer meios
(eletrônico ou mecânico, incluindo
fotocópia e gravação) ou arquivada em
qualquer sistema ou banco de dados
sem permissão escrita da Editora.**

**O produto da venda desta obra é
destinado à manutenção das atividades
assistenciais da Sociedade Espírita
Boa Nova, de Catanduva, SP.**

Sumário

Prefácio	7
Prólogo	13
Capítulo I	19
Capítulo II	27
Capítulo III	38
Capítulo IV	56
Capítulo V	81
Capítulo VI	95
Capítulo VII	105
Capítulo VIII	114
Capítulo IX	136
Capítulo X	155
Capítulo XI	179
Capítulo XII	189
Capítulo XIII	211
Capítulo XIV	226
Capítulo XV	249
Capítulo XVI	265
Capítulo XVII	278

Prefácio

John Wilmot, Conde de Rochester, foi um poeta satírico inglês, de vida dissoluta e vasta cultura, morto aos 33 anos. Em espírito, Rochester teria ditado à médium Wera Krijanowskaia, entre 1882 e 1920, 51 obras entre romances e contos, dezenas dos quais traduzidos para o português.

Sua temática começa pelo Egito faraônico, passando, por exemplo, pela antiguidade greco-romana, pela idade média e pelo século XIX.

Nos romances de Rochester, a realidade navega num caudal fantástico em que o imaginário ultrapassa os limites da verossimilhança, tornando naturais fenômenos que a tradição oral cuidou de perpetuar como sobrenaturais. Ele revela o inaudito, o elidido, os pontos abissais da história, da lenda e do "pathos" humano.

Rochester é um analista de estados de alma que sincretiza a história com as paixões humanas, assentando-as em narrativas quase sempre vertiginosas, nas quais o insólito e o misterioso são invariantes que assinalam seu estilo sem compor uma receita de entretenimento ligeiro, subordinada às formulas de mercado que orientam os romances populares.

Aceitando ou não a obra de Rochester como psicografia, veremos que sua proposta de veridicção afina-se com o ideário realista de reprodução de uma sociedade e seus pontos de contato com cronologias históricas. Seus entrechos, rentes à realidade, buscam a verossimilhança em digressões vertiginosas.

A referencialidade de Rochester é plena de conteúdo sobre costumes, leis, antigos mistérios e fatos insondáveis da história, sob um revestimento romanesco, onde os aspectos sociais e psicológicos passam pelo filtro sensível de sua hiperbólica imaginação.

Em sua recriação da realidade, nenhum detalhe é desprovido de interesse; atentando para o seu virtuosismo descritivo, observa-se que certas passagens construem-se sobre um derramamento estilístico de inclinação romântica.

Os parênteses descritivos de Rochester ora precipitam, ora retêm o curso narrativo, verticalizando e esquadrinhando microscopicamente os espaços físicos e psicológicos. Ao lado da explosão dos dados emocionais, o autor ajusta as causas que determinam o comportamento humano e, por isso, nenhum dos personagens é gratuito. Quanto à ação moral a que se propunham os realistas, Rochester oferece indícios quando induz o leitor à reflexão, repelindo simplificações moralizantes e antitéticas sobre o bem e o mal.

A narrativa apenas, aparentemente, tangencia os atrativos dos textos folhetinescos, como o caráter informativo que transparece nos desvãos históricos ou nos fenômenos singulares que põem a ciência e as leis naturais.

Enquanto os mitos persistem no produto folhetinesco, Rochester invalida-os em suas obras, redefinindo, por exemplo, figuras legendárias, como José e Moisés, ultrapassando as crônicas que os sacralizaram. Sua escritura combina a epopéia e o drama.

Rochester, na linha da imaginação romanesca do século XIX, aproxima-se do "romance total", que enfeixa o diálogo, o retrato, a paisagem, o maravilhoso, desviando da força mítica do herói para um passado mais longínquo que a Idade Média, o espaço eleito para a fuga dos românticos. O que há de dramático em seu texto concentra-se na inexorável e precária condição mortal do homem, no que ela tem de permanente e atemporal.

A classificação em Rochester é dificultada por sua expansão entre várias categorias: terror gótico, romance sentimental, sagas de família, aventuras e incursões pelo fantástico. Sob sua natureza criadora, o autor revela os arcanos de civilizações que nos fascinam e apropria-se do que é prosaico ou bizarro, recompondo episódios complexos e identificando relações internas de "tempo, espaço, personagens", que compreendem seu conteúdo estético, bem como o inventário histórico, a recuperação do real e questões metafísicas ou filosóficas que constituem seu conteúdo ideológico.

Remanejando fórmulas narrativas do romance ao conto, Rochester vai revendo a espacialidade e a temporalidade, empreendendo uma viagem ao enigmático, numa pluralidade de fatos revisitados na memória. A complexidade da transmigração de um determinado grupo de espíritos que se reencontra em sucessivas reencarnações, no plano literário converte-se numa migração de personagens de uma obra à outra.

Pode-se dizer que a sua literalidade atualiza ou reinterpreta questões universais, como conflitos de poder ou formação de valores, fazendo uma fusão do real e do imaginário em atmosferas trágicas, cabendo ao leitor o esforço de preencher os vazios significativos (sobretudo quanto às leis de causa e efeito), reconhecendo nessa tarefa um dos atributos que um texto artístico apresenta em sua contextualização do real.

Assim, do ponto de vista linguístico e estético, Rochester produz um discurso literário; e, do ponto de vista referencial e historiográfico, reproduz uma realidade.

Percorrendo a narrativa de Rochester, observamos que capítulos de maior ou menor tensão alternam-se, produzindo expectativas num leitor enredado pela fragmentação narrativa, organizada fora de sequência temporal linear.

Sobre os personagens de Rochester, pode-se dizer que estes não existem a serviço do enredo, para sustentar uma tese de ordem moralizante e criadora de identidades: eles pertencem a uma narrativa que sonda episódios históricos com instrumental literário, de modo a não perder seus referenciais sob arranjos ficcionais, o que redundaria em personagens moldados consoante o público que se pretende atingir, um dos paradigmas do folhetinesco.

Rochester põe o leitor em contato com a forma inaugural do mito, no que diz respeito, por exemplo, ao enigma da esfinge e suas associações reveladoras, fazendo emergir sentidos que ultrapassam o valor expressivo e denotativo do fenômeno, irrompendo no leitor o fascínio de seus segredos, como em "O Chanceler de Ferro".

A gênese do lendário e do maravilhoso deita raízes nas narrativas populares, que passaram da primitiva oralidade à literatura moderna através de um manancial de textos, de origem anônima ou coletiva, proveniente do oriente e dos celtas. No fim do século XIX, manuscritos egípcios de três mil e duzentos anos "mais antigos que os textos indianos", segundo Nelly Novaes Coelho, foram encontrados em escavações na Itália, pela egiptóloga Mrs. D'Orbeney. Nesses manuscritos está o texto-fonte do episódio bíblico "José e a mulher de Putifar".

Rochester, em "O Chanceler de Ferro", enriquece com detalhes esse episódio, sem recorrer a soluções de modernidade. Revelando as matrizes da depreciação da imagem feminina, que as narrativas populares encarregam-se de difundir, ele adentra os meandros que conduziram a mulher de Putifar a ser acusada de traição.

Quando se refere aos judeus, em três de suas obras, Rochester levanta os preconceitos que consolidaram muitos dos estereótipos que lhes são atribuídos, numa pesquisa da tradição judaica e das marcas históricas que acompanham seu povo há muitos séculos, tendo sido ele judeu em passagens significativas, em diferentes culturas.

Quando ao foco narrativo, a obra de Rochester, ora através do narrador onisciente, ora através de narradores nomeados, apresenta diferentes versões de um fato, segundo as perspectivas e licenças individuais de quem as protagonizou.

Dessa forma, em romances como "O Faraó Mernephtah", "Episódio da Vida de Tibério" ou "A Abadia dos Beneditinos", uma determinada ação vivida por vários personagens é captada sob diversos ângulos pelo leitor: o enfoque de cada narrador oferece uma observação material e subjetiva, traduzindo suas distâncias interiores e sua vida psíquica.

Assim, por exemplo, vemos, em "Episódio da Vida de Tibério", o depoimento de quatro personagens. A narrativa se constrói sob diferentes repertórios, num movimento dialético de fragmentação (por parte da narrativa) e de síntese (por parte do leitor).

Os pontos de vista em Rochester são construídos a partir de visão "por trás" e da "visão com", segundo a definição de Jean Pouillon. O saber do narrador é ostensivo: ele tudo sabe sobre a intimidade dos personagens, apropriando-se de seus pensamentos e atitudes. Essa cobertura totalizante atendia a uma preferência dos leitores do século XIX, ávidos pela densidade dos fatos.

Como narrador onisciente, o autor projeta sobre os elementos físicos e psicológicos sua linguagem perita, verticalizando e adensando-lhes os traços exteriores e interiores, compondo imagens feitas de metáforas, antíteses e hipérboles, polarizando no texto a fluidez e o congelamento de cenas com o mesmo impacto.

Os personagens e o narrador sofrem uma simbiose de seus estados mentais, vivendo um pela palavra do outro. Seu efeito de realidade não se expressa em sua autoridade de narrador e sim em sua capacidade literária de reconstrução, de investigação, possibilitando novas interpretações, permitindo que a ficção e a realidade se confundam na relatividade das vozes de seus personagens, tocando a visão positivista do século XIX, em que a história conta-se a si mesma, espelhando o mundo real pela linguagem.

Sua exaltação sensorial apreende o mundo com os olhos do realista, acrescentando, às vezes, pulsações românticas; não apenas sentindo, mas vendo, apalpando, experimentando, levando o leitor a perceber que a sensação é elemento fundamental no conhecimento do mundo.

Entre poeirentas planícies, templos místicos, arenas sangrentas e furnas hostis, Rochester atualiza, como os matizes de uma pintura, os ignorados espaços da história. Seu empenho pictórico opõe o descritivismo funcional do Realismo ao descritivismo decorativo do Romantismo, num compromisso do senso real com a imaginação.

Nos textos de proposta realista, o testemunho subjetivo-individual romântico cede lugar ao depoimento objetivo e crítico, julgando os fatos a partir dos valores condicionados socialmente, impulsionados pelo pensamento científico e econômico, lembra Nelly Novaes Coelho.

Rochester surge justamente em um período de crise da representação simbólica da arte e da fragmentação do indivíduo que, como sujeito textual, não confere com o ideal pleno do herói, pondo em dúvida os valores absolutos.

Por ser depositária de preceitos espíritas e de questões metafísicas com competência, a fruição na obra de Rochester transcende a cotação da sensibilidade e o julgamento do gosto: o leitor divide-se entre o prazer da expansão subjetiva do autor e o ceticismo diante da objetividade dos laivos filosóficos, científicos e históricos que, se não surpreendem pelo real, surpreendem pelo lendário.

Seu universo imaginário é um excedente do real, atestando fenômenos produzidos pelo homem, desnudando mitos e decifrando enigmas. A combinatória desses elementos pelo jaez de sua escritura é que permite o trânsito de Rochester além da literatura espírita, possibilitando que seus romances encerrem uma sobreposição de textos que lhe dão um estatuto ora documental, ora ficcional, ora fantástico.

Thais Montenegro Chinellato
São Paulo, 17 de outubro de 1998.

Obs.: para aprofundamento do estudo sobre a obra de Rochester, veja: "O Espírito da Paraliteratura" – Thais Montenegro Chinellato – ed. Rhadu -1989

Prólogo

À distância de uma hora de Brandemburgo, capital do ducado de mesmo nome, havia uma casa de campo, cercada por um vasto jardim. A maciça edificação de alvenaria de dois andares, enfeitada de ambos os lados por terraços com colunas, não se destacava por sua elegância, mesmo sendo de pretensioso estilo italiano, mas, pelos seus jardins, que eram maravilhosos. A propriedade chamava-se Rosencheim, e a quantidade de rosas que florescia nas alamedas justificava inteiramente o nome.

No dia em que começa a nossa história, toda a casa fervia numa agitação extraordinária. A criadagem corria em um vaivém, terminando, apressada, os preparativos para o almoço de gala. As rosas foram podadas para a confecção de guirlandas para adornar as portas da casa e do embandeirado portão de ferro, inteiramente aberto.

Embaixo dos carvalhos que rodeavam a comprida alameda da entrada, havia uma multidão de curiosos; alguns deles pertenciam à equipe de empregados de Rosencheim, outros eram moradores da aldeia que se distinguia ao longe.

Afastado da ruidosa multidão, estava sentado, sobre a grama, um velho e abastado camponês, conversando baixinho com uma mulher de meia-idade, que, era evidente, envelhecera prematuramente devido ao trabalho.

– Mas que surpresa! Eu achava mais fácil a Lua descer à Terra do que você visitar a cidade e conseguir encontrar-me aqui, tio Andrei – disse a mulher, rindo.

– Se não tivesse acontecido esta história com a herança da qual lhe falei, é claro que não teria abandonado o meu antigo ninho – respondeu o velho, sorrindo. – Mas se cheguei aqui, é porque queria vê-la, tia Domberg, e também visitar a minha afilhada, que agora deve completar uns dezesseis anos. Quando fui ao seu antigo apartamento, lá me disseram que Marichen está estudando em algum lugar, e que você trabalha para a senhorita Helena, que irá se casar.

– Sim, a sua mãe me contratou para lavar a louça e ajudar o cozinheiro, porque parece que os noivos viverão esbanjando. Aceitei esse emprego porque o trabalho de lavadeira é muito penoso e já estou começando a envelhecer. Descascar legumes é mais fácil do que lavar roupa. Aliás, espero em breve descansar e viver como fidalga.

– Vejam só! Será que você também, tia Domberg, está esperando uma herança? – perguntou maliciosamente o velho.

– Não é nada disso! Veja bem, Marichen está terminando o curso na escola de balé, logo irá debutar no teatro do Grão-ducado, e todos acham que ela terá uma carreira brilhante, porque é linda como um anjo. Você mesmo irá se convencer quando a vir. E ela me prometeu que, assim que arrumar um emprego, irá me chamar para trabalhar como governanta.

– Grandes esperanças, tia Domberg! Queira Deus que se realizem! Mas pode me dizer quem está se casando com a senhorita Helena? Apesar das disputas de vizinho entre mim e seus pais, tenho muito interesse por essa moça que vi crescer diante dos meus olhos. A propósito, será que você não sabe como estão a senhora Eguer e sua filha, após a morte do barão? A sua propriedade foi vendida, e a viúva parece ter mudado para a cidade.

— Olhe, posso dar-lhe as mais precisas informações, porque sempre lavei roupa para a senhora Eguer. Edith e Helena eram grandes amigas, mas essa amizade acabou, por causa de um jovem pelo qual ambas se apaixonaram.

— E, obviamente, Edith o surrupiou bem debaixo do nariz da outra, não foi? Ela é linda!

— Mas é claro que não! Edith não possui um centavo no bolso, enquanto que Helena, dizem, receberá um dote grandioso. É ela quem se casará com ele hoje.

— E quem é esse jovem tão prático e calculista?

— Um oficial hussardo, o barão Gunter Vallenrod-Falquenau, um jovem muito bonito e de ascendência ilustre. Dizem que está cheio de dívidas, mas Helena está apaixonada por ele, e sua mãe sonha em ver a filha tornar-se baronesa.

— Mas esse oficial pode estar enganado em seus cálculos! Eu soube pelo administrador de bens da senhora Rotbach que a situação financeira dela também é precária – notou Andrei.

— Não me diga?! Em todo caso, ele terá o que merece por sua conduta traiçoeira com respeito à pobre Edith, de quem foi quase noivo. A coitada da moça noivou por desespero com o barão Detinguen... Oihe, lá vem de volta a comitiva do casamento. Venha comigo, tio Andrei! Vou colocá-lo num lugar onde poderá ver a todos.

Uma longa fileira de carruagens apareceu na estrada, vinda da cidade, e, logo, a primeira parou à frente da entrada. Eram os recém-casados.

O barão Gunter era realmente um jovem bonito, alto e esbelto, e seu uniforme de hussardo destacava mais ainda a sua beleza. O rosto fino e aristocrático, emoldurado por uma barbicha, tinha uma expressão de arrogância e desdém. Entretanto, uma palidez doentia e um certo fastio, refletidos em toda a sua aparência, indicavam uma vida agitada.

O barão foi o primeiro a saltar do carro; ofereceu a mão à esposa, e seu olhar sombrio, deslizando indiferente sobre ela, dirigiu-se à moça que descia da próxima carruagem. Mas a esposa pareceu não perceber aquilo; o barão suspirou e seguiu-a pela escada.

A recém-casada era uma mulher alta e de compleição forte, que tinha uma aparência bonita com o véu e o vestido de noiva rendado. Tinha um frescor na pele do rosto que poderia disputar em condições de igualdade com qualquer moça do campo; por entre os entreabertos lábios púrpura viam-se dentes bonitos, fortes e de uma brancura deslumbrante. Porém os olhos penetrantes e maldosos e os traços vulgares do rosto, privados de qualquer graça, não refletiam nem bondade, nem inteligência. Naquele momento, ela transpirava satisfação e ostensivo triunfo.

Logo todos se sentaram. Havia poucos convidados, mas as estrelas e condecorações, enfeitando os homens, e os diamantes e rendas, cobrindo as damas, indicavam que os convidados pertenciam à nata da aristocracia e do mundo financeiro.

Quase em frente aos recém-casados, que ocupavam o centro da mesa, estava sentado um casal jovem ao qual a sociedade também dirigia felicitações e brindes. Eram Edith Eguer e o barão Von-Detinguen.

O barão era um homem muito simpático, de uns trinta anos, que não se distinguia pela beleza. Seus olhos azuis e tranquilos olhavam com indisfarçável adoração o rosto encantador da sua futura esposa.

Edith era fascinante. Era tão esbelta, esguia e delicada, que parecia etérea. Seus traços não eram regulares, mas transpiravam um extraordinário encanto, e a cor do seu rosto era branca e transparente. O que dava um encanto especial às suas feições eram os seus grandes olhos cinza-azulados, que brilhavam sombriamente sob grandes cílios. Esse olhar e o desenho da pequena boca cor-de-rosa indicavam um caráter sensual e autoritário. Naquele momento ela parecia sofrer e estava muito irritada. E somente quando se dirigia ao noivo, um sorriso bondoso iluminava-lhe o rosto.

O recém-casado também estava emocionado. Por vezes, seus olhos passavam rapidamente por Edith, mas, ao encontrar seu olhar gélido, o rosto do jovem oficial sofria uma leve contração, e seus lábios tremiam nervosos. Não se sabe se a baronesa Helena conseguia captar uma dessas cenas mudas, ou apenas sentia o quanto era desfavorável para si a comparação com Edith; o fato é que olhou para ela com ódio e começou a amassar, embaixo da mesa, as rendas com as suas mãos grandes e fortes com tanta força que as rasgou. Depois do almoço, a noiva recolheu-se a seus aposentos para trocar de roupa. Ela colocava o chapéu de viagem diante do espelho, quando a porta se abriu, e Edith entrou no quarto.

– Vim para despedir-me. Minha mãe está com uma forte enxaqueca e quer voltar para casa – disse ela num tom cortês e frio.

A baronesa corou fortemente. Depois de deixar que sua empregada saísse, aproximou-se da amiga e quis abraçá-la.

– Por que tanta frieza, tanta inimizade?

Edith deu um passo para trás e mediu a recém-casada com um olhar de desprezo.

– Pare com esta comédia. Você está muito enganada, se pensa que vou calar sobre tudo que sei. Não posso sentir amizade por uma mulher que não poupou meios para possuir o homem que, todos sabem, não a ama e é amado por mim. Gunter se vendeu; sei muito bem que a situação financeira dele não está boa. Depois de saber desse fato vergonhoso, deixei de querê-lo, e você pode estar segura de que não ficarei no seu caminho. Não vou fingir que a minha ferida fechou-se hoje; mas, em compensação, vejo com satisfação que o seu marido a trata com completa indiferença. Você "comprou" o seu nome, mas não o seu coração! Acrescente a isso que você enganou o barão no que se refere aos bens da sua família: sei que sua situação financeira não está nada bem. Para deitar poeira nos olhos de Gunter e poder fazer o seu dote, vocês empenharam no Dochman os diamantes de família e suas terras em Bless. Eu, é obvio, nada disse a ele.

– Isto é uma mentira! É uma calúnia!– exclamou Helena, enrubescendo de raiva e susto.

– O futuro mostrará se isto é mentira! – disse Edith. – Só que prevejo para você – continuou ela com um tom zombeteiro – que o barão a fará pagar caro, quando souber que foi vítima de uma fraude. E agora mais uma vez adeus – e, espero, para sempre!

E sem esperar resposta, voltou-se e saiu do *boudoir*. O quarto ao lado estava vazio, mas, no corredor, Edith encontrou, sem esperar, o noivo, que também estava indo vestir o traje de viagem.

Ao vê-la, Gunter empalideceu e, inclinando-se, murmurou surdamente:

– Edith! Por tudo que é santo, não me olhe com tanta frieza. Diga que me perdoa. A senhorita não sabe como estou sofrendo; e, mesmo assim, não pude agir diferente!

Os olhos brilhantes de Edith ficaram enevoados por instantes, mas sua voz estava tranquila, quando disse com frieza:

– Nada tenho a lhe perdoar, barão! Espero que hoje o senhor esteja fazendo alusões ao passado pela última vez. O senhor está casado e agora tem novas obrigações; eu também, daqui a algumas semanas, vou me casar e deixar Brandemburgo. Assim, os nossos caminhos não mais se cruzarão. Mas, se o senhor acredita que preciso perdoar-lhe por algo, então o faço de todo o coração.

Edith estendeu-lhe a pequenina mão enluvada que o barão apertou contra seus lábios.

Uma hora depois, os recém-casados deixaram Rosencheim e viajaram a Nápoles, o destino final da sua viagem de núpcias.

WERA KRIJANOWSKAIA DITADO POR *J.W. Rochester*

Capítulo I

O outono já cobrira de ouro e púrpura as alamedas sombreadas de Rosencheim. As árvores desfolharam, e a terra encheu-se de folhas amareladas.

Embora o ar permanecesse quente, e os raios pálidos do sol penetrassem através das nuvens, toda a natureza apresentava os traços da tristeza serena que caracteriza o outono.

Numa área circular coberta com areia, em frente ao terraço, estavam espalhados brinquedos: cavalo, espada, capacete e instrumentos de jardinagem.

Um menino de nove anos, em traje de marinheiro, trabalhava aplicadamente na construção de um castelo de areia, enchendo seus bastiões com soldadinhos de chumbo, canhões e até cavaleiros. A alguns passos do castelo de areia, ao lado do banco onde estava sentada uma idosa governanta fazendo tricô, havia um carrinho de bebê com uma menina de três anos. Ela era tão miúda que não aparentava nem dois anos. Ocupada com a batalha que se passava à sua frente, a menina, distraída, revirava, nas mãos, uma boneca que usava um traje medieval e um adorno alto na cabeça.

De repente o menino viu a boneca. De um pulo só, encontrou-se ao lado da menina e arrancou o brinquedo de suas mãos.

– Dagmara, me dá a Geneviéve de Brabant! Ela será a rainha presa no castelo que estou tomando de assalto!– exclamou ele.

E sem esperar resposta, pôs a boneca por entre os bastiões de areia e começou a comandar em voz alta tanto o assalto como a defesa, procurando imitar não somente os tiros de canhão, mas também os gritos dos combatentes e dos feridos.

– Será que não dá para parar com esse barulho todo, Desidério? – ouviu-se uma voz irritada vinda do terraço. – Por onde voam seus pensamentos, senhora Golberg? Por que não faz parar esse jogo insuportável?

A governanta corou e fez uma observação à meia voz ao menino; este, dando mostras de aborrecimento, derrubou com um chute o castelo, junto com os defensores e os assediadores. Depois, puxou o cavalo para si e começou a arrancar os fios do seu rabo.

A baronesa Helena Vallenrod-Falkenau chamou de novo a atenção do menino e voltou a bordar. Suas sobrancelhas cerradas e os lábios contraídos indicavam de maneira clara a raiva mal-contida.

Nos anos que se passaram, ela ficara longe de ser bonita. O seu rosto tornara-se um pouco mais pálido, mas as faces carnudas permaneceram vermelhas, dando-lhe uma coloração especialmente vulgar. Usava um simples vestido cinza e cobria a cabeça com um lenço preto de renda.

O descontentamento e a preocupação que se refletiam no rosto da baronesa tinham seus motivos. A vida conjugal da família Vallenrod não era feliz. Gunter levava uma vida desregrada e era o protagonista de toda sorte de aventuras, que as amigas prestativas logo levavam ao conhecimento da esposa e, com isso, provocavam cenas pesadas e brigas constantes entre o casal.

Por mais legítimos que fossem os ciúmes de Helena, o barão, que jamais amara a mulher, indignava-se com ela, chegando a ficar furioso e, por fim, passou a sumir de casa por três a quatro dias seguidos, apesar de todo o amor que devotava ao seu único filho. Além disso, após a morte da mãe, a situação financeira da baronesa Helena ficara muito complicada. Ela nada sabia sobre os negócios do marido, mas tinha sólidas razões para supor que seu modo de vida poderia consumir até uma fortuna bem maior que a deles. Como Gunter conseguia sustentar a sua vida desregrada era positivamente um grande mistério para ela.

A pequena Dagmara era a afilhada do barão, e o seu aparecimento na casa provocou cenas tempestuosas entre o casal, pois a menina era a filha da ex-amiga Edith, a quem Helena não perdoava por ter sido amada por Gunter.

Desde o casamento elas não se viam, porque os Detinguen moravam numa cidade distante onde se desenrolou o fim do drama da vida do jovem casal. De natureza apaixonada, Edith se casara sem amor. A vida enclausurada do seu marido e a sua paixão pela ciência não satisfaziam as suas aspirações à vida mundana, com que procurava preencher o seu vazio espiritual. Edith acabou apaixonando-se por um oficial brilhante, o conde Victor Helfenberg, que também se apaixonou por ela e, apesar de todos os obstáculos, os jovens logo se casaram.

Mesmo aturdido por esse golpe, o barão Detinguen não vacilou nem por um minuto para dar o divórcio à mulher que amava, colocando uma única condição - que deixasse a filha deles com ele. Edith concordou, e a reprovação geral agravou-se com a renúncia da mãe à guarda da filha. Já para o conde Victor, esse casamento teve consequências desastrosas, pois o fez romper em definitivo com os seus parentes.

Essas desavenças tiveram efeito pernicioso na jovem condessa Edith Helfenberg. Apesar do casamento feliz, a sua saúde ficou abalada e, alguns meses após o nascimento de Dagmara, sua segunda filha, esta com Victor Helfenberg, ela se apagou aos poucos. O conde ficou absolutamente desesperado. Não se sabe se foi essa desgraça que o influenciou ou se a doença da condessa era contagiosa, mas, a partir daquela data, o conde caiu em estado doentio e, ao resfriar-se em manobras militares, apanhou uma tuberculose galopante e, um ano e meio após a morte da esposa, também desceu à sepultura.

Sentindo a aproximação da morte, o conde pensava com tristeza na pequena Dagmara, que deixaria órfã e só no mundo, pois tinha brigado com todos seus parentes e não queria de modo algum pedir ajuda ao seu tio; a mãe de Edith também falecera. Nessa difícil situação, lembrou-se de seu amigo de infância e colega de escola militar, seu parente distante, barão Vallenrod. Apesar de eles não se verem há vários anos, ainda assim o conde decidiu nomeá-lo tutor de sua filha. O conde nem suspeitava que Gunter amara certa vez a sua falecida esposa, e, por isso, ficou muito grato quando, em resposta à sua carta, o barão veio pessoalmente e lhe assegurou que amaria e criaria Dagmara como sua filha.

Tudo foi devidamente legalizado. E, então, apesar da raiva e protestos da baronesa Helena, a pequena condessa Henfelberg já havia mais de um ano morava sob o seu teto. Gunter amava muito a menina, cujos grandes olhos cinza com textura de aço lembravam-lhe Edith; mas a baronesa odiava a filha de sua rival e fazia-a sentir essa antipatia, de modo que seu marido nada percebesse.

No dia em que reiniciamos a nossa narrativa, a baronesa estava sobretudo irada porque o barão, já havia cinco dias, não retornava a Rosencheim. Essa prolongada ausência deixou-a tão furiosa, que ela resolveu pregar ao marido um sermão que ele jamais ouvira.

O ruído forte da carruagem fez a baronesa erguer a cabeça. Ela, num ímpeto, deixou de lado o bordado e, vendo Desidério correr entusiasmado para o terraço, ao ouvir a carruagem aproximando-se, gritou em tom autoritário:

– Fique e continue brincando! Você não vai receber seu pai...

O menino, aborrecido, ficou perplexo e lançou um olhar de soslaio para a mãe; mas não se atrevendo a desobedecer, saiu andando devagar em direção à governanta.

Nesse instante apareceu no terraço o criado, trazendo um cartão de visitas na bandeja de prata.

– Karl Eshenbach, tabelião – leu Helena surpresa. – Você disse a ele que o barão não está em casa?

– Disse, baronesa. Ele, entretanto, insiste em ser recebido – respondeu o criado.

– Está bem! Deixe-o entrar.

Entrando na sala de estar, ela viu um senhor idoso e com aspecto doentio, que se levantou e inclinou-se com respeito.

– Senhora, peço magnânimas desculpas por ousar incomodá-la. Mas, infelizmente, o senhor barão, com quem tenho um negócio a tratar, não se encontra em casa. Ontem à noite, também não o encontrei no apartamento da cidade.

– Meu marido deverá voltar logo, creio, por isso peço ao senhor que o aguarde. Se o negócio é muito importante, posso tentar encontrá-lo.

– Agradeço, senhora baronesa, mas não posso mais esperar. Um importante assunto de família me aguarda na América e tenho exatamente o tempo de que preciso para chegar a Bremen e pegar o navio transatlântico. Por isso, resolvi aproveitar a sua bondade, pois se trata de uma simples formalidade. A missão se refere à pupila do seu marido, a condessa Dagmara Von Helfenberg. A senhora sabe que o casamento do falecido conde Victor acarretou o rompimento total com os seus familiares. Não obstante, o seu tio, conde Ebergard, amava o sobrinho e está preocupado com o destino da filha dele, a qual herdou meios muito limitados. Por isso, ele resolveu dar à pequena condessa o dinheiro que, na época, estava predestinado ao conde Victor. Entretanto, ele não quer fazer isso abertamente para não provocar descontentamento por parte de seus filhos e, o que é mais importante, de sua esposa, que tratava com especial hostilidade à senhora Detinguen. Como a soma destinada a Dagmara foi formada aos poucos com as economias particulares do conde, sua família não poderá pretender este dinheiro. Trouxe comigo duzentos mil marcos que o velho conde está enviando para o barão, como tutor da menina. Aqui há uma carta: nela o conde Ebergard pede ao barão Vallenrod que junte este dinheiro ao capital que ele já tem em mãos. Como o seu marido não está em casa, peço-lhe que verifique os valores nesta pasta e passe-me um recibo, atestando que a senhora os recebeu para entregar ao seu esposo.

Dito isso, o tabelião tirou da maleta de couro uma pasta grande e uma carta, entregando-as à baronesa.

– Mas é claro, senhor Eshenbach, farei isso com prazer. Vou agora mesmo verificar os papéis e lhe darei o recibo necessário.

BEM-AVENTURADOS OS POBRES DE ESPÍRITO

Em poucos minutos tudo foi concluído. O tabelião leu com atenção o recibo da baronesa, fez uma anotação nele e guardou-o na carteira. Em seguida, despediu-se, agradecendo cordialmente à dona da casa pela gentileza.

A baronesa juntou o dinheiro e os títulos, contou-os mais uma vez e trancou tudo na escrivaninha; depois, apoiando-se com o cotovelo na mesa, ficou pensativa, franzindo a testa.

– Que futuro brilhante esperava essa Edith, mulher estouvada. Se esses dois imbecis não morressem, o velho acabaria perdoando-lhes pensava Helena. – Esta menina repugnante que Gunter enfiou na nossa casa tem tanta sorte quanto a sua condigna mãe! Duzentos mil marcos! Junto com o que ela já tem fará uma fortuna considerável. Devo casá-la com Desidério. Será um partido brilhante, pois o pobre menino não receberá muito de nós. Com o que Gunter paga a sua boemia? Provavelmente, deve ter dívidas. Da minha parte as coisas também não estão indo bem, pois não é barato administrar a casa do jeito que o barão gosta. É preciso que a herança de Dagmara ponha em ordem as nossas finanças. Ela será bonita como a mãe, e nosso menino não irá se opor. Enquanto isso, é preciso aproveitar o rendimento deste capital para dar uma educação a Desidério, digna de sua origem. Isso, é claro, não é muito agradável – ela deu um suspiro –, mas o que fazer? E, além disso, nunca ninguém saberá!

Recostou-se na poltrona, fechou os olhos e, a tal ponto concentrou-se em suas reflexões, que não ouviu o barulho de carruagem chegando. O carro entrou rapido no pátio, e um oficial da guarda saltou para fora. Era um homem de meia-idade; na sua cabeça começavam a aparecer os primeiros cabelos grisalhos. Nesse momento, seu rosto enérgico e bondoso estava muito emocionado. Ele proibiu que o criado o anunciasse e dirigiu-se diretamente à sala de visitas. O barulho da porta abrindo tirou a baronesa da sua meditação. Descontente por ser incomodada, ela se levantou, dirigindo-se à porta, mas, ao ver o coronel Rizenburg, chefe do seu marido, Helena de imediato adotou um aspecto gentil e estendeu a mão.

– Que surpresa inesperada, coronel! – disse ela, sorrindo. – Mas está sozinho! Meu marido não veio junto com o senhor?

O coronel apertou com firmeza a mão estendida e depois a levou aos lábios. Uma difícil luta interior refletia-se claramente em seu rosto pálido.

Por fim, ele disse com esforço, baixo, e pausadamente:

– Eu vim sozinho, baronesa, e trouxe uma notícia triste! Imploro-lhe, senhora, que seja firme, pense no seu filho e procure colher a coragem necessária em seu sentimento materno para suportar com dignidade o golpe que caiu sobre vocês.

A baronesa empalideceu. Dominada por um tremor nervoso, encostou-se na poltrona e exclamou com voz rouca:

– Pode falar, coronel. O que aconteceu com Gunter? Quero saber de tudo!

– O barão suicidou-se hoje às cinco horas da manhã. Por essa razão, devo especialmente dirigir-me à sua misericórdia cristã e à indulgência com que temos de tratar as fraquezas do próximo. Aliás, Gunter condenou a si próprio! Depois da noite que passou na divertida companhia da bailarina Maria Domberg, o barão foi para o quarto da anfitriã e deu um tiro no próprio coração.

Um grito de animal ferido escapou dos lábios da baronesa. Uma crise de nervos a derrubou, fazendo-a debater-se no chão, gritando, rindo e soluçando ao mesmo tempo. O coronel correu para ajudar, querendo segurá-la e levantá-la, mas a baronesa o rechaçava com as mãos e os pés com tanta força, que ele desistiu da tentativa e tocou a campainha. Chegaram correndo o criado e a camareira; na mesma hora, Desidério, achando que o pai tivesse chegado, apareceu na porta do terraço, mas vendo a mãe rolando no chão como louca, e os empregados tentando em vão levantá-la, gritou e começou a chorar alto. A cena era tão desagradável, que o coronel aproximou-se da criança e a levou para o jardim. Após acalmar Desidério, ele pediu à governanta que levasse as crianças e não as deixasse entrar no quarto da baronesa. Ao voltar à sala de visitas, tirou duas folhas do seu caderno de notas e escreveu dois bilhetes. Ele já terminava de anotar os endereços quando, na sala, entrou o criado, todo vermelho e desolado.

– Foi bom você chegar, Franz, pois eu já ia chamá-lo para dar as instruções necessárias – disse o coronel, entregando-lhe os dois bilhetes. – Um você leva ao doutor Amold, o outro deverá entregar ao tenente Richter. Você ajudará o tenente a transportar o corpo do barão da casa da senhora Domberg para o próprio apartamento. É evidente que não deve comentar aquilo que irá ver e ouvir! Entendeu?

– Então o nosso barão morreu? – murmurou o criado.

– Infelizmente, sim! Eu lhe proíbo de quaisquer comentários sobre os detalhes do seu falecimento. Mas, como você vai? Preciso deixar descansar os meus cavalos e esperar que a minha esposa chegue com o médico.

– Selarei o cavalo do barão e irei o mais rápido possível.

Depois de algumas horas, chegaram o médico e a esposa do coronel.

Graças à enérgica ajuda do médico e das palavras de consolo da senhora Rizenburg, a baronesa recobrou a calma suficiente para poder levantar e vestir-se.

Pálida e trêmula, ela sentou-se na carruagem junto com a esposa do coronel e Desidério; o médico e Rizenburg embarcaram em outra, e todos partiram para a cidade.

Capítulo II

A morte do barão Vallenrod-Falkenau emocionou toda a cidade, provocando as mais diversas conjecturas. A opinião pública estava contra o barão, e todos sentiam pena de sua esposa, que, como se sabia, não era feliz em sua vida familiar.

O funeral foi realizado com as cerimônias de praxe. Os colegas e amigos acompanharam o falecido, rendendo-lhe honras militares. A baronesa, mais calma, ouviu algumas sinceras condolências e voltou para casa, acompanhada pela compaixão de todos.

Com o rosto pálido e desfigurado pela raiva, ela olhava com os olhos fixos e bem abertos para uma série inteira de letras de câmbio e hipotecas que atestava que nada sobrara para ela. Rosencheim, com toda a mobília, os móveis do apartamento da cidade, prataria, brilhantes e até o capital de Dagmara – absolutamente tudo passara para as mãos de agiotas. Para ela não sobrara nada, nem uma cadeira. Agora ficara claro o motivo do suicídio do barão. O esbanjador sem consciência não quis passar pela desonra e ruína total.

Depois de aliviar-se um pouco com as lágrimas, Helena endireitou-se e ficou pensativa, colocando a cabeça entre as mãos.

BEM-AVENTURADOS OS POBRES DE ESPÍRITO

Não tinha mais tempo para chorar e muito que fazer para verificar o que ainda possuía. Restaram-lhe algumas joias e uns milhares de marcos, sobras da pequena herança deixada pela avó, que ela gastava aos poucos com passeios, roupas e outras necessidades pessoais. Porém isso não era suficiente para garantir nem a subsistência mais modesta; e a ideia de apelar para a bondade de parentes e da vergonha que de forma inevitável passaria, fazia-a tremer, parecendo que um abismo sem fundo se abria sob seus pés. Dominada por um tremor nervoso, Helena foi até a escrivaninha; tinha que contar exatamente o que lhe restara. Puxou maquinalmente a cadeira para junto do móvel, abriu a gaveta e, no mesmo instante, estremeceu e jogou-se para trás. Seus olhos arregalados se cravaram no pacote de títulos e dinheiro que o tabelião Eshenbach trouxera.

O rosto pálido ruborizou-se fortemente, e os dedos trêmulos reviravam os valores que prometiam riqueza, abundância e futuro garantido. Uma ideia tentadora passou como um relâmpago pela cabeça da baronesa.

Ninguém sabia da existência desses duzentos mil marcos. Nem Eshenbach, nem o velho conde Helfenberg jamais pensariam em exigir o dinheiro de volta, porque o primeiro voltaria dos Estados Unidos só Deus sabe quando, e o outro não queria que os demais soubessem sobre o presente que fizera. Além do mais, a visita do tabelião e a morte de Gunter foram muito coincidentes! Quem poderia provar, sobretudo depois de alguns anos, que aquele dinheiro não parara nas mãos do barão e que ele não o gastara, como o fizera com o capital que Dagmara herdara do pai? Quanto mais ela pensava, mais fácil lhe parecia apoderar-se daquele dinheiro sem qualquer risco. É verdade que aquilo seria um roubo, mas a necessidade estava forçando-a a isso. Será que ela poderia, por simples remorsos, sacrificar o futuro do seu filho? Condenar Desidério à miséria, fechando-lhe qualquer caminho para uma carreira brilhante, só para preservar a situação da filha de sua rival que roubara dela, Helena, o coração de Gunter, iniciando com isso a desgraça que hoje a abalava?...

Uma luta desesperada surgiu no coração da baronesa. Apesar

de todos os seus defeitos e do seu egoísmo, ela ainda não era uma criminosa, e o roubo de uma propriedade alheia inspirava-lhe medo e repugnância. O rosto desfigurado ora empalidecia, ora ruborizava-se, e um tremor percorria o seu corpo. Mas os pensamentos – servos subservientes do homem, executores espertos de desejos secretos e seus conselheiros traiçoeiros – sussurravam-lhe mil desculpas. Finalmente, o horror inspirado pela vida que ela teria pela frente venceu todas as hesitações e abafou todos os seus remorsos. Ainda pálida, mas firme e decidida, pegou a carta do conde Helfenberg e a queimou. Quando esta se reduziu a cinzas, ela, com cuidado as limpou e fechou a gaveta da escrivaninha.

Dando um profundo suspiro, Helena levantou-se. O fantasma da pobreza e da humilhação fora afastado para sempre. Agora precisava tomar cuidado e agir de maneira a não despertar suspeitas. Reencorajada, ela começou a andar pelo quarto e, depois de muito refletir, organizou o seguinte plano de ação:

Começaria a viver do modo mais modesto; depois de algum tempo, ela se mudaria para a casa de uma velha, doente e rica parente, da qual cuidaria e, depois, divulgaria boatos de que recebera a sua herança. Essa viagem dar-lhe-ia a possibilidade de investir às ocultas o capital roubado.

Já no dia seguinte a baronesa começou a pôr o plano em execução. No subúrbio da cidade alugou uma casa simples com pomar e a mobiliou com o que havia lhe sobrado. Em seguida despediu todos os criados, deixando somente a babá e a cozinheira e vendeu tudo o que poderia ser considerado supérfluo. Agiu com tanta energia que não haviam passado dez dias desde os funerais do marido e tudo já estava pronto, e eles puderam mudar-se para a nova casa.

Depois que a baronesa mudou para a nova moradia, toda a alta sociedade apressou-se a lhe expressar sua disposição amigável e atenção. A baronesa recebia as amabilidades com lágrimas de gratidão e devolveu as visitas a todos, mas, fiel a seu plano, passou a levar uma vida mais modesta e solitária. Agora ela vivia só para o seu filho, dedicando-lhe uma ternura ilimitada e mantendo-o sempre perto de si. Em compensação, passou a detestar Dagmara cada vez mais. A pequena órfã, duplamente roubada, por seu marido e por ela própria, era o "memento mori"[1] vivo do seu crime. A presença da menina e a sua tagarelice inocente irritavam terrivelmente a baronesa. Por fim, a babá e Dagmara acabaram sendo, em definitivo encarceradas em seus quartos. Para felicidade de Dagmara, a bondosa Golberg gostava muito dela e dela se apiedava com todo o seu coração: senão a pobre menina estaria muito mal. A honesta governanta ficou muito indignada quando, no verão, a baronesa partiu com Desidério para a casa da sua tia enferma, deixando Dagmara sozinha.

A baronesa aproveitou essa viagem para aplicar os duzentos mil marcos. Sua tia enferma faleceu, e logo os amigos de Helena souberam que ela tinha deixado para a senhora Vallenrod uma soma bastante considerável destinada ao seu filho, que lhes garantia inteiramente uma vida folgada. A baronesa aproveitou essa graça do destino e viajou para fazer tratamento nos banhos de mar, voltando somente no outono já avançado. A governanta Golberg esperou até que a patroa voltasse e pediu-lhe férias de duas semanas a que tinha direito a cada dois anos.

Golberg, como de costume, passava essas duas semanas na casa do seu genro, um pastor rural que morava bastante longe de Brandemburgo. Em sua casa ela encontrou um simpático senhor de idade que lhe foi apresentado como o barão Detinguen, mas esse nome não lhe disse nada. Sem suspeitar do interesse que despertava naquele visitante calado, Golberg contou com detalhes o suicídio de Gunter e, sobretudo, o que aconteceu depois.

– Todos admiram a resignação corajosa da baronesa e a sua bondade por manter em sua casa e criar a pequena Dagmara. Mas acho que ela está só cumprindo seu dever e cumprindo muito mal. Em lugar de tentar corrigir o mal causado pelo marido, que gastou o capital da menina, retribuindo com amor e cuidados, a baronesa a menospreza e até pretende deixá-la sem a educação à que a menina tem direito como condessa Helfenberg...

– Dagmara seria a filha do conde Victor? – perguntou, estremecendo, Detinguen.

---

[1] Memento mori: expressão latina que significa lembrança da morte.

WERA KRIJANOWSKAIA DITADO POR *J.W. Rochester*

– Sim, seu pai chamava-se Victor e pertencia a uma das mais nobres famílias. A baronesa aguarda que Dagmara complete seis anos para enviá-la a uma escola profissional e fazer dela uma operária. Sem se acanhar com a presença da criança, a baronesa repete todos os dias que, para ela, a menina é uma estranha com quem não tem compromisso algum, que é um fardo insuportável e que não pode alimentá-la e vesti-la eternamente. E sempre batendo na mesma tecla: "Meu marido trouxe-a para esta casa contra a minha vontade, mas eu não posso mantê-la." Quanto ao imprestável Desidério, ela não sabe mais como mimá-lo – concluiu, indignada, a honesta Golberg.

– Pelo menos, vejo que a pequena Dagmara tem uma defensora na pessoa da senhora – notou o barão.

– Sim, mas pouco posso fazer por ela! Aliás, é verdade que gosto muito daquela menina encantadora e bondosa. Além do mais, qualquer injustiça me deixa indignada. Espere aqui, que vou mostrar-lhe a foto dela!

Golberg saiu e voltou, em seguida, com a foto de Dagmara que fora tirada havia um ano, por vontade de Gunter, pouco antes de sua morte.

Detinguen pegou o retrato com a mão um pouco trêmula e examinou-o por muito tempo. Depois, ele o passou para o pastor, que parecia confuso e não intervinha na conversa.

– Olhe, Gothold – disse ele –, como ela é parecida com a minha pequena Edith.

O pastor assentiu com a cabeça, mas nada disse. Pouco tempo depois, Detinguen despediu-se e foi embora.

– Você foi falar sobre os Vallenrod e a sua pupila muito fora de hora! Será que não sabe que a mãe de Dagmara foi esposa do barão, separou-se dele e casou-se com o conde Helfenberg? – indagou o pastor.

Percebendo a surpresa de Golberg, ele contou-lhe o drama que se desenrolara havia onze anos entre Gunter, Edith e a baronesa e também a história da separação.

–Todos estes detalhes eu soube do próprio Detinguen, porque somos amigos e colegas de universidade. Entendo a emoção dele, pois Dagmara é o retrato vivo de sua filha Edith, a que teve com Edith Eguer quando estiveram casados, e que faleceu no ano passado. Meu pobre amigo adorava a filha, e sua morte abalou-o demais. Lamento ainda mais pelo seu relato, que despertou aquelas velhas e penosas lembranças, pois Detinguen, dentro de alguns dias, deverá viajar a Brandemburgo para tratar de uma herança deixada por um primo falecido. Será que você ouviu falar de uma tal Vila Egípcia?

– Mas é claro! Quem na cidade não sabe da existência dessa casa extravagante e daquele ser exótico que morava lá, como uma coruja! Era ele o primo do barão?

– Sim. O barão quer tomar posse da vila, antes de partir para uma longa viagem ao Egito e à Índia, que empreenderá junto com um velho cientista orientalista.

Passou-se cerca de uma semana depois dessa conversa. A baronesa Vallenrod distribuía na estante diversos bibelôs trazidos da viagem, quando lhe entregaram um cartão de visita. Surpresa, Helena mandou pedir que entrasse o visitante e, um minuto depois, na sala estava o barão Detinguen.

O barão pediu desculpas por incomodá-la e expressou seu profundo pesar a respeito da desgraça que a atingira. A baronesa de imediato adotou um ar melancólico de resignação à sua sina e enxugou algumas lágrimas inexistentes. Depois, por sua vez, perguntou o que trouxera o barão à capital. Ele explicou, em poucas palavras, a herança que lhe coubera e, em seguida, exprimiu a vontade de ver Dagmara.

A senhora Vallenrod até estremeceu de surpresa.

– Como?! O senhor quer ver a filha do conde Helfenberg e de sua ex-esposa traidora?

– E por que não? – respondeu Detinguen, olhando severamente e com tristeza nos olhos perversos de Helena. – É verdade que Edith muito me ofendeu; também não posso sentir amizade pelo conde Helfenberg, que destruiu a minha felicidade; mas eles morreram, e com os mortos não se ajustam contas, pois os dois já compareceram a um Juiz bem mais terrível que pedirá ao conde satisfações por ter desviado do caminho do dever uma mãe e esposa, e ela responderá por portar-se mal comigo. Eu, entretanto, não posso alimentar nem maldade, nem raiva por uma criatura inocente que nasceu do casamento deles.

A baronesa abaixou a cabeça, pensativa, e depois de um momento de silêncio, tocou a campainha e mandou que trouxessem Dagmara.

Absortos pelas próprias recordações, os interlocutores guardaram silêncio, e somente a chegada da criança tirou-os da meditação. Um pouco confusa, Dagmara parou a alguns passos da porta. O barão Detinguen ficou emocionado. Levantou-se num ímpeto, pegou a menina nos braços e olhou para ela com os olhos cheios de lágrimas.

Dagmara estremeceu, vendo-se nas mãos de um "estranho", mas pareceu não se assustar. Com o seu pequeno coração de criança sentiu, inconsciente, que aquele estranho queria-lhe bem e, de repente, enlaçou-se ao pescoço de Detinguen, apertou a cabecinha de cabelos ondulados contra a face dele, e enxugando-lhe as lágrimas, cochichou:

– Não chore!

Profundamente comovido, o barão estreitou a menina ao peito, beijou-a e voltou para o seu lugar, colocando Dagmara no colo. A seguir, virou-se para a baronesa Helena, que o olhava com um leve sorriso de desdém. O barão nem deu atenção a isso e a sua voz ficou severa quando disse:

– Quero fazer uma proposta à senhora e tenho certeza de que ela será aceita. Quero tomar Dagmara aos meus cuidados, para adotá-la e fazer dela minha herdeira. A minha filha faleceu, eu fiquei completamente só, e esta criança, pelo menos, dispersará a minha solidão. Isso livrará a senhora da pupila do seu marido, que lhe deve ser um peso, por ser filha de Edith. Além do mais, ela não tem meios próprios, porque a sua fortuna foi esbanjada pelo barão.

A baronesa ruborizou fortemente.

– Eu cuido e trato de Dagmara como se fosse a minha própria filha – sussurrou ela.

Detinguen, por sua vez, sorriu com desprezo.

– Não duvido da generosidade da senhora, baronesa, mas não posso deixar de notar que a sua conduta não combina com sentimentos maternos: a senhora foi viajar com seu filho e deixou a órfã, que foi roubada pelo seu marido, nas mãos de uma empregada, como um peso excessivo. A vontade expressa de mandar Dagmara para uma escola profissionalizante e privá-la, de tal modo, de uma boa educação, à qual ela tem o direito indubitável de nascimento, é ainda mais estranha. É óbvio que o conde Victor não pretendia fazer de sua filha uma braçal quando depositou a sua confiança no barão Vallenrod. Mas tudo isso faz parte do passado. Agora espero que a senhora aceite a minha proposta e mande juntar de imediato as coisas necessárias para a criança até que eu compre novas. Se concordar, eu aguardo e levarei Dagmara comigo.

A baronesa, que ouvia tudo com as faces coradas, levantou-se imediatamente.

– Mas, claro! Claro que não irei me opor à felicidade que coube a Dagmara. Vou já dar as ordens necessárias.

A baronesa tentava em vão falar com tranquilidade e disfarçar a raiva que a possuía. Nesse instante a porta se abriu com estrondo e na sala entrou correndo Desidério. O menino conhecia bem demais a mãe e logo percebeu que ela estava furiosa e, por isso, indeciso e confuso, parou à porta. Vendo que a mãe saiu sem nada dizer, Desidério aproximou-se do barão Detinguen e cumprimentou-o.

O menino ficou muito surpreso ao saber que a sua amiga estava partindo para sempre, mas não expressou a menor contrariedade a respeito da futura separação.

"O verdadeiro filho do digno casal!" – pensou o barão.

Meia hora mais tarde, a pequena mala foi posta na carruagem do barão e Detinguen e Dagmara se despediram de todos. A menina estava alegre; ela ofereceu seus lábios rosados para Desidério, e as crianças se beijaram de forma cordial. Quando a baronesa abaixou-se para beijar Dagmara, esta recuou e afastou-a com a mão.

Contente com a alegria e confiança da menina, Detinguen

fê-la sentar-se ao seu lado na carruagem e cobriu com cuidado suas pernas com um cobertor de pelúcia. Ele próprio estava feliz. Parecia-lhe que o passado penoso ficara para trás e que agora os olhos brilhantes de sua pequena Edith estavam olhando-o e, a partir de então, iriam iluminar a sua vida solitária.

– Que seja abençoada a sua chegada à minha casa! Não quero saber quem foi o seu pai, querida criança que os Céus me enviaram. Cresça e, quando eu voltar, você será o apoio e a alegria da minha velhice. A bondosa Golberg continuará a ser a sua educadora, e eu terei a certeza de que ninguém a considerará demais e a tratará mal.

A Vila Egípcia, como chamavam a casa do barão Detinguen, tinha uma aparência estranha e era de dimensões pequenas e de somente dois andares. Tinha seis quartos no piso inferior e cinco na parte de cima. A ala da vila que saía para o jardim tinha dois quartos decorados no estilo dos templos e palácios antigos do Egito. O primeiro quarto estava revestido por uma pintura estranha que imitava tapetes; um leito, algumas cadeiras e uma mesa de forma estranha constituíam todo o mobiliário; além do mais, toda a mobília fora feita com madeira aromática na qual estavam espalhadas almofadas com franjas douradas. Havia duas estantes altas atulhadas de pergaminhos de papiro e in-fólios volumosos encapados com couro.

O quarto vizinho era ainda mais curioso. Era completamente escuro e fechava-se com porta de bronze; as paredes e o teto eram pintados de cor preta; nesse fundo sombrio, destacavam-se escritos hieroglíficos e quadros desenhados com cores vivas, mostrando a viagem de um espírito através dos horrores de Amentes e o seu comparecimento perante Osíris e seus quarenta e dois juízes do reino dos mortos. Toda a parede do fundo do quarto fora ocupada com a imagem de uma enorme serpente vermelha, que, em pé sobre sua cauda, parecia desenrolar o seu corpo forte e dirigir ao espectador a sua goela ameaçadora e olhos verdes reproduzidos com tanta vida, que pareciam luzir.

O mobiliário desse quarto consistia de um pequeno altar, sobre o qual havia uma estátua do deus Anúbis, com cabeça de chacal, dois grandes baús de madeira junto à parede e sete lâmpadas de bronze penduradas no teto.

A Vila Egípcia ficava à uma hora da capital e situava-se em local montanhoso, entrecortado por um profundo desfiladeiro no fundo do qual agitavam-se as corredeiras de um rio. Aglomerações de rochas distribuíam-se quase em círculo regular e formavam uma espécie de parede ao redor do amplo vale, separando-o do resto da região.

O barão Detinguen decidiu passar alguns meses na sua propriedade, antes de partir para a longa viagem que havia muito tempo tinha planejado. Desejava visitar o Egito, esse país de milagres e monumentos eternos, e também a Índia, o berço de todos os conhecimentos e religiões, para aprender o sânscrito e, se possível, ser "iniciado" em ciências ocultas.

Desde que Dagmara se mudara para essa casa, o barão não mais se sentiu sozinho e apegava-se cada vez mais à sua queridinha. Nesse novo ambiente, cercada de amor, a menina começou a desenvolver-se com rapidez inacreditável. Golberg e a velha Brigitte não cansavam de elogiar o seu caráter encantador.

O barão começou a organizar seus negócios, fez seu testamento, nomeando Dagmara a sua herdeira universal, e, finalmente, enviou uma carta para o seu amigo, o pastor Reiguern, pedindo-lhe que cuidasse da menina durante a sua ausência. A resposta veio rápida e trouxe o consentimento do digno pastor e da sua esposa. Ficou decidido que Detinguen pessoalmente levaria Dagmara e a governanta para a sua nova moradia e se despediria dos seus amigos. À noite, no dia da chegada deles à casa do pastor, o barão e seus anfitriões reuniram-se no escritório para acertar definitivamente todos os detalhes.

– Eu calculo ficar cinco anos ausente – disse Detinguen. – Entretanto, pode acontecer que eu não volte mais. Por isso peço a você, Gothold, guardar para mim os seguintes documentos: a certidão de nascimento de Dagmara, a certidão de casamento dos seus pais e o atestado de óbito deles. Eis aqui a cópia notarial do meu testamento. Deixo com você também esta carteira com cinco mil marcos; este dinheiro é para a educação de Dagmara

WERA KRIJANOWSKAIA DITADO POR *J.W. Rochester*

e para casos imprevistos, como enfermidades e outras coisas. Finalmente, aqui está um cheque do meu banco. Você receberá de lá uma soma de dinheiro para os gastos de manutenção da menina, conforme combinamos antes. Agora só me resta agradecer a você e a sua esposa por prometerem amar a minha menina e dela cuidar como de sua própria filha – concluiu o barão, apertando firme as mãos dos amigos.

– Nós é que temos de agradecê-lo por se lembrar de nós! O senhor sabe como os nossos recursos são limitados, e o seu pagamento generoso nos ajudará a educar também os nossos meninos – respondeu emocionada a esposa do pastor. E acrescentou: – Quanto ao amor, juro amá-la como minha própria filha. Trabalhei cerca de dez anos como orientadora na França e Inglaterra, conheço os dois idiomas e vou ensiná-los a Dagmara brincando.

– E eu – disse o pastor – cuidarei para que a sua alma permaneça simples e sincera e cheia de fé inabalável no Nosso Pai Celestial.

Capítulo III

A separação do seu pai adotivo foi muito difícil para Dagmara. A menina apegara-se a ele a tal ponto que não queria largá-lo, pendurando-se ao seu pescoço. Por algumas semanas após a partida do barão, a tristeza, o silêncio e a ansiedade da menina preocuparam o pastor e a sua esposa; mas aos poucos ela foi se acalmando. O amor de toda a família reconfortou o seu coração saudoso e, após um ano, Dagmara se sentia tão bem na casa do pastor como se tivesse nascido lá.

Graças ao ambiente de amor e paz, à vida regrada e ao ar puro da aldeia, Dagmara desenvolvia-se rapidamente. O seu organismo frágil ficou mais forte, e o seu caráter começou a apresentar traços que não se deixavam influenciar de modo algum por suas educadoras. Por exemplo, a menina não tinha nenhuma inclinação para economia doméstica, e a mulher do pastor teve de desistir de incutir-lhe amor por tricô, cerzidura e cozinha. Dagmara não conseguia aprender a terminar o tricotar de uma meia ou preparar pastéis, ainda que gostasse muito dos que sua professora costumava fazer.

WERA KRIJANOWSKAIA DITADO POR *G.W. Rochester*

– Não! Ela não será nunca uma verdadeira mulher, e dela não sairá uma boa e séria dona de casa! O seu marido passará fome, a cozinheira irá roubá-la, enquanto a desordem reinará na sua casa – resmungava a esposa do pastor com desespero cômico, recolocando no lugar as coisas espalhadas pela menina. Realmente, Dagmara distinguia-se pelo seu relaxamento, e este defeito ficou evidente desde que sua bondosa governanta falecera após morar três anos na casa do pastor.

– Ainda bem que Detinguen é rico o suficiente para pagar uma camareira para ela e ser indulgente quanto à paixão dela por roupas bonitas – acrescentava Matilda, percebendo que a menina gostava muito de se vestir bem.

E, realmente, um vestido ou um chapéu novo fazia Dagmara totalmente feliz, e ela sempre escolhia as coisas mais caras. Além do mais, era muito orgulhosa, e a humildade cristã era-lhe completamente estranha.

– Nela fala o sangue materno. Temos de procurar desenvolver a sua religiosidade, que será a única coisa a impedi-la de cometer erros dizia com frequência o pastor, sinceramente amargurado, começando com novo zelo a educação religiosa de sua favorita.

Embora seus esforços tivessem maior êxito que os de sua esposa, o pastor não estava satisfeito com o resultado. Dagmara de fato ouvia-o com atenção, sabia de cor contos e textos evangélicos da Bíblia, mas lhe faltavam o enlevo e a paixão por personagens do Velho Testamento, e era isso que almejava seu professor. Às vezes, até mesmo uma observação justa ou uma pergunta inesperada parecia ao pastor um germe do ceticismo e lançava-o ao desespero. Por outro lado, a menina era tão devota, honesta, franca e pura até o fundo da alma, que ele se consolava com a ideia de que o tempo atenuaria aquelas tendências contraditórias.

Dagmara se dava muito bem com os filhos do pastor. Os meninos não tinham irmãs e, por isso, mimavam-na e, brincando, passavam para ela seus conhecimentos. O mais novo, Alfred, era um menino modesto e aplicado, gostava de botânica, desenho e arte e partilhava com ela seus conhecimentos; mas Dagmara se dava melhor com o outro, Lotar, que era uns sete anos mais velho que ela. Eles liam juntos obras de poetas, declamavam Shiller e Lessing. Quando Lotar entrou na faculdade e veio visitá-los pela primeira vez usando botas enormes, um boné de cores vivas e uma bandoleira no ombro, o coração da menina transbordou de respeito e profunda admiração.

Os cinco anos que Detinguen marcara para realizar a sua viagem já haviam passado fazia muito tempo, mas em suas cartas ele nem mencionava a sua volta. Em compensação, descrevia entusiasmado os milagres da Índia, monumentos antigos e a população do curioso país. Para Dagmara, a leitura dessas cartas sempre era uma festa: ela as escutava com as faces rosadas e os olhos brilhando de alegria, e depois escrevia intermináveis respostas, mostrando grande interesse por tudo o que se referia a Detinguen.

A menina guardava recordações tão vivas e profundas do seu pai adotivo que o tempo não parecia apagá-las. Quando o barão mandou-lhe de Calcutá o seu retrato, ela pendurou-o à cabeceira de sua cama, beijava-o, cumprimentava-o de manhã e à noite e se despedia dele. Não sossegou enquanto não foi levada a um fotógrafo da cidade vizinha e mandou um retrato seu ao barão.

Assim, os anos seguiam imperceptivelmente e, aos poucos, Dagmara transformava-se numa moça; completou 15 anos e era muito bonita, de altura média, bem proporcionada, com pequenos e delicados pés e mãos. A esbelteza do corpo, a cor maravilhosa da cútis e os grandes olhos cinza-metálicos lembravam a sua mãe; mas os traços do rosto eram apenas seus, apesar de toda a perfeição plástica, e mais enérgicos.

Dagmara também começou a dar-se conta da própria beleza, porque chegavam aos seus ouvidos elogios descuidados, e vários olhares paravam nela com admiração.

Certa vez, ao voltar da igreja, Matilda encontrou Dagmara diante do espelho. Depois de pôr o chapéu na cadeira, ela examinava-se com cuidado e armava a vasta cabeleira na fronte. A antiga cor loira do seu cabelo tomara uma coloração dourada mais escura que combinava com suas sobrancelhas escuras e seus cílios grandes e felpudos.

— Tia Matilda! Eu realmente sou bonita — exclamou ela com feliz vaidade. — Hoje, o tenente Von-Khaguen, que está visitando o primo, passando diante de mim, disse: Veja como ela é encantadora — acrescentou ela, corando.

A esposa do pastor sorriu.

— Essa frase trivial prova apenas que o tenente acha você bonitinha, mas outra pessoa pode não concordar com a opinião dele. Em geral, toda mulher que se preza não deve dar importância alguma a elogios casuais vindos de pessoas ociosas que os fazem só por costume.

Ao notar que a moça ficara confusa e corada, a bondosa pastora acrescentou amigavelmente:

— Uma vez que tocamos neste assunto, eu direi o que penso da beleza em si. A beleza, é claro, é uma dádiva de Deus, mas é frágil e transitória, e é insensato orgulhar-se dela. O seu fascínio está na expressão virginal e pura que transpira de todo o seu ser. Nas pessoas gastas pelas tempestades da vida, você causa a impressão refrescante de uma flor que acabou de desabrochar. Enquanto preservar essa harmonia espiritual, sempre será linda; porque somente as paixões e os desejos insaciáveis destroem e empanam a beleza mais brilhante. Nada há mais feio do que um rosto marcado pelos vícios; e não é Deus nem a natureza que fazem o homem assim, mas ele se desfigura com a própria baixeza.

— Tem razão, tia! Vou lembrar-me de suas palavras. A partir de hoje, vou preocupar-me só com aquela beleza que não teme nem o tempo nem acidentes! — exclamou Dagmara, lançando-se nos braços daquela mulher maravilhosa.

Algum tempo depois desse acontecimento, a paz e a monotonia do lugar foram interrompidas pela chegada de uma nova pessoa.

O pastor recebera uma carta de uma parenta que morava na capital. Ela comunicava que um amigo do seu marido, muito rico, há pouco tempo arruinara-se com especulações arriscadas e acabara suicidando-se, deixando a sua única filha sem meios de sobreviver. Essa menina já estava com 16 anos, e fora muito mimada, acostumada a viver com luxo e a seu bel-prazer.

Sua tia acolheu-a, mas o estado moral da menina era horrível e ela percebia tão pouco a sua nova situação, que a velhinha achou necessário colocá-la numa família modesta e trabalhadora, longe do barulho mundano, na esperança de que a vida tranquila e os estudos exercessem influência favorável naquela alma jovem e que a preparassem para uma vida de trabalho e futuras privações.

A família Reiguern preenchia essas condições e, por isso, a parenta pedia ao pastor que aceitasse Dina em sua casa. Depois de muito pensar, o pastor e sua esposa consentiram, pois o pagamento oferecido era muito bom e seria mais uma oportunidade de praticar o bem.

Então, Dina Valprecht instalou-se na casa do pastor e, desde os primeiros dias, causou uma péssima impressão nos seus novos tutores. Nem o pastor, nem a sua esposa suspeitavam até que ponto o mal tinha se enraizado nela. O pastor logo se convenceu de que seria impossível inspirar a verdadeira fé, a resignação e a aceitação naquela alma perturbada em que fervia a revolta amarga contra o destino. Mas ele receava que a proximidade de uma pessoa tão cheia de caprichos pudesse exercer má influência na pura e impressionável Dagmara.

Esta, de início, ficou interessadíssima na sua nova amiga e lamentava com ela a desgraça que abalara a recém-chegada. Mesmo assim, os modos ríspidos de Dina, suas respostas atrevidas, o tom alto demais quando conversava e, principalmente, suas crises nervosas chocavam-na e assombravam-na. Acostumada ao rígido autocontrole, Dagmara não conseguia entender tal fraqueza e relaxamento, mas pela própria bondade natural cuidava da sua nova amiga e escutava curiosa as histórias que abriam, perante seu olhar ingênuo de criança, um mundo completamente diferente.

Embora tivesse 16 anos, Dina já namorara. Quando estudava no colégio interno, ela fora noiva de um jovem oficial cuja família aristocrata olhava com benevolência aquele relacionamento, em vista do enorme dote de Dina Valprecht, que, além do mais, era bonita e justificava inteiramente a escolha do jovem.

A morte trágica do pai cortou de forma inesperada seu namoro. Ainda que o noivado não tivesse sido interrompido, a partida inesperada do jovem oficial e o silêncio da sua família indicavam claramente o rompimento. Por essa razão, a tia de Dina não hesitou um minuto em enviá-la ao pastor, ciente de que o futuro lhe reservava a pobreza e o trabalho.

Dina era a única que no fundo do coração ainda alimentava esperanças de uma saída feliz; mas, um mês após se mudar para a casa do pastor, recebeu uma carta da mãe do seu ex-noivo pondo fim a todos os seus sonhos de ter um partido brilhante.

Ao ler a carta, Dina desmaiou, e depois teve uma forte crise de nervos. Dagmara, que nunca tinha visto ainda uma manifestação semelhante de dor espiritual, pensou que ela estivesse muito doente e, à noite, esgueirou-se até o quarto onde Dina estava deitada, vestida e soluçando inconsolavelmente.

Precisando desabafar sua dor com alguém, sob a condição de segredo absoluto, ela contou a Dagmara os detalhes da horrível traição de que fora vítima.

Essa primeira imagem que, sem esperar, mostrava-lhe um mundo até então desconhecido, onde somente o dinheiro tinha valor, assombrou e desencorajou Dagmara; mas o seu espírito sincero e orgulhoso precisou somente de alguns minutos para compreender e encontrar uma saída condigna.

Agarrando a mão da sua amiga, ela tentou convencê-la ardentemente:

– Esqueça-o, Dina! Ele não vale suas lástimas se a amava somente por seu dinheiro! A infelicidade abriu seus olhos e poupou-a de sofrer o resto de sua vida por causa de um amor falso, comprado com seu dote.

– Eu não preciso do amor dele, mas de sua posição! – explodiu Dina, levantando-se da cama. – Herbert pertence à alta sociedade e, com a minha beleza, eu poderia me consolar se ele me desposasse.

Confusa, Dagmara guardava silêncio, sem saber o que responder a tal declaração; mas nesse instante entrou a mulher do pastor. O seu rosto estava corado e parecia irritada.

– Devo pedir à senhorita Dina que guarde para si suas convicções amorais e que não suje o espírito puro de Dagmara. Sendo pura e franca, ela lhe deu um ótimo conselho: é melhor criar independência com os próprios esforços do que ansiar por um vergonhoso casamento comercial, humilhante para qualquer mulher que se respeite.

Sem nada dizer, Dina deu-lhe as costas, virando-se para a parede. A senhora Reiguern levou consigo Dagmara e, depois de fazer algumas observações sobre a noiva abandonada, proibiu sua pupila de conversar tais assuntos íntimos com ela.

Na primavera, o interesse de Dagmara tomou outro rumo; era época de provas de seus irmãos de criação – época de preocupações gerais e emoções. Finalmente, chegou a correspondência comunicando que tudo correra bem e que Lotar chegaria dentro de dez dias; quanto a Alfred, este recebera um convite para ensinar os filhos de um catedrático. As condições eram tão vantajosas que ele aceitara e partira para a Itália com a família do professor para passar lá as férias escolares inteiras.

A chegada dos jovens estudantes sempre fora uma festa para a família do pastor. Também dessa vez a casa tomou aspecto festivo para receber Lotar.

Vendo com que entusiasmo Dagmara fazia a guirlanda de plantas para enfeitar a entrada e o zelo com que enfeitava o quarto do seu irmão adotivo com valiosos bibelôs que Detinguen lhe enviava, Matilda disse baixinho ao ouvido do marido:

– O que você diria, Gothold, se a pequena condessa fosse um dia a nossa nora?

– Ficaria muito feliz, pois gosto de Dagmara como de minha própria filha – sorrindo respondeu o marido. – Só não sei se os dois serão felizes. E será que é bom para um pastor humilde e rural, como será Lotar, ter por esposa esta pequena aristocrata, que já nasceu com o gosto do luxo e detesta cuidar de economia doméstica? Mas não vale a pena adivinhar o futuro, minha querida, e seja feita em tudo a vontade de Deus!

No dia da chegada de Lotar, o pastor e Dagmara saíram para encontrá-lo na estação. Matilda ficou em casa, cuidando da torta e assando o peru, pratos prediletos do seu primogênito. Dina não saía do quarto, demonstrando completa indiferença à festa familiar que agitava aquele pequeno mundo. Mas essa apatia mudou rapidamente para um grande interesse quando, no almoço, ela conheceu Lotar. Ela ficou animada, foi muito gentil, e olhava-o às escondidas, com admiração.

O jovem Reiguern era um rapaz muito bonito, alto como a sua mãe, com uma vasta cabeleira preta, olhos grandes e escuros e rosto pálido e regular, cheio de vigor.

Matilda observava seu filho com uma preocupação indefinida. Parecia-lhe que ele não estava tão alegre e despreocupado como costumava ser, que estava imerso em pesados pensamentos; mas, vendo que ele se animava e passara a conversar com as moças, seu coração materno tranquilizou-se.

As relações entre Lotar e Dina tornavam-se cada dia mais estreitas. Durante os passeios a pé ou de barco, eles conversavam sem parar, e a órfã começou a preocupar-se mais com a própria aparência. Seu vestido cobriu-se de flores multicoloridas que enfeitaram também com muito gosto sua cabeça e o corpinho do vestido. Suas joias foram retiradas dos estojos onde estavam guardadas até então. Uma vez, durante o almoço, surpreso com o broche de safiras que ela usava, o pastor observou que tais joias eram absolutamente sem propósito em um ambiente modesto onde não havia ninguém que pudesse apreciá-las. Dina corou, ficou amuada e, a partir daquele dia, passou a levar as joias na bolsa, colocando-as somente durante os passeios, longe dos olhares críticos do pastor e da esposa.

Tal maneira de transgredir as ordens dos educadores desconcertava Dagmara, mas ela já se acostumara à experiência e ao espírito prático da amiga e, é obvio, não a entregava. Mas as surpresas não pararam por aí: aos poucos ela começou a perceber que Lotar e Dina procuravam fazer passeios a sós, ficavam calados quando ela se aproximava e desapareciam em algum lugar quando ela estava ocupada com as aulas de catecismo. Sentiu-se magoada, mas ainda tinha suas dúvidas. Será que ela poderia estar sendo demais na companhia da inseparável companheira e do melhor amigo? Mas Lotar acabou dissipando a sua perplexidade, e, certa vez, tentou convencê-la a ficar em casa, porque queria mostrar a Dina a gruta dos "juízes livres", e esse passeio longo a faria cansar-se demais.

Dagmara satisfez o desejo dele, mas, a partir daquele dia, nunca mais foi passear com os dois, negando-se a sair sob vários pretextos.

Passaram-se umas duas semanas desde a chegada de Lotar. Certo dia, de manhã, Dagmara estava sozinha sob a sombra de um arbusto de lilás lendo um livro; de repente, apareceu a esposa do pastor, que havia esquecido no banco seu tricô, e perguntou, surpresa:

— O que está fazendo aqui? Por que não foi à floresta, junto com Lotar e Dina?

— Eles preferem passear a sós! Deram-me a entender que sou demais e os deixo constrangidos. Nunca, nunca mais vou passear com eles! - respondeu com voz trêmula Dagmara, ruborizando.

As faces de Matilda também coraram. Sem nada dizer, ela foi ao escritório do marido. O pastor preparava tranquilamente o sermão de domingo e fumava o seu comprido cachimbo. A esposa, emocionada, contou o que soubera de Dagmara e acrescentou:

— Essa menina imoral pretende, é evidente, virar a cabeça do nosso menino inocente. Por favor, Gothold, aplique sua autoridade e ponha um fim nos passeios a sós, porque podem levar a um escândalo.

— Não se esqueça de que essa menina "imoral" é minha pupila! Mas acalme-se! Encontrarei o par e vou fazê-los entender – disse o pastor, após ouvir, com o cenho carregado, a esposa.

O pastor vestiu-se rapidamente, pegou sua bengala e saiu.

— Para que lado foram Lotar e a sua dama? – perguntou o pastor a Dagmara, que encontrou no caminho perto da casa.

— Não sei! Eles costumam ir ao córrego – respondeu ela.

O lugar que Dagmara indicou ficava bem distante da casa do pastor. Era um recanto maravilhoso, cheio de carvalhos seculares; entre os troncos, com marulho carinhoso, corria um córrego num leito de pedra. Quando há muitos anos, o pastor chegara à sua paróquia junto com a esposa, mandara fazer lá um banco de relva que era sempre muito bem cuidado. Ao aproximar-se desse lugar, cheio de boas recordações, Reiguern ouviu vozes e, diminuindo o passo, aproximou-se com cautela.

No banco, ele viu Dina. Estava sentada com uma coroa de miosótis na cabeça; havia uma corrente de ouro em seu pescoço com um medalhão incrustado de rubis e brilhantes. À sua frente estava ajoelhado Lotar e falava do seu amor com expressões apaixonadas. A moça enlaçava-se em seu pescoço e, de vez em quando, os jovens trocavam beijos calorosos.

O pastor ruborizou fortemente, franziu a testa e sacudiu com raiva a bengala. Seu filho não só se atrevera a virar a cabeça da moça que lhe era confiada como pastor, mas também estava estragando o seu novo traje, que se usava apenas nos feriados, e deveria servir até o próximo ano.

– É uma ocupação muito agradável, sem dúvida, e faz honra à sua modéstia, senhorita! Levante-se, tolo, que brinca de Romeu e suja as calças na grama úmida! Agora entendo por que vocês não querem Dagmara em seus passeios.

A voz tonitruante de Deus não apavorara tanto a Adão e Eva no paraíso quanto a voz do pastor assustou os apaixonados. Lotar corou e levantou-se de um salto só, e Dina jogou-se para trás, cobrindo o rosto com as mãos.

A repreensão do pai ofendeu profundamente o jovem, que respondeu com voz trêmula e indignada:

– Dispense-nos de suas ofensas e suspeitas indecentes! Dina é minha noiva; ela partilha o meu amor e consentiu em me dar a sua mão em casamento.

– Ah, é? Neste caso, tenho a honra de lhes dar os meus parabéns – disse o pastor, inclinando-se zombeteiramente. –Você, é provável, construirá uma cabana ao lado deste córrego e viverá nela junto com sua esposa, alimentando-se de raízes e bolotas? Isso será muito poético! É uma pena que aqui não cresçam figueiras para que vocês possam se vestir quando gastar a roupa, porque não pretendo renová-la de modo algum – acrescentou ele com desdém.

Dina soltou um grito e desabou sobre o banco, fingindo desmaiar; Lotar correu para acudi-la, mas o pastor interpôs-se entre eles. Sob sua mão forte e severa, o desmaio passou como por encanto, e a moça levantou-se, soluçando alto.

– Acalme-se, querida! A intervenção grosseira do meu pai e o seu escárnio sobre os sentimentos mais sagrados não têm poder sobre o nosso amor! – exclamou Lotar.

– Então, a comédia acabou – interrompeu, severo, o pastor. – Levante-se, senhorita, e vá para casa! Espero que ache o caminho sem a companhia do cavalheiro. E você, venha comigo sem discutir. Está entendendo?

O jovem percebeu pelo olhar e pelo tom de voz do pai que este não estava para brincadeiras e o seguiu sem dizer nada. No caminho para casa, filho e pai não trocaram nem uma palavra. Ao chegar ao gabinete, o velho fechou a porta e, endireitando-se, disse severamente:

– Se você não tivesse 22 anos, eu tiraria o chicote da parede, que você já experimentou há cinco anos, quando ousou ter namoricos com a filha do jardineiro. Eu esperava que, se você não estivesse totalmente curado de sua leviandade, pelo menos, limitasse as suas aventuras à cidade onde vive e na qual tem bastante tempo para se entregar à devassidão. Mas, começar um namoro tolo com a moça que me foi confiada para criar é simplesmente aviltante. Agora, ouça a minha decisão e ordem. Jamais darei o meu consentimento para seu casamento com essa moça sem-vergonha e estabanada. Sendo leviana de nascença, ela, com o tempo, comercializará a própria beleza e cobrirá de infâmia a família em que entrar. Ela não presta para esposa de um humilde pároco rural e jamais se tornará uma boa e simples dona de casa. É óbvio que, depois do que aconteceu, vocês não podem ficar sob o mesmo teto. Por isso, você partirá hoje mesmo para a cidade no trem das 11; até chegar a hora, você não sairá do seu quarto e deverá juntar as suas coisas. Eu proíbo qualquer correspondência com ela, pois isso só comprometeria os dois. Entendeu? Agora vá para o seu quarto!

Ouvindo o pai, Lotar ficou pálido, e por várias vezes, abriu a boca como se quisesse interrompê-lo, mas toda vez ele se continha. Por fim, aproximou-se do pai e disse com voz entrecortada:

WERA KRIJANOWSKAIA DITADO POR *J.W. Rochester*

– Pai! Você está errado desde o início. Não quero ser um pastor, porque não tenho vocação para essa profissão. Em vez de teologia vou agora estudar medicina. Não posso ser um hipócrita e mentiroso, balbuciar pregões e acreditar num Deus cuja existência é possível, mas que não foi comprovada pela Ciência. Simplesmente, acho indigno ensinar às pessoas as tolices bíblicas e exigir que elas acreditem. Ainda no ano passado eu queria lhe dizer isso, mas o medo de causar-lhe um desgosto me deteve. Agora não posso mais ficar calado.

O pastor ficou petrificado, e o seu rosto, sempre fresco e róseo, começou a empalidecer. Depois de um silêncio curto, mas penoso, ele respondeu com a voz levemente trêmula:

– Será que é o meu filho, a minha carne e o meu sangue, que está me declarando que não acredita em Deus e chama a Escritura Sagrada de "tolices bíblicas"? O que aconteceu com você, Lotar? De quem foi a influência nociva que contaminou o seu espírito a tal ponto? Pois não foi na casa beata de seu pai que você aprendeu a desprezar tudo que é sagrado!

O pastor calou-se por um minuto e passou a mão na testa, mas depois se endireitou e, medindo o filho com olhar severo e de desprezo, continuou:

– Estou longe de querer impedir a sua nova vocação: um padre ateu, que rejeita a religião, seria uma vergonha para a nossa honrosa função. Seja um médico, digno representante dos médicos modernos, cínicos e cúpidos, que extorquem de antemão o pagamento das consultas, colocam na parede a taxa de honorários, protelam a doença dos ricos e negam-se a ajudar os pobres que não forem capazes de lhes pagar.

– Pai! Por que ofender pessoas respeitáveis? O médico, tanto quanto o pastor, é um representante da paz, o consolo dos sofredores – interrompeu Lotar, tremendo.

– Sim, se o seu coração está aquecido com a fé em Deus e a Sua justiça! Felizmente, você não ficará constrangido com tais ninharias. Você praticará a sua medicina e terá o direito de, irresponsavelmente, tratar e matar pessoas. Os sofrimentos do próximo encherão a sua carteira, e isso lhe dará a possibilidade

BEM-AVENTURADOS OS POBRES DE ESPÍRITO

de gozar de todas as "coisas boas da vida". Agora, uma última palavra. Pelo dever de pai, continuarei enviando-lhe o dinheiro necessário para o seu sustento e para pagar a universidade, mas eu o proíbo de passar pela soleira da minha casa.

– Você está praticamente me expulsando, pai! Mas eu não posso mentir e professar uma fé que não tenho! – disse Lotar, desesperado.

– Não mais o verei! Uma pessoa que nega Deus e as escrituras sagradas não pode ser meu filho! Vá embora, saia! Já ouvi o suficiente de você – respondeu o pastor, indicando a porta ao filho.

Lotar saiu correndo do quarto. Estava todo trêmulo e só percebeu a mãe quando ela o agarrou pelo braço e sussurrou com voz forçada:

– Lotar, como você nos magoa!

O rapaz lançou-lhe um olhar ardente.

– Meu pai me expulsa de casa porque não posso trair as minhas convicções e ser pastor. Isso é um despotismo sem precedentes! Mesmo o próprio pai não tem direito de impor ao filho uma carreira que este detesta! Ele não tem direito de escarnecer dos sentimentos mais sagrados do seu filho, insultar a mulher que ele ama e, depois de tudo isso, jogar-lhe dinheiro como esmola! Não quero essa caridade! Vou trabalhar e estou disposto a sofrer, mas não aceitar qualquer coisa dele.

Assustada com a sua agitação, a esposa do pastor tapou rapidamente a boca do filho com a mão e o levou para fora. No quarto do filho ela o fez sentar-se a seu lado no sofá e disse, com tristeza e amor:

– Volte à razão, Lotar! Não repila, por orgulho inoportuno e criminoso, a mão do seu pai e a ajuda que ele lhe oferece! Esta será a única ligação entre vocês, que espero um dia faça você voltar ao teto paterno.

– Não, mamãe, não! Não posso aceitar nada dele! Dê-me um pouco de dinheiro para começar e depois seguirei o meu próprio rumo.

– O que eu posso lhe dar é uma ninharia, uns 75 marcos; e você tem à sua frente um longo curso de medicina – disse Matilda, magoada, secando as próprias lágrimas.

50

WERA KRIJANOWSKAIA DITADO POR *J.W. Rochester*

– Não fique triste, mamãe! – disse Lotar, mais calmo. – Tenho alguns planos para o futuro. O temor de uma cena semelhante à de hoje me fez ficar calado ou já no ano passado teria confessado que não gosto de teologia. Prevendo um futuro penoso para mim, eu já trabalhei no inverno, graças à ajuda dos meus amigos médicos. E tive tanto êxito nisso, que, trabalhando com afinco, pretendo entrar no segundo ano do curso no outono. Além disso, o catedrático Bern, que me patrocina e sabe dos meus planos, propõe, se for necessário, hospedar-me na casa dele na qualidade de instrutor de seus filhos, também futuros médicos. Com o que ele pretende me pagar, poderei viver com tranquilidade, esperando que chegue o outono. Agora, mamãe, por favor, traga a minha roupa. Quero partir o mais rápido possível.

Já caía o crepúsculo. O quarto de Lotar estava silencioso; a mala fechada e as gavetas abertas indicavam que tudo estava pronto para a partida, mas o viajante, deitado no sofá e escondendo o rosto no travesseiro, parecia esquecido disso. Ele suspirava penosamente, deprimido com o peso dos últimos minutos que passava sob o telhado paterno. Não ouviu os passos leves na escada e nem percebeu quando a porta se abriu e na entrada surgiu Dagmara, indecisa. Estava muito pálida e com os olhos vermelhos de lágrimas; segurava nas mãos uma caixinha. Ao ouvir o seu nome, Lotar levantou-se; os olhos dele também estavam chorosos.

– É você, Dagmara? O que quer?– perguntou, num tom cansado.

A moça aproximou-se rapidamente dele.

– Lotar! Desculpe-me! Sou a única culpada de sua desgraça! – Exclamou ela, entre soluços.

– Você, querida? Como assim? – perguntou Lotar, apertando-lhe amistosamente a mão.

Dagmara contou a sua conversa com a tia naquela manhã, afirmando que julgava ter sido responsável pela raiva do pastor e por tudo que acontecera depois.

– Ouvi sua conversa com titio e me culpei demais pela minha conduta tola. Mas naquela hora eu estava brava por você preferir Dina a mim – concluiu Dagmara, traindo com ingenuidade o seu primeiro ciúme de mulher.

BEM-AVENTURADOS OS POBRES DE ESPÍRITO

Lotar já tinha idade para entender esse traço do jovem coração feminino e, por isso, sentiu-se ao mesmo tempo confuso e lisonjeado.

– Sou eu quem deve pedir desculpas por ofendê-la, querida Dagmara! Acredite em mim, eu amo você! Acredite que eu continuo amando você como antes, de todo o coração. Quanto ao resto, é possível que este seja o meu destino e por isso eu a libero de qualquer responsabilidade – respondeu ele, beijando a mãozinha da moça.

Acalmando-se um pouco, Dagmara sentou-se no sofá e segurou pelo braço o seu irmão de criação.

– Se você desculpa, de verdade, a minha tagarelice boba, não deixe de aceitar aquilo que está nesta caixinha – disse ela num tom brejeiro. – Você sabe o quão generosa é a mesada de Detinguen. Jamais eu consegui gastar todo o dinheiro e economizei uns 400 marcos. Pegue-os! Eles ajudarão você a arranjar-se.

– Mas, não! Nunca! – exclamou o estudante, corando fortemente e repelindo a caixinha.

– Lotar! Não seja bobo e teimoso! – implorava Dagmara. – Tome este dinheiro, porque é demais para mim. Não preciso dele e, no entanto, ele livrará você de muitos aborrecimentos. Não sou sua irmã? Que escrúpulo tolo é esse? Aceite como eu também aceitarei sem qualquer hesitação a sua ajuda, quando um dia precisar.

O olhar confiante e bondoso, a voz terna e insistente da moça quebraram o orgulho de Lotar. Realmente, aquele presente inesperado poderia livrá-lo de muitas dificuldades. Emocionado com a atenção, ele abraçou Dagmara e eles se beijaram como verdadeiros irmãos.

– Obrigado, querida maninha! Você está me dando este dinheiro com tanta cordialidade, que aceito sem hesitação o seu presente generoso. Só Deus sabe quando nós nos veremos de novo, mas eu me lembrarei deste momento por toda a vida e lhe serei eternamente grato.

A moça respondeu com um aperto ardoroso de mão e os dois por instantes ficaram em silêncio.

De repente, Dagmara inclinou-se e, olhando, inquieta, nos seus olhos, perguntou, indecisa:

— Por que você não ama mais a Deus? Será que não acredita mais em Sua bondade e onipotência?

Os olhos escuros de Lotar acenderam-se.

– Desejo de todo o meu coração que você preserve a sua crença ingênua na Sua bondade e justiça e jamais venha a usar o escalpelo crítico de Sua obra. Mas então, guarde-se aqui, neste canto perdido, longe de qualquer contato com estranhos. Mas se você encontrar outras pessoas, olhar o mundo com os olhos abertos, comparar tudo que atribuem a este Deus invisível com aquilo que acontece na Terra, compreenderá por que não quis ser o Seu cultor. Não é por acaso o dito: Abençoados os pobres de espírito. Mas não estou cego o suficiente para acreditar sem entender e sou por demais honesto para enganar os outros, pregando incoerências conscientemente.

Dagmara estremeceu. Pareceu-lhe que a terra começava a balançar sob os seus pés, a face de Deus enevoava-se, e a Sua magnitude e onipotência ficavam empanadas. Percebendo o efeito que provocaram suas palavras, Lotar sentiu-se feliz por abalar a fé simples, infundida na alma pura dela por seu pai.

– É isso, Dagmara – continuou ele. – A fé cega sobrecarrega a consciência, paralisa a vontade e cria uma adoração ao tirano impiedoso que prescreve fraternidade, manda perdoar as ofensas e amar ao próximo, mas, ao mesmo tempo, joga a pessoa desarmada no meio das feras selvagens, que se aproveitam e despedaçam o simplório que acreditou na "fraternidade" e no "amor ao próximo" pregados pela religião, mas que não se aplicam em lugar nenhum.

Um pesado suspiro escapou do peito oprimido de Dagmara. O "mundo" ao qual ela aspirava a conhecer o mais rápido possível tomou, de repente, um aspecto monstruoso e repugnante.

– Não se assuste antes do tempo, minha irmãzinha – consolou-a Lotar, levantando-se. – É possível que o destino tenha piedade de você e não a prive do paraíso imaginário que os seus olhinhos claros querem ver. Bem, é hora de partir. Adeus, Dagmara!

Seja feliz e não se esqueça deste pobre exilado! – Lotar a beijou. – Agora vá e chame Wilgelm para levar a minha mala.

Lotar partiu sem se despedir de ninguém e não deixando nenhum bilhete para Dina, que, voltando do bosque, soluçava com um ar de vítima, torcendo os braços e acusando o pastor de crueldade indigna.

Matilda e Dagmara choravam em silêncio. Parecia que uma nuvem de chumbo ficara suspensa sobre a casa, outrora tão alegre e cheia de tranquilidade. Mas os escândalos não pararam por aí.

Dois dias após a partida de Lotar, Dina sumiu de madrugada, levando consigo um pouco de roupas e suas joias. Furioso, o pastor partiu imediatamente com o resto de suas coisas para devolvê--las à senhora que lhe havia confiado a órfã e para se eximir de qualquer responsabilidade posterior.

Reiguern supunha que Dina tivesse ido para a casa de sua tia. O que ele diria se soubesse que a insensata garota encontrara um jeito de conseguir o endereço de Lotar e mandara a carruagem levá-la da estação de trem diretamente para o apartamento dele?

Lotar não estava em casa, e a hospedeira do estudante, viúva idosa de um funcionário público, surpreendeu-se extremamente com a chegada de alguém tão jovem e bonita. Mas o aparecimento de Dina não foi bem recebido por Lotar; a sua falta de tato e o seu descaramento chocaram-no.

Além disso, os últimos acontecimentos e a dura luta pela sobrevivência que o aguardava haviam-no deixado mais sóbrio, obrigando-o a encarar o caso com maior seriedade. Apesar do encanto que lhe causava a beleza de Dina, ele percebera que o amor deles era uma loucura, que se passariam ainda muitos anos antes que ele pudesse pensar em casar e que era muito provável que a moça, habituada ao luxo, se sentisse infeliz no ambiente modesto que ele poderia lhe oferecer.

Lotar então comunicou decidido a Dina que, dentro de alguns dias, ele se mudaria, como mentor, para a casa do doutor Bern e, por isso, ela não poderia ficar na casa dele e devia pedir à hospedeira que a levasse à casa da sua tia.

Essa declaração inesperada pôs Dina fora de si. Gritando e

chorando, ela exigiu um casamento inadiável, acusando-o de roubar seu coração para se divertir e depois a abandonar, submetendo-a assim à tirania e às acusações da tia. Lotar permaneceu firme, mas a cena esfriou-o definitivamente, e ele, de forma involuntária, começou a comparar o rosto de Dina, ardente e deformado de raiva, à face inocente e tranquila de Dagmara, com grande vantagem para a sua irmãzinha.

Lotar suspirou aliviado quando a carruagem que levava a filha do banqueiro desapareceu. Além do mais, agora ele não estava em condições de namorar: precisava trabalhar bastante e lutar para abrir o caminho para sua independência e prosperidade.

Capítulo IV

Enquanto a órfã, roubada e quase esquecida pela baronesa Vallenrod, crescia longe, esta continuava a morar em Brandemburgo e não se desviava nem um pouco do seu plano. Vivia com "modesta abundância", suficiente para manter-se em pé de igualdade com as pessoas do seu antigo círculo de relações. Era amada e respeitada na sociedade, que a considerava uma mulher generosa e de rara energia. A educação do filho ela levava muito a sério.

Quando Desidério entrou na escola militar, a baronesa Helena não despediu o professor do seu filho. Manteve-o, e ele ia buscar o menino na escola aos domingos e feriados, acompanhava seus estudos durante as férias e estava sempre com ele quando Desidério saía. Essa precaução tinha suas razões, pois, quando Desidério entrou na adolescência, começou a manifestar bem cedo inclinação para as aventuras amorosas. E, nesse sentido, a baronesa era inexorável. Ela não queria que seu filho se tornasse devasso como o pai e conduzia-o com energia pelo caminho certo, removendo escrupulosamente todas as tentações.

Desde cedo ela incutia em Desidério um profundo desprezo

pela pobreza e até pela "modesta abundância" que eles próprios gozavam. Não se cansava de repetir que para alguém portador de nome tão eminente como o dele, qualquer posição média seria humilhante e que o dever dele consistia em contrair, com o tempo, um matrimônio conveniente que dourasse seu antigo brasão e trouxesse riqueza, a única coisa capaz de lhe proporcionar consideração e respeito na vida.

Moças bonitas e virtuosas, mas pobres, também foram sendo sistematicamente desmistificadas. Para a baronesa elas eram aranhas perigosas, que sempre aspiravam a, de modo imperceptível, "capturar um marido" e por isso ele tinha de tomar muito cuidado em relação a elas. A baronesa incutia no seu filho a reverência para com qualquer representante do poder e riqueza, pois para fazer uma boa carreira, ele deveria reverenciar e bajular.

Quando Desidério foi promovido a oficial e designado para um regimento de hussardos, ele comprovou que as lições da sua mãe não haviam sido em vão.

Já havia alguns anos, Desidério levava uma vida agradável e desafogada de "leão-de-salão", quando a sua atenção e também a atenção de toda a cidade foram atraídas por rumores estranhos que corriam sobre a Vila Egípcia. Todos conheciam a vila, mas poucos eram os que visitavam o lugar, que gozava de má fama. Diziam que na casa, que permanecera vazia durante muitos anos, instalara-se um bruxo que nunca saía de lá, mas, à noite, a casa ficava iluminada por uma luz fosforescente; nas janelas corriam fogos vermelhos e, por vezes, ouvia-se um canto agradável.

Mas isso não era tudo. Esse desconhecido "mago" fazia curas milagrosas e tratava doentes que os médicos recusavam. Esses boatos se confirmaram quando uma mendiga que todos conheciam e que fazia trinta anos estava paralítica foi curada. Ela contava em alto e bom som, para que todos ouvissem, que o seu filho a tinha levado num carrinho à sua aldeia natal para uma festa religiosa. Uma chuva torrencial obrigara-os a parar diante da Vila Egípcia. Lá, um homem idoso com barba comprida e grisalha encontrou-a e, depois de perguntar sobre o seu traumatismo, mandou que a levassem a uma sala que tinha uma mobília como

BEM-AVENTURADOS OS POBRES DE ESPÍRITO

ela jamais vira na sua vida. A mendiga adormeceu e, quando acordou, sua doença desaparecera sem deixar vestígios. Abandonando as muletas e o carrinho, ela voltou para a cidade andando com as suas próprias pernas e, desde então, glorificava por toda parte o milagre que lhe acontecera. Nem haviam cessado os rumores sobre essa ocorrência, quando começaram a falar sobre um cego que recuperara a vista; depois, sobre um gotoso que voltou a dominar novamente as mãos e as pernas paralisadas; também uma criança que ficara curada quando estava para morrer devido à difteria e sobre outros milagres desse tipo.

O clero inquietou-se, sentindo por trás de tudo isso relações com o demônio; os médicos alarmaram-se mais ainda porque a concorrência do "mago" ameaçava não somente abalar a sua autoridade científica, mas também tirar seus ganhos.

Entretanto, um caso inesperado logo os acalmou. A esposa enferma de um banqueiro rico foi pessoalmente visitar a vila, esperando ser atendida; mas o seu cartão de visita foi devolvido com a seguinte inscrição: "Peço desculpas por não atendê-la, mas a senhora é rica o bastante para dirigir-se a luminares da ciência. Quanto a mim, só ajudo pobres infelizes, cuja cura não pode causar danos materiais aos médicos."

Esse caso aguçou extremamente a curiosidade geral. Começaram a tomar informações e ficaram surpresos quando souberam que esse "mago" morava na vila havia dois anos; soube-se também que o nome dele era barão Detinguen, que levava uma vida solitária junto com a sua filha única, moça jovem e bonita que também nunca ia a lugar algum e que toda manhã, tanto no inverno como no verão, andava a cavalo na companhia de um velho criado.

Desidério transmitiu todos esses rumores à sua mãe, interpretando-os a seu modo. O nome Detinguen nada dizia para ele, mas para a baronesa relembrou o passado penoso. A filha única de Detinguen era certamente Dagmara, que ela considerava desaparecida para sempre. Esta ressurgia de novo em seu caminho e, ainda por cima, cercada de atenção geral.

Os protagonistas desses boatos nem suspeitavam da curiosidade que provocavam e continuavam a levar a sua vida calma e solitária.

Entretanto, antes de prosseguir a nossa história, não seria demais olhar para trás, nos anos passados.

Alguns meses depois do acontecimento que mergulhou em melancolia a casa do pastor Reiguern, este recebera uma carta de Detinguen, avisando que retornava da Índia e pedindo ao seu amigo pastor que levasse Dagmara para a Vila Egípcia, onde decidira instalar-se definitivamente. Reiguern respondera imediatamente, pedindo ao barão para deixar a moça em sua casa até a sua primeira comunhão, na primavera. "Esta festa se realizará em seis semanas ou, no máximo, dois meses após a data de sua chegada"– escrevia o pastor. – "Espero que, apesar de sua impaciência para ver a sua filha adotiva, você me conceda esta protelação. Eu me apeguei demais a esta moça e ficaria muito feliz em abençoá-la num dia tão significativo".

O consentimento de Detinguen não demorou a chegar e veio acompanhado de uma carinhosa carta a Dagmara e de um breviário com encadernação cara.

Dagmara estava com uma sensação muito estranha. Lamentava deixar a casa, onde passou onze anos, e a família à qual se unira. Por outro lado, o coração atraía-a ao pai adotivo, que ela endeusava, apesar da longa separação e do mundo desconhecido no qual se preparava para entrar. Com esse estado de espírito, no dia da Ascensão, ela, pela primeira vez, ajoelhou-se diante do altar do Senhor e recebeu a comunhão com veneração.

Toda sua alma virginal estava cheia de fé, entusiasmo e gratidão pela graça concedida. Pura e clara, trajando um simples vestido branco, ela própria parecia uma visão celeste.

No mesmo dia, à noite, a senhora Reiguern deveria levar Dagmara a Brandemburgo. Após um modesto almoço de despedida, o pastor chamou-a ao seu gabinete. Estava sério e concentrado, e Dagmara notou, surpresa, que, sobre a mesa, diante do Crucifixo, estavam acesas duas velas e havia um livro luxuosamente encapado.

O velho pastor beijou a moça, depois a conduziu até a mesa, fez com que ela ajoelhasse e disse com voz emocionada e reverente:

– Minha cara criança! Amo você como se fosse minha própria filha e não somente filha espiritual! Gostaria que a sua vida fosse tranquila, feliz e sem tempestades; creio com firmeza que só a fé profunda e inabalável será capaz de conceder estes bens preciosos. Neste instante, quando vamos nos separar por muito tempo e talvez para sempre, acho necessário dar-lhe alguns últimos conselhos perante a face do nosso Pai, Jesus Cristo. Vivemos em um tempo obscuro de negações, rebaixa-se e despreza-se a pura e simples fé que professavam nossos pais. Esta fé já não satisfaz os espíritos confusos. Isto significa que os arrebatados vícios humanos derrubaram a represa construída pela religião, e a humanidade, assustada com o monstro que ela própria invocou, procura uma outra força, uma outra fé para refreá-lo. Percebendo que estão caindo em um abismo e conscientes de terem perdido a âncora da verdadeira salvação, as pessoas apegam-se a diversas quimeras, mostrando uma vez mais o milagre da mistura de línguas. Cada homem cria a sua própria religião, fé, seu próprio código moral e já não quer entrar em acordo com seu vizinho. Finalmente, as pessoas não conseguem mais se entender e, do mesmo modo como na época da torre de Babel, começam a falar línguas diferentes; todos se perderam no escuro labirinto de sofismas, cheio de abismos sombrios. Gostaria de preveni-la sobre este perigoso caminho; ainda mais porque pressinto que você sofrerá tentações e, diante de sua inocente visão, abrir-se-ão várias teorias, brilhantes, mas vazias. Irão abrir para você amplo campo de pesquisas interessantes e perigosas no mundo misterioso que a sabedoria Divina ocultou de nós e onde nos proibiu de penetrar. Então, minha filha, seja firme na hora dessas tentações! Se você precisar de apoio, dirija-se a mim. Preserve como o maior tesouro a sua fé simples: só ela lhe servirá de farol e dissipará todas as suas dúvidas. Seja caridosa e pratique o bem para si própria! Seja pura para agradar a Deus e para salvar a sua alma; ame o próximo, não porque ele mereça isso, mas porque esse é o seu dever. Não se indigne com a insignificância moral das pessoas e não as despreze, achando que você é melhor; que a sua caridade e a ardente e pura fé reguem as suas almas ressecadas como um orvalho vivificante.

O pastor calou-se por um instante, sufocado de emoção, depois ergueu os olhos para o céu e continuou:

– Senhor, em suas mãos eu entrego o espírito que me confiou! Como um jardineiro vigilante, cuidei deste germe jovem, tratando suas raízes e galhos! Abençoe, Senhor, este meu trabalho! Que a sua criatura cresça, trazendo, como uma figueira, flores e frutos!

Dagmara levantou-se, toda em lágrimas e lançou-se aos braços do velho pastor. Naquele momento parecia-lhe que sua fé era tão forte, que não sentia medo de ataque algum...

Aqueles momentos de despedida anuviaram o espírito de Dagmara, e ela chegou a Brandemburgo com o coração apertado. Mas quando viu a vila, pitorescamente localizada num penedo, a impressão da penosa separação da casa do pastor desapareceu, e Dagmara agora só pensava na alegria de encontrar novamente o generoso homem que a livrara das necessidades e preocupações da vida, abrindo-lhe de forma paternal a sua casa.

Detinguen recebeu-a no saguão. A ternura sincera e carinhosa com que ele abriu seus braços para Dagmara dissipou de imediato a sua timidez, e ela correspondeu ao beijo do seu protetor com o ímpeto da antiga menina.

– Que seja abençoada a sua chegada sob o meu teto, minha querida criança, enviada a mim por Deus como um raio de sol para iluminar e aquecer a minha velhice! – disse com emoção Detinguen.

Eles passaram para a sala de jantar, e o barão agradeceu cordialmente à senhora Reiguern pelos cuidados e amor para com a sua filha adotiva, convidando-a a passar alguns dias na casa. Mas a esposa do pastor recusou, dizendo que seu marido estava triste e solitário, ao ficar sozinho na casa vazia após a partida de Dagmara, sua última alegria; tinha pressa em voltar para casa e decidiu partir no mesmo dia, à noite.

Então Detinguen, que desejava conversar com a senhora Reiguern a sós, sugeriu que Dagmara fosse dar uma olhada nos seus novos aposentos preparados no andar superior e que aproveitasse para trocar o traje de viagem.

A moça, cheia de alegria e curiosidade, seguiu o velho criado, e este a levou até a escada onde a encontrou uma criada jovem de uniforme bonito, a qual lhe beijou a mão e lhe disse que fora posta à disposição da jovem senhorita.

A escada em espiral, coberta com um grosso tapete, terminava numa pequena sala de recepções decorada com flores, e uma porta fechada com uma pesada cortina de pelúcia cor de romã era a entrada para os aposentos de Dagmara. Os aposentos compreendiam um dormitório, uma sala de estar e uma biblioteca ou gabinete. Ao lado da porta de entrada havia duas estátuas de bronze que representavam pajens; um deles segurava uma lâmpada em forma de tocha, enquanto o outro segurava a cortina.

Detinguen decorara os cômodos de sua filha adotiva num estilo gótico que combinava inteiramente com os vidros multicoloridos das janelas ogivais, as lavradas portas de carvalho e os tetos arqueados. Toda essa luxuosa decoração causava uma impressão um tanto severa e triste, atenuada apenas por inúmeras flores raras e bibelôs caros, espalhados pelas mesas e estantes.

Dagmara, acostumada à simplicidade puritana da casa do pastor, não se sentia à vontade entre as poltronas com encostos altos e armários lavrados como rendados. O que a desconcertava, em especial, era a grande cama com cortinado de brocado esverdeado. Porém, quando ela se aproximou da janela aberta, soltou uma exclamação de admiração. Daquela altura, diante dela estendia-se uma ampla e maravilhosa vista. De um lado via-se uma planície com sua vegetação verde-escura e imponentes ruínas da Ordem dos Templários, e, junto ao sopé, serpenteava a faixa amarela de uma grande estrada; ao longe, através da névoa azulada, distinguiam-se a cúpula da catedral, as torres altas da câmara municipal e a massa branca das construções da capital.

Dagmara ficou admirando a paisagem. Por fim, ela estava em casa... Nesse luxuoso abrigo a aguardava uma vida tranquila e despreocupada; aqui, como na humilde casa do pastor, ela estará cercada de amor e atenção... Oh! Como o Senhor foi misericordioso e como arranjou maravilhosamente o destino da órfã. Com que devoção ela sempre rezará para Ele! Vai dedicar toda a sua vida ao pai adotivo, vai amá-lo e procurar alegrar a sua velhice, sem nunca esquecer a sua dívida de gratidão ao pastor e à sua esposa.

A criada Jenni arrancou Dagmara de seus pensamentos, propondo-lhe trocar o traje; a moça trocou-se rápido e desceu correndo para a sala de estar.

– Então, minha querida, você ficou satisfeita com seus aposentos? Gosta deles ou deseja mudar alguma coisa? – perguntou sorrindo Detinguen.

– Gostei de tudo, papai, de tudo que você preparou para mim com tanto amor! – respondeu com alegria Dagmara. – Tudo é tão bonito e magnífico! Como posso merecer tanta bondade da sua parte?

– Você já mereceu com o que acabou de dizer, comprovando-me a sua modéstia e gratidão. Você não é a minha filha de sangue, mas pressinto que o amor e confiança criarão entre nós uma ligação não menos forte – respondeu o barão, emocionado.

A senhora Reiguern partiu após o jantar. Despedindo-se de sua maravilhosa professora, Dagmara soluçava amargamente e, por muito tempo, não conseguiu acalmar-se; Detinguen nada dizia, deixando-a desafogar-se chorando. De repente, ela assustou-se, preocupada com a ideia de que a sua tristeza pudesse ofender o pai adotivo. Levantou-se de um salto da poltrona e correu para ele. Enlaçando-se em seu pescoço e apertando a face úmida contra a face do barão, ela perguntou, preocupada:

– Papai! Você não está bravo comigo por chorar tanto pela partida da tia Matilda? Agora que estou aqui, você pode achar isso uma ingratidão da minha parte. Mas, não pude me conter. Ela e o tio sempre foram muito bons para mim!

Detinguen a fez sentar-se no banco a seu lado e, sorrindo, respondeu, passando a mão com carinho na sua cabeça:

– Não, minha querida, não estou nem um pouco bravo. E, ao contrário, sinto-me feliz, vendo que você sabe valorizar o amor que lhe é dispensado. A separação sempre é difícil, e ainda que na minha casa você viva mais luxuosamente, espero que jamais esqueça a família honesta que a ama e onde foi criada. Então, não disfarce as lágrimas que honram você! Agora, minha criança, vá e descanse de todas as preocupações do dia de hoje.

E, realmente, Dagmara estava tão emocionada que, ao voltar ao seu quarto, não conseguiu dormir por muito tempo. O novo ambiente a impressionara demais, excitando a sua imaginação e, quando por fim adormeceu, teve um sonho estranho.

Ela se viu dormindo numa cama grande, iluminada pela luz suave e azulada de um balão brilhante e transparente, e ela parecia estar em seu interior. De repente, à sua cabeceira apareceu um anjo de extraordinária e encantadora beleza. Todo o seu ser irradiava uma luz ofuscante, mas as suas asas eram escuras e elevavam-se sobre a cabeça, como uma névoa escura. Ele segurava numa mão uma tocha e na outra – uma espada flamejante. Esse ser misterioso inclinou-se sobre ela e olhou-a com um olhar tão penetrante que ela estremeceu. Depois, abaixando a tocha, ele incendiou o balão transparente que a cercava, o qual queimou estalando. Dagmara teve a impressão de que um sopro de ar frio a transpassou completamente e, em seguida, foi tomada por uma correnteza de fogo. Enquanto ela, muda de horror, olhava para o anjo, este pronunciou com uma voz profunda:

– Eu queimei a ingenuidade da sua fé para abrir a sua mente para uma nova luz. Darei a você asas para que possa elevar-se acima da rude e cega humanidade; vou revelar-lhe leis desconhecidas e a iluminarei com a luz espiritual, que lhe permitirá ver através do corpo carnal e ler os pensamentos dos homens. Você se tornará receptível às vibrações do bem e do mal; o calor espiritual do bem irá aquecê-la, mas você tremerá de frio ao tocar o mal.

Com essas palavras, ele tocou-lhe a testa com a espada flamejante, e Dagmara sentiu algo como um raio que atravessou o seu cérebro. No mesmo instante, o ambiente que a cercava abriu-se como cortina, e ela viu uma aglomeração de estranhos seres que se lançaram ao seu encontro. Terrivelmente assustada, caiu de joelhos e exclamou, implorando:

– Anjo terrível! Deixe-me com a minha fé ingênua, não abra para mim os abismos do mundo invisível! Tenho medo de cair lá.

O anjo nada respondeu e, abrindo as suas potentes asas, elevou-se no ar, agitando a atmosfera com tanta força, que pareceu a Dagmara ter sido carregada como um grão de poeira e arrastada pelo turbilhão. Para onde?... Ela não soube dizer, pois logo acordou, coberta de suor frio.

– Que sonho horrível! – murmurou ela.

Levantando-se rápido da cama, correu para o Crucifixo pendurado na parede e rezou ardentemente. Em seguida, um pouco

WERA KRIJANOWSKAIA DITADO POR *J.W. Rochester*

mais calma, deitou de novo para dormir e, desta vez, acordou bem tarde.

Dagmara viu o barão apenas durante o desjejum. Quando ele perguntou se ela havia dormido bem, a moça contou-lhe o sonho. Detinguen escutou com visível prazer e depois disse, sorrindo:

– Esta visão, minha querida criança, tem um significado profundo e me comprova que você está predestinada a ser iniciada nos grandes mistérios. A dor que você sentiu comprova como é difícil obter o verdadeiro conhecimento e como é penoso livrar-se de preconceitos. Acredite, minha filha, só a ciência faz o homem ser independente da sociedade de pessoas vulgares, de suas falsas amizades, de sua curiosidade ociosa e do contato perigoso com seus vícios. O ignorante corre atrás do ouropel mundano e procura contato com pessoas tão cegas e pervertidas como ele, porque tem a necessidade de preencher com algo a sua vida vazia. Já o sábio carrega dentro de si próprio uma inesgotável fonte de satisfação, e eu sinto, Dagmara, que você tem capacidade para ser iniciada nessa elevada ciência. Se você quiser estudar, ficarei feliz em ser seu professor. Mas sem a sua boa vontade haverá escuridão por todos os lados: tanto dentro de você própria quanto ao seu redor...

– Claro, papai, eu quero estudar; especialmente se você for o meu instrutor – respondeu Dagmara, e seus olhos começaram a brilhar.

– Terei prazer em orientá-la nos estudos! Então, começaremos a trabalhar com você, assim que eu fizer o plano dos nossos estudos.

Certa manhã, cerca de uma semana após essa conversa, o barão convocou Dagmara ao seu gabinete de trabalho. De lá, os dois subiram por uma escada em caracol para a torre, cuja sala redonda estava cheia de estantes com livros diversos e rolos de papiro antigo.

– Aqui se encerra uma partícula daquela ciência infinita, cuja cartilha nós pretendemos aprender – disse o barão com um alegre sorriso. – Aviso-lhe que é necessário ter muita paciência. Aliás, espero que você venha a se interessar pela ciência que serve de base a todas as outras ciências que desejo lhe transmitir. Esta ciência é a História, mas a História verdadeira. Aquela que é descoberta nas ruínas de cidades mortas, sob a picareta de pesquisadores e não somente nas lendas que obscurecem a nossa mente.

O barão não se enganou. A História dos povos desaparecidos e suas culturas absorveram por completo a atenção de Dagmara. A Índia, Babilônia, Egito renasceram diante dos seus olhos encantados, e Detinguen, que pessoalmente visitara todos esses lugares, ilustrava suas aulas com histórias vivas e descrições de gigantescas cidades em cujas muralhas desenvolviam-se os destinos do mundo antigo.

Dagmara ouvia-o com interesse palpitante, e um tremor nervoso percorria o seu corpo quando o barão colocava em suas mãos alguns objetos, dizendo:

– Esta estatueta pertence à época de fundação do templo na Babilônia, restaurada por Nabucodonosor. Este amuleto tem cinco mil anos e foi tirado do peito de uma múmia. Esta flor seca foi retirada de uma grinalda, feita na época de Moisés por alguma mulher para enfeitar o corpo de seu filho.

O tempo passava para Dagmara como num conto de "Mil e Uma Noites". Ela lia ou escutava as histórias interessantes de Detinguen, cativada pelos novos horizontes que se abriam perante a sua mente, e sentia-se feliz. Entretanto, se a História dos povos despertou-lhe grande interesse, esse interesse duplicou quando passou a estudar doutrinas religiosas, e o seu olhar admirado aprofundou-se na escuridão dos séculos, seguindo milhares de curvas do pensamento humano no seu longo e lento conhecimento do Pai do universo.

Agora Dagmara via a unidade da Divindade em Suas manifestações mais diversas e muitas vezes, durante a oração da noite, sentia-se confusa.

O Deus misericordioso, simples e humano que satisfazia a sua mente de criança, começava a tomar a medida gigantesca de toda a existência, sendo inconcebível na Sua manifestação; atrás do azul do Seu trono, abria-se o mistério do universo, sem começo nem fim. Agora o antigo Deus, a quem ela simplesmente adorava e nem tentava conhecer, parecia-lhe terrível. Com mão corajosa levantou a cortina que O cobria, tentando penetrar nos mistérios do infinito e da fonte do poder invisível e misterioso. De repente, descobriu, horrorizada, que o mal reinava por toda a parte, que todas as forças da natureza serviam de armas de destruição e que era possível invocar os habitantes do universo invisível, seres dotados de uma certa vontade e de maldade infernal.

Dagmara ainda não vira esse mundo misterioso, mas o seu professor lhe disse:

– Você verá esses seres do outro mundo e os dominará porque eu irei armá-la com a força que os subjuga.

Dagmara ansiava por essa iniciação com curiosidade e horror.

O próprio Detinguen apaixonou-se por essas pesquisas conjuntas, percebendo, com profunda alegria, como o espírito da moça se desenvolvia com rapidez. Ele admirava a inteligência flexível de Dagmara e a sua natureza pura, bem dotada de forças misteriosas com as quais ele sabia lidar. Ele próprio suportou nove anos de uma rígida iniciação num templo na Índia, sob a direção de um sábio ancião, cuja confiança e amor soube cativar. Sendo um trabalhador escrupuloso e incansável, um paciente e bem desenvolvido idealista, o barão era o verdadeiro tipo de "adepto" antigo e penetrou profundamente, com todas as fibras da sua alma, no estudo das ciências ocultas, desenvolvidas na antiguidade e tratadas com menosprezo em nossos dias. Apaixonou-se por esses conhecimentos; vivia somente deles e, apesar do seu profundo amor por Dagmara, levava-a consigo ao labirinto do invisível, decidido a fazê-la uma sacerdotisa dos mistérios e aproveitar as capacidades que ela possuía para penetrar ainda mais no mundo misterioso que o atraía como um abismo atrai aquele que olha dentro dele.

Dagmara não entendia o perigo que a ameaçava e nem suspeitava do isolamento a que seria condenada pela sua condição especial. Ela não imaginava que esses conhecimentos e convicções iriam afastá-la da sociedade, se lhe fosse destinado viver lá, e na qual as pessoas não conseguiriam entendê-la.

Dagmara não percebia que já estava levando uma vida solitária, que estudava e lia obras que não combinavam com a sua idade e compreensão e que estava enriquecendo a sua inteligência com conhecimentos grandes demais para sua cabecinha de dezenove anos. Essa vida exclusivamente intelectual refletiu-se até na sua aparência exterior, e o seu rosto, antes rosado e infantil, ganhou uma expressão concentrada e severa e, nos seus grandes olhos cinza, brilhava a mente de uma pessoa adulta.

Até aquele dia, pai e filha sentiam-se felizes e estavam satisfeitos com sua vida solitária sem preocupar-se com o que acontecia fora de casa. Eles nem imaginavam que os favores prestados a alguns infelizes atraíam a atenção geral e que, por todos os lados, estavam sendo vigiados por curiosos que ansiavam penetrar naquela vila, apelidada pela sociedade de "Castelo Brosselion" e conhecer o "mago Merlin" e a sua filha, a "fada Viviana". A visita da esposa do banqueiro foi o primeiro aviso, mas Detinguen rejeitou aquela proposta de forma tão enérgica, que pensou ter-se livrado de qualquer outra tentativa indiscreta. Infelizmente, logo percebeu que estava errado. Ele nem suspeitava que se encontrava às vésperas de mais um ataque perigoso, de outro gênero.

No regimento onde servia Desidério, havia um jovem oficial amado por todos os companheiros, graças a seu caráter aberto e brando, e Vallenrod era o seu melhor amigo. Eles tinham o apelido de "Os inseparáveis".

Para extrema consternação de seus colegas de regimento e desgosto profundo das damas da capital, esse jovem bonito e amável estava doente havia cerca de um mês. Um tumor crescera em seu rosto, causando-lhe dores agudas e resistia a qualquer tratamento. Apesar de todas as pomadas e esparadrapos, o repugnante tumor continuava a crescer, e as expressões preocupadas dos médicos indicavam que eles estavam impotentes para lutar contra ele.

A doença misteriosa do conde Saint-André servia de inesgotável tema de conversas no clube de oficiais.

– Em que anda pensando tanto, Vallenrod? Será que se apaixonou? Ou talvez, os credores estão lhe apertando? Por que anda concentrado feito uma coruja? – perguntou um dos oficiais.

– Pare de falar besteira! Estou pensando no pobre do Saint-André, que está cada dia pior. Um dos seus olhos já está completamente fechado, e o nariz parece o meu punho; mas o pior é que o tumor está descendo para a garganta e ameaça sufocá-lo. Os malditos médicos não conseguem ajudá-lo e só falam em cirurgia.

– Ah! Se esse monstro do "Merlin" resolvesse curá-lo! Mas, infelizmente, ele só tem atração por pedintes – observou um jovem oficial.

– Mas que grande ideia! – exclamou Desidério, dando um soco na mesa. – O "Merlin" vai curar o Phillip e basta!

– Mas como você vai obrigá-lo?– perguntou com ironia um dos companheiros.

– Ele não. Vou obrigar a "fada Viviana" a convencer o pai. Uns dias atrás, eu dei um jeito para encontrá-la em seu passeio. Eu lhes juro que nunca vi um rosto com cor tão maravilhosa e olhos tão lindos. E que formas!

Desidério, entusiasmado, beijou a ponta dos próprios dedos e todos riram.

– Então, usando a desculpa da doença de Saint-André, você quer abrir caminho até a fada e seduzi-la?

– Não é nada disso! Iremos todos juntos, como uma comissão. Eu somente serei o orador.

A proposta original do barão Vallenrod foi aceita por unanimidade. Na manhã seguinte, os jovens oficiais reuniram-se perto da vila e ocuparam uma posição tal, que, quando Dagmara voltasse do passeio, passaria por eles.

Não tiveram de esperar. Logo apareceu a amazona, acompanhada pelo velho criado. Ao ver que os oficiais barraram a estrada em toda a sua largura, a moça refreou o cavalo, e uma expressão de descontentamento perpassou no seu rosto.

– Será que os senhores podem deixar-me passar ou devo voltar atrás porque a pacífica estrada está sendo ocupada pela força militar?– perguntou Dagmara, medindo com olhar zombeteiro o oficial que vinha à frente do cortejo.

Os representantes cumprimentaram-na com respeito, inclinando a cabeça. Depois Desidério saiu à frente e disse com uma nova reverência:

– Nobre "fada Viviana", gentil proprietária do "castelo Brosselion"! Não nos julgue mal! Se tomamos a liberdade de detê-la aqui é porque queremos implorar a sua proteção. Um de nossos companheiros está muito doente. Os médicos foram incapazes de ajudá-lo e querem recorrer à cirurgia, cujo resultado, é provável, será fatal. Sobrou-nos uma única esperança, que é o seu pai, cujos conhecimentos extraordinários curaram muitos sofredores. Pedimos à senhorita a gentileza de ser a nossa intermediária e que passe a seu pai o nosso pedido coletivo.

Um sorriso alegre perpassou pelo rosto fresco de Dagmara.

– Eu só posso simpatizar com seu procedimento, inspirado pelo amor ao próximo. Mas vocês devem compreender que não posso prometer pelo meu pai. Conversarei com ele e passarei o seu pedido. Mas a quem devo mandar a resposta se ele consentir?

– Para mim! – apressou-se a responder Desidério.– Aqui está o meu cartão de visitas e o endereço.

Dagmara olhou com curiosidade para o cartão e leu: "Barão Desidério Von Vallenrod-Falkenau". Ela levantou a cabeça e olhou com maior atenção para o oficial. O nome "Desidério" despertou nela uma vaga lembrança. Ela esquecera a sua estada na casa da baronesa, sobre a qual ninguém jamais lhe falava, mas o nome do amigo de infância ficou de forma vaga na mente. A imagem do menino, quase apagada na sua memória, parecia tão pouco com o brilhante oficial à sua frente, que ela nem se esforçou para lembrar o passado. Cumprimentou levemente com a cabeça os jovens oficiais e dirigiu-se a galope para casa.

– E então? Eu não disse? Ela não é fascinante? Agora ganhamos a causa do pobre Phillip! – exclamou Vallenrod, triunfante.

–Tem toda razão! Ela é maravilhosa! Você tem de conseguir do velho "Merlin" o consentimento para casar-se com ela. É verdade que ela definha na solidão! O mago lhe dará uma caixinha cheia de pó mágico e você terá tanto ouro, quanto tinha Aladim do livro "Mil e Uma Noites", e nunca mais precisará apelar para sua severa mãezinha.

– A sua ideia não é tão má! Vou pensar nisso quando a conhecer melhor – respondeu Desidério, rindo de todo o coração.

À noite, o jovem oficial recebeu um bilhete lacônico com os seguintes dizeres: "O enfermo deverá aparecer na minha casa sozinho, entre oito e dez horas da noite. Ludvig Von Detinguen".

Depois de ler o bilhete, Desidério levantou-se rápido sofá. Eram já seis e meia e não tinha um minuto a perder.

Encontrou o doente deitado de roupão no seu quarto. Um algodão cobria o seu rosto, e ele estava de péssimo humor.

– Deixe-me em paz! Eu nem penso em entregar-me às mãos desse charlatão. Além disso, será que posso sair numa noite tão úmida? – resmungava o conde, virando o rosto para a parede.

Mas não conseguiu dissuadir Desidério com esses resmungos.

– Você será um tolo se não aproveitar esta oportunidade única de curar-se! Não me diga que prefere morrer sob o bisturi do cirurgião? – disse ele com energia.

Sem prestar atenção ao companheiro, Desidério mandou a ordenança preparar a carruagem.

– Como seu amigo, eu protesto contra a sua loucura – continuou ele. – Além disso, o simples bom-tom o obriga a vir comigo, pois a filha de Detinguen, a nosso pedido, intercedeu por você junto ao pai.

– Ela é bonita? – perguntou o conde, cedendo um pouco.

– Encantadora! Só que, com essa aparência, você não conquistará o seu coração. Portanto, levante-se e vista-se!

Um quarto de hora mais tarde, enrolado como múmia, Saint-André embarcou na carruagem com Desidério, que decidiu ir com ele e aguardar no veículo até que o doente saísse da casa do "mago".

No saguão, o conde foi recebido pelo velho mordomo que o conduziu a uma pequena sala de visitas, na qual havia uma mesa preparada com chá, conhaque e biscoitos.

– Sirva-se do chá e aqueça-se, senhor, enquanto o barão não vem – disse o velho, saindo.

O conde começou a examinar com curiosidade a sala luxuosamente mobiliada em estilo gótico. Nas paredes havia alguns quadros de pintores famosos e nas estantes – vasos antigos e raros. Esse exame foi interrompido pela chegada do barão, cuja aparência impressionou muito o conde.

Por um minuto o barão observou o rosto inchado e desfigurado do rapaz e, em seguida, disse com benevolência:

–Tentarei curá-lo, conde, mas para isso preciso da sua completa obediência.

– Entendo. Estou inteiramente ao seu dispor.

– Neste caso, siga-me.

Eles passaram para o gabinete, cujas paredes negras estavam cobertas de escritos hieroglíficos. A lâmpada pendurada no teto iluminava o quarto, e sua luz avermelhada refletia na água do recipiente colocado sobre um suporte de pedra. Em uma banqueta junto à parede, havia um traje de linho branco, dobrado, com cuidado.

– Tenha a bondade de despir-se completamente, conde, e vestir esta túnica branca. Assim que o senhor se trocar, chame-me. Também retire do rosto o algodão e os curativos – disse Detinguen, desaparecendo por trás de uma porta coberta por uma cortina e que parecia estar guardada por uma esfinge alada.

Ficando só, Saint-André coçou atrás da orelha.

– Mas que estranho! O meu rosto está doendo tanto que só falta gritar, e este homem manda despir-me e passar frio neste traje leve! Mas que demônio este Detinguen! Mas, aguarde-me, feiticeiro! Se não me curar, vou fazer a sua "fama"!..

Mesmo resmungando, o conde despiu-se. Mal colocara a túnica de linho, a cortina se abriu e Detinguen entrou no quarto. Ele também havia trocado o seu traje por uma longa vestimenta branca; portava sobre a cabeça um adorno de sacerdote egípcio e trazia no pescoço uma corrente de ouro com um medalhão enfeitado de pedras preciosas.

– Lave o rosto e as mãos na água deste recipiente – disse ele ao jovem oficial.

– Mas fui proibido de molhar o tumor – observou Phillip, desconfiado.

– Faça o que estou mandando e nada tema! – ordenou, ríspido, Detinguen.

O conde obedeceu, como que dominado pela vontade do barão. O contato com a água fez Phillip sentir picadas por todo o corpo, e uma terrível dor no olho e na parte da cabeça afetada pelo tumor. Entretanto, não ousou falar nada, pois o olhar duro do barão parecia subjugá-lo definitivamente. Em seguida, de maneira silenciosa, pegou a vela que Detinguen lhe entregou e dirigiu-se ao quarto contíguo.

Entraram numa grande sala iluminada por uma lâmpada acesa no fundo do recinto sobre um pequeno altar, em cujos lados havia dois tripés com carvões em brasa. Em um nicho, em frente ao altar, havia uma estátua coberta com um pano branco, cujos contornos desenhavam-se fracamente na penumbra. A mesa do altar estava bem iluminada pela lâmpada. Sobre ele viam-se uma taça, um espelho, uma espada larga e brilhante e alguns outros objetos que Phillip não teve tempo de observar, porque o barão conduziu-o direto à mesa do altar e mandou que se ajoelhasse. Ele obedeceu, apesar do horror sobrenatural que o dominava.

Detinguen cobriu o rosto do oficial com um pano vermelho e colocou por cima uma porção de uma substância preta que, provavelmente, acendeu, pois o conde ouvia o estalido de fogo e sentia um forte e resinoso odor. O barão, nesse momento, elevando e baixando o tom de voz, pronunciou algumas palavras rítmicas num idioma desconhecido para Phillip.

Em seguida, mandou o conde levantar-se e ofereceu-lhe a taça contendo um líquido avermelhado. Saint-André não conseguiu definir se era água ou vinho, mas o efeito do líquido foi tão forte que ele balançou e cairia no chão se Detinguen não o amparasse. Depois o barão praticamente levou-o nos braços até o leito e deitou-o nas almofadas.

Phillip sentia-se muito estranho. Ele não estava dormindo e tinha todos os sentidos, mas não conseguia fazer o mínimo movimento e nem emitir nenhum som. Seu corpo todo estava paralisado e somente o cérebro funcionava, enquanto uma dor aguda atormentava a parte do corpo afetada pelo tumor. Horrorizado e mudo, o conde olhava para a figura alta de Detinguen a seu lado. Estendendo as duas mãos sobre a cabeça de Phillip, o barão continuava a sua canção estranha, ora murmurando palavras incompreensíveis, ora levantando a voz com força. Parecia ordenar e exigir algo; as veias de sua testa incharam, os olhos dele brilhavam como fogo e todo o corpo irradiava uma luz azulada que se concentrava nas pontas dos dedos, de onde saíam raios brilhantes. Após certo tempo, que pareceu uma eternidade ao conde, Detinguen pegou a espada do altar e aproximou-se do leito.

– Ele vai me matar! Caí nas mãos de um louco – passou como um raio pela cabeça do jovem oficial, horrorizado.

O conde ainda não conseguia se mexer. Então, a espada abaixou e ele sentiu a lâmina queimando-lhe a face e a testa; pareceu-lhe que o sangue jorrava e cobria o seu rosto e pescoço, mas não teve tempo para pensar nisso, pois a sua atenção foi completamente absorvida por uma incrível visão.

Detinguen recuou e levantou a espada, em cuja ponta, soltando gemidos surdos, um ser vivo contorcia-se como uma serpente. A estranha criatura não tinha contornos nítidos; o seu corpo parecia uma massa negra e gelatinosa, atravessada por uma faixa cor de sangue; a cabeça repugnante e sem forma lembrava a de um anão com olhos verdes e fosforescentes de cobra.

Aproximando-se dos tripés, o barão jogou um punhado de certa erva que queimou de imediato com chama luminosa e na qual Detinguen, por várias vezes, mergulhou a ponta da espada. A criatura misteriosa, pendurada na espada, torcia-se, soltando gemidos agudos e lastimosos e, por fim, transformou-se numa fumaça cor de sangue, enchendo o quarto com um odor putrefato.

A atenção do conde estava tão absorta naquele espetáculo extraordinário, que nem percebeu que, com a dispersão da fumaça, voltava-lhe o domínio das mãos e pés. Somente quando passou, por instinto, e a mão na testa, notou que o seu estado paralítico passara. Soltando um profundo suspiro de alívio, levantou-se no leito e, ainda não conseguindo falar, olhava em silêncio para Detinguen, que limpava tranquilo a espada.

Ao ver que o doente se recuperara, o barão aproximou-se dele.

– O senhor está curado – disse ele – Escapou de um mal que ia destruí-lo! Os frutos de nossos abusos, meu jovem, por vezes adquirem uma forma real, que surpreende.

Detinguen inclinou-se e cochichou algumas palavras ao ouvido, e Saint-André atirou-se para trás, soltando um grito rouco.

Ficou completamente pálido e todo o seu corpo tremia como se tivesse febre.

– Quem é o senhor? É um deus ou demônio? Como sabe o que está apenas na minha consciência? – exclamou Phillip, fora de si.

– A minha ciência mostrou-me a causa da doença que precisava combater – respondeu com tranquilidade Detinguen. – Não se deve esquecer, conde, de que os crimes e abusos cometidos na escuridão nem sempre passam impunes, mesmo que as pessoas não os vejam. Portanto, seja prudente em seus atos para não atrair a Nêmesis das leis desconhecidas. Agora, vista-se! O senhor está completamente curado.

Como um bêbado, balbuciando de forma mecânica palavras de agradecimento, Phillip retornou ao gabinete de trabalho, trocou de roupa e saiu junto com o barão. Um criado aguardava-os no corredor com o capote do conde.

– Adeus! – disse Detinguen, estendendo-lhe a mão.

O conde apertou-a convulsivamente e saiu, quase correndo, esquecendo o algodão e suas faixas.

A paciência de Desidério sofreu um penoso teste. Ele achava que seria convidado a entrar, quando soubessem que acompanhava o seu amigo, mas isso não aconteceu, e ele foi obrigado a ficar sentado sozinho e amuado na carruagem em frente à porta fechada, por mais de duas horas. Estava furioso e xingava a si próprio e a Detinguen, quando, por fim, porta se abriu e Saint--André saiu correndo da casa.

Ao ver o amigo, iluminado pelas lanternas da entrada, Desidério ficou estupefato e esqueceu a irritação. O rosto do conde, mesmo muito pálido, não mostrava nenhum sinal daquele tumor repugnante que o deformara horrivelmente durante tantos meses.

– Phillip! Você ficou curado! É um verdadeiro milagre! – gritou ele.

Quando o conde entrou apressado na carruagem sem nada dizer, ele acrescentou: – Como gostaria de conhecer esse homem misterioso, que possui conhecimentos tão extraordinários!

– Ele!... Ele é... um demônio! – exclamou Phillip, apertando a cabeça com as mãos.

Notando a perplexidade de Desidério, ele continuou, recompondo-se com dificuldade:

– Não me pergunte nada agora! Talvez mais tarde lhe conte o que aconteceu.

Após trocar de roupa, Detinguen foi para a pequena sala de visitas onde costumava passar as tardes com a sua filha. Dagmara estava à janela e acompanhava com os olhos a carruagem, cujo ruído das rodas ainda se ouvia ao longe.

– E então, papai? Curou o oficial? – perguntou ela, com curiosidade.

– Sim, curei-o! Só que ele espalhará por toda cidade que sou um "bruxo" e tenho parte com o demônio!

– Ora, isso será uma terrível ingratidão da parte dele! – exclamou Dagmara com indignação.

O barão sorriu com desprezo.

– Não existe animal mais ingrato que o homem! Só o homem possui a capacidade especial de pagar cada favor, cada ajuda com calúnia ou infâmia. Mas isso, é claro, não significa que não devemos fazer o bem às pessoas, não pela sua gratidão – pois não podemos exigir deles aquilo que não podem dar – mas para cumprir o dever imposto a nós pelo Senhor. Quando você entrar na sociedade e se defrontar com as pessoas, minha querida criança, entenderá isso e também as grandes palavras de Jesus Cristo: "...pedirás um pão, mas te darão uma pedra". Essa pedra é o egoísmo deles que não permite nenhum culto, senão o do seu próprio eu. Mas não se deve mostrar o espelho da verdade a esses inválidos morais, repugnantes e cobertos de tumores espirituais, pois são cegos em relação às suas fraquezas e se gabam desdenhosos de suas feridas. Por isso é necessário que os saudáveis e que enxergam estendam-lhes a mão amiga, pois se trata de débeis mentais.

– Muito obrigada pela obrigação tão agradável de ajudar esses miseráveis para receber em troca várias insolências – disse Dagmara com uma careta.

Detinguen sorriu.

– Felizmente, para não assustar os "salvadores", todos esses tumores espirituais são encobertos com vestidos modernos e elegantes, casacas ou uniformes. Acontece também que, quanto mais brilhante for a sua aparência externa, mais contaminados estarão internamente. Ladrões e assassinos encontram-se não só nas prisões. Os infelizes que furtam sob a pressão da fome ou assassinam sob influência dos vapores de vinho são, muitas vezes, menos perigosos do que os elegantes malfeitores frequentadores de salões da sociedade, que encobrem seus crimes com ouro e títulos. Eles são bajulados e até engrandecidos pelos mesmos atos que a lei pune com severidade quando são cometidos por algum pobretão!

Dagmara deu um suspiro.

– Papai, você diz com frequência que me predestinou para trazer aos homens a luz da verdade superior. Confesso que esta missão começa a assustar-me. Você acabou de dizer que os homens são traiçoeiros e ingratos, e eu não me sinto caridosa e indulgente o suficiente para sacrificar-me por eles. No geral, não entendo a "justiça" que permite oprimir os fracos ou bondosos, e que dá força, poder e êxito aos maus. Para mim, de modo particular, as pessoas ainda nada fizeram de ruim, mas como já os conheço tão bem por você e com tudo que li, creio que estou bem armada contra a maldade deles.

O barão balançou a cabeça.

– As suas armas são ainda muito fracas, minha cara criança, e o seu coração honesto estremecerá quando se chocar com o vício e as calúnias e as línguas venenosas a ferirem como estilete. As pessoas a odiarão, pois você será uma viva reprimenda aos seus atos vergonhosos. Mas é necessário passar por tudo isso, pois somente na luta é que o espírito testa as suas forças e prepara-se para o combate.

O rosto de Dagmara anuviou-se.

– Mas por que exatamente eu tenho de assumir esta missão, deixando o abrigo pacífico ao seu lado para iluminar pessoas que me odiarão por causa disso?

Apoiando-se na mesa, Detinguen olhava para o espaço com um olhar estranho e indefinido.

– Veja, minha filha, existe uma lei terrível, estabelecida pela vontade desconhecida! Esta lei escolhe as almas e impõe-lhes o dever irrevogável de trazer luz à escuridão, para fazer lembrar às pessoas o quanto elas são fracas e insignificantes. Como o trovão e o relâmpago que limpam o ar demasiadamente denso, assim também a voz dessas pessoas, dirigidas e inspiradas por esta força terrível, soa como um trovão, sacudindo a consciência e despertando o renascimento religioso e social. Esta mesma lei ou a mesma vontade inabalável cria também as circunstâncias que transformam pessoas simples e bondosas em profetas da sua época, arrancando-as da simples e pacífica felicidade para jogá-las no centro da tempestade que abala a humanidade. Muitas vezes o seu campo de atividade é restrito, mas o objetivo é sempre o mesmo. O mal não pode causar sofrimentos para as forças do reino celestial dos princípios; ele retorna de volta ao ambiente de onde surgiu. A epidemia fluídica que contamina o ar, os corpos e almas grassa entre os homens; vícios de todos os tipos afetam as pessoas, privando-as de qualquer noção da verdade, arrastando-as à destruição. Este mal reina, igual, nos palácios e nos casebres. E nestes locais é que surge, fatalmente, um portador da luz da verdade; ele deve seguir e aclarar a escuridão, deve iluminar, apesar das dificuldades que encontrar. Como ele vê, então é obrigado a dizer aos cegos que o cercam o que está vendo. Toda pessoa reflete como num espelho os seus princípios e convicções. Assim também, este arauto da verdade não conseguirá esconder a sua luz interior, que transparecerá em seus atos e palavras. Contra a sua vontade, ele se torna a palavra viva, o profeta das grandes verdades, qualquer pessoa que dele se aproximar será atingida em maior ou menor grau por sua luz. Mas para isso o profeta deve pessoalmente misturar-se na multidão e sacrificar-lhe toda a bondade e luz que tiver. Tais portadores da luz são sempre infelizes. A multidão os odeia e enlameia como os bandidos acostumados a assaltar em becos escuros que detestam e procuram destruir as lâmpadas cuja luz revela e ilumina os seus crimes.

– Papai! Parece-me que essa lei é extraordinária e não está

de acordo com a justiça de Deus! – notou Dagmara, escutando o barão com atenção.

Detinguen sorriu.

– Sim, assim parece do limitado ponto de vista humano! Eu próprio não conseguia achar uma justificativa para a lei da caridade estabelecer tal divisão entre a luz e a escuridão. Mas o que se há de fazer? O homem é impotente ante a força cega e terrível que o empurra para dentro do grande mecanismo do universo; seja um átomo do mal ou do bem, eles são igualmente necessários para o equilíbrio das grandes correntes de atração e de repulsão que sustentam o movimento cíclico universal. Cada átomo tem que produzir tanta quantidade de bem ou de mal, de luz ou escuridão, quanto for necessário para que tudo esteja em equilíbrio. E cada pessoa leva a sua cota de sacrifícios e de trabalho para a ordem perfeita do universo, que nos abarca de todos os lados, que nos tritura um contra o outro com amor e ódio, e desse amálgama disforme de sentidos variados deve surgir um fogo que irá aquecer e iluminar. Esta ciranda prossegue eternamente, de vida em vida, de reino em reino, de esfera em esfera, arrastando consigo todos os seres vivos que gritam, gemem e resistem, incapazes de seguir o fluxo comum. Mas se tal partícula for grande demais para passar pela máquina, ela cai de imediato e depois se levanta outra vez com a nova onda. Assim continua até que ela se transforme e não mais sirva para a esfera correspondente. É por isso que há tanto sofrimento em toda parte. Tudo morre, transforma-se e aparece numa existência nova, mais capaz de prosseguir na vertiginosa corrida para um objetivo desconhecido.

O barão calou-se. Dagmara nada comentou, e um sentimento penoso e amargo apertou-lhe o coração. O futuro claro e cheio de esperanças que projetava para si logo se anuviou. Por trás da cortina do destino ocultavam-se leis desconhecidas, sofrimentos e a incontrolável aspiração a um objetivo desconhecido...

Ela se levantou com um suspiro penoso, despediu-se do pai e recolheu-se ao quarto. Triste, ajoelhou-se para fazer a oração da noite, e as lágrimas brilharam nas suas faces rosadas. Oh! Como o pastor estava certo quando lhe disse: "Preserve a sua fé simples e ingênua se quiser que a sua vida seja poupada de tempestades." Agora, neste infinito com leis imutáveis que se abriu diante dela, tinha dificuldade de encontrar Deus.

Capítulo V

A cura milagrosa do conde de Saint-André alvoroçou a cidade e, durante a semana, era o assunto principal.

Em todos os salões, as pessoas ansiavam ver o herói desta aventura e saber dele os detalhes da cura extraordinária. Mas logo todos se desiludiram, porque o jovem insistia em manter silêncio sobre tudo que lhe aconteceu na Vila Egípcia e a sua aparência mudou tanto, que era difícil reconhecê-lo.

Pálido, pensativo e calado, Phillip se esforçava para ficar só; nem Desidério conseguia extrair algo dele e morria de curiosidade.

Certa manhã, ao voltar das aulas, Vallenrod acompanhou o amigo até a casa dele e, após o desjejum, que o conde nem provou, Desidério sentou-se no sofá e acendeu um charuto. Por alguns instantes, ficou observando o conde, que andava pelo gabinete, pensativo, e, não aguentando mais, exclamou:

– Ouça aqui, Phillip! Se você quiser que eu continue seu amigo, não me atormente com o seu silêncio! Desde que sarou, você mudou terrivelmente. Será que esse "Merlin" demoníaco não lhe retirou a alegria, o amor às mulheres, às farras e a tudo aquilo que embeleza a nossa vida? Se você não está preso a algum juramento, então lhe imploro, conte-me o que aconteceu!

O conde parou, ficou em silêncio por instantes e respondeu:

– Está bem! Você sempre foi discreto e bom companheiro. Por isso vou revelar-lhe toda a verdade. Você mesmo vai perceber que o acontecido comigo supera a mais prodigiosa imaginação.

E o conde contou em detalhes o que viu, e acrescentou:

– Após ponderar friamente sobre tudo isso e, com base no que me contou Detinguen, cheguei à conclusão de que as nossas más ações atraem sobre nós certos seres especiais que podem nos engolir como bacilos da cólera ou tísica.

– Tem certeza de que não foi alucinação ou de que você foi vítima de algum truque? – perguntou Desidério, empalidecendo.

Saint-André meneou a cabeça.

– O fato evidente de eu estar curado prova que não fui vítima de mistificação. Além disso, Detinguen revelou-me algo que ninguém poderia saber e que me convenceu dos seus conhecimentos extraordinários.

– Você me diria o que ele lhe mostrou?

Phillip vacilou por alguns instantes. Depois, começou a falar, e seu rosto foi ficando ruborizado.

– Já que comecei, então vou confessar-lhe tudo! Tenho plena confiança na sua discrição.

– Juro pela minha honra que serei mudo como um túmulo!

– Está bem! E agora, ouça. O meu pai já completou sessenta anos; devido a um acidente de caça, seu rosto está bastante desfigurado. Tudo isso não o impediu de – após vinte anos de viuvez – casar pela segunda vez, com uma moça de dezoito anos. Minha madrasta é uma mulher muito bonita, leviana e voluptuosa. Você percebe que tal matrimônio, desigual em todos os sentidos e baseado só em cobiça, não poderia satisfazê-la.

Como sabe, este verão passei as férias com meu pai e, infelizmente, agradei à minha madrasta. Percebendo isso, deveria ter partido de imediato, mas não o fiz; e quando o meu pai ficou doente, o diabo me tentou e esqueci que a condessa Gertrudes era a esposa do meu pai...

WERA KRIJANOWSKAIA DITADO POR *J.W. Rochester*

A partir desse momento fatal, passei a sentir-me mal, mas pensava que era dor de consciência. Entretanto, o meu estado piorou cada vez mais e, por fim, transformou-se naquele tumor estranho que não cedia a nenhum tratamento. Então, aquele homem extraordinário explicou-me que tal mal era a encarnação fluídica do meu erro. Sem o saber, transgredi algumas leis que desconhecia, e estas me castigavam! Graças a Deus, essa lição não foi em vão. Quero me redimir e conhecer estas leis secretas que controlam nossas vidas. Para isso vou ser aprendiz do barão Detinguen.

– Também quero! Por favor, arranje isto para mim quando estiver com ele! – exclamou Desidério, animado.

– Você? Não acredito que sua mãe aprovasse esta intenção. Ela detesta Detinguen e o chama de extravagante.

– E daí? O que me interessa é o seu maravilhoso conhecimento! – replicou Desidério, franzindo a testa.

– Está bem! Transmito seu pedido ao barão e hoje mesmo, à noite, trarei a resposta. Estou indo para lá agora mesmo e – Phillip olhou para o relógio – Detinguen respondeu à minha carta, comunicando que estará me esperando às seis horas...

Algumas horas depois, em frente à Vila Egípcia, Vallenrod aguardava o amigo.

– E então? Ele concorda em nos ensinar?

– A você, não! Diz que não chegou ainda a hora da sua iniciação. Quanto a mim, ele concordou, mas com alguma dificuldade.

A vontade do jovem barão Vallenrod de visitar Detinguen aumentou mais ainda, a partir do momento em que este não o aceitou como aprendiz. O caráter de Desidério possuía a característica de, por teimosia, desejar conseguir a qualquer custo o que lhe era proibido e desprezar o que já tinha ou o que lhe ofereciam. E para satisfazer esta teimosia, ele era muito insistente.

Os relatos do amigo sobre as interessantes experiências presenciadas atiçavam ainda mais o desejo. Além disso, a beleza de Dagmara deixou-o muito impressionado, e ele estava atraído de forma irresistível pela Vila Egípcia. Apesar dos anos que passaram, ele se lembrava bem da companheira de brincadeiras infantis, da menina Dagmara, que um dia fora levada embora por um desconhecido. Ao saber que a "fada Viviana" era a filha adotiva de Detinguen, Desidério concluiu que a moça, provavelmente, era a sua amiga de infância e decidiu esclarecer esta questão.

Certa vez, durante o almoço, ele perguntou de repente:

– Diga, mamãe, com que direito Detinguen levou embora aquela menina que estudava comigo? Por que você a entregou a ele?

Uma expressão de profundo desgosto passou, por um momento, pelas feições da baronesa, mas a pergunta pegou-a de surpresa, sem dar-lhe tempo para inventar uma mentira. Além do mais, seu filho não era mais um menino, e ela não ousava recusar explicações que ele podia, com facilidade, conseguir de terceiros. Então contou, em poucas palavras, que conhecera um pouco a mãe de Dagmara, mulher leviana e vulgar, que casara com Detinguen por interesse, imaginando ser ele muito rico. Mais tarde, percebendo seu engano e não suportando viver com um homem que, já naquela época, ocupava-se de misticismo, a baronesa seduziu um amigo do pai de Desidério, fazendo-o apaixonar-se por ela e casar, apesar da oposição da família. Arruinados pelo próprio perdularismo, o conde e a esposa morreram, e a órfã foi adotada pelo bondoso Gunter.

– Quando Detinguen perdeu a própria filha e, perdoou a mulher que o abandonou, pediu-me autorização para adotar Dagmara. Eu não pude recusar, pois ele garantia a ela um futuro independente, o que eu não poderia fazer. Aparentemente, ele gosta muito dessa criança e talvez não queira que alguém fale a ela sobre a sua passagem por uma família estranha. Portanto, vou pedir-lhe que, quando a encontrar, não tente lembrar-lhe a antiga amizade entre vocês.

– Não esquecerei este conselho, mas gostaria de conhecer Detinguen, pois o seu conhecimento extraordinário me interessa muito.

– Desidério! Peço-lhe que deixe esse homem em paz e pare de ocupar-se com estas maluquices! Não acredito nos boatos sobre esse charlatão. E suas visitas podem ser entendidas de forma bem diferente! – exclamou a baronesa, cujo rosto se cobriu de manchas vermelhas.

Percebendo que o filho ficou mordendo as pontas do bigode e nada respondeu, ela continuou:

– Você não gostaria que o seu interesse por Detinguen fosse interpretado como causado por Dagmara. Se ela é parecida com a mãe, então deve ser bonita.

– Ela é linda! Mas, além de beleza, ela possui algo encantador. Seus olhos claros refletem uma consciência que não condiz com a idade; e, em certos momentos, parece-me que seu olhar de aço atravessa a pessoa como uma espada.

O rosto da baronesa expressava desconfiança e ódio.

– Um dos motivos para evitar o seu encanto é que ela não tem posses! – observou surdamente a baronesa. – Já lhe falei que Detinguen nunca foi tão rico como todos pensavam; e depois, disseram-me que suas viagens e experiências alquímicas acabaram por arruiná-lo; isto significa que Dagmara não é partido para você. Não quero que você se interesse pela filha adotiva desse "mago" suspeito. Portanto, seja cuidadoso nas suas visitas, já que não pretende obedecer-me e evitar ir lá.

Desidério nada respondeu, permanecendo sentado, apoiando-se na mesa. A explicação da mãe teve nele o efeito de um balde de água fria. A beleza e a extraordinária delicadeza de Dagmara atraíam-no muito, mas este sentimento ainda não havia adquirido forma. Ao saber da pobreza da moça, todo aquele encanto pareceu desvanecer-se.

– Por favor, mamãe, mande acordar-me às oito horas. Devo estar pronto às dez.

– Vai a algum lugar à noite?

– Vou à casa dos Domberg. Hoje é aniversário de sua filha, e ela está dando um baile – demorou em responder Desidério.

– Será que os jovens do seu círculo frequentam a casa daquela mulher?

– Mas é claro! O filho dela entrou para o nosso regimento. O próprio príncipe Otton-Friedrich disse hoje que espera ver-me na casa da senhora Domberg. Isso equivale a uma ordem.

– Será que o príncipe pretende casar a sua filha ilegítima com alguém da alta sociedade?

– Sem dúvida! Todos sabem como ele gosta daquelas crianças e Berta irá, obviamente, receber um rico dote.

A baronesa ficou por um certo tempo observando a figura esbelta e o rosto bonito e atraente do filho.

– Talvez você esteja na lista dos pretendentes! Essa senhorita interessa-se por você?

Um sorriso de desprezo e vaidade insinuou-se nos lábios de Desidério.

– É bem possível! Em todo caso, já me fizeram entender que a vaga de ajudante-de-ordem do duque Franz – visto que o conde Leven deverá aposentar-se – pode ser facilmente minha, o que não seria nada mal.

– Ah! Parece que este negócio está sendo conduzido às claras. E a moça é bonita?

– Bem, não é feia! Mas a beleza dela é rude e sem delicadeza; além disso, é mimada e se vangloria muito do seu duvidoso parentesco com o príncipe. Resumindo – é uma pessoa vulgar de alma e corpo, mas será muito rica! E que importa a quem devo vender-me, se o que vale é o dinheiro e não a nobreza e qualidades morais da futura esposa!

E sem esperar resposta, Desidério deu a volta e saiu do quarto.

A baronesa foi para seus aposentos, caiu no divã e cobriu o rosto com o travesseiro. Apesar de todo seu cinismo e ambição, ela não suportava a ideia de ver Desidério casado com a filha da decaída que arruinou o pai dele, levando-o ao suicídio.

– Uma terrível ironia do destino – murmurou, cerrando os punhos.

Logo seu pensamento se distraiu e concentrou-se em Dagmara, este "memento mori" viva. Será que ela aparecerá de novo em seu caminho!...

– Oh, meu Deus! Se Desidério gostar daquela menina que seu pai e eu... será terrível. Melhor seria ele casar com Berta Domberg do que com a filha de Edith!– resmungou ela, e seu rosto inchado transfigurou-se numa expressão de incontida raiva.

Maria Domberg, candidata à sogra do jovem barão Vallenrod,

WERA KRIJANOWSKAIA DITADO POR *J.W. Rochester*

era a filha daquela mesma faxineira que trabalhava na casa de Helena no dia do seu casamento. Desde sua estréia no palco, a dançarina obteve grande sucesso e fez, rápido, uma "brilhante" carreira. Isto com frequência acontece com pessoas daquele tipo, que vivem da devassidão e não recuam diante de nada. O príncipe Otton-Friedrich apaixonou-se por ela, e a dançarina conseguiu adquirir uma ilimitada influência sobre este seu amante de alto escalão, que não se importava nem com a sua devassidão quase ostensiva e nem com o caráter detestável.

Ambos os filhos – Friedrich e a filha, que ela pretendia transformar em baronesa Vallenrod – tiveram uma ótima educação. Mas, a formação moral – a educação do coração e dos sentimentos – não podiam receber da mãe devassa, saída do restolho do povo. A filha parecia muito com ela e era bonitinha, provocante e ávida por dinheiro e honrarias.

O príncipe procurava, entre os jovens da alta sociedade, um marido para sua amada filha; mas também aqui ele se defrontava com grandes dificuldades. Os jovens ricos e com títulos permaneciam surdos às suas indiretas. Então, a sua escolha recaiu sobre Desidério Vallenrod, cujas posses pequenas e linhagem antiga apresentavam as condições desejadas.

A vaga de ajudante-de-ordem junto ao duque foi lançada como a primeira isca para o jovem oficial, e o convite pessoal para o baile de aniversário de Berta foi mais do que uma indicação direta do que pretendiam dele.

Quando Desidério chegou ao baile, já havia uma multidão de convidados. Ele foi subindo a escada, enfeitada com passadeiras, folhagens exóticas e estátuas, com uma estranha sensação.

A senhora Domberg, ao lado do seu augusto amado, recebeu Vallenrod com particular benevolência. O príncipe chamou imediatamente o jovem Domberg, que conversava perto dali com outro oficial e ordenou-lhe que apresentasse o barão à irmã.

Berta Domberg era o oposto do irmão. Enquanto ele era pálido, taciturno e deprimido, a moça era cheia de vida, sentindo-se à altura de sua "brilhante" posição. E a julgar pelo olhar ousado e cheio de curiosidade e também pela forma como recebeu Desidério, percebia-se que ela já sabia das intenções dos pais. Com incrível desembaraço para sua idade, Berta começou a conversar com o barão, conseguiu mantê-lo perto de si e dançar a sua primeira valsa com ele.

Surpreso com a autoconfiança da moça, Desidério correspondia de forma contida e amável a suas atitudes levianas. Desempenhando o seu papel, o barão, por sua vez, examinava Berta com curiosidade. A jovem era muito parecida com a mãe, mas tinha muito menos graça natural; era bonita, mas vulgar, seu rosto não refletia inteligência nem bondade; os braços grandes e fortes e as palmas das mãos largas indicavam sua origem plebéia.

Uma sensação de peso e um calafrio interior apertaram o coração de Desidério: a imagem da mulher dos seus sonhos e que chamaria de sua era bem diferente. Os olhos negros e penetrantes de Berta e sua voz sonora e aguda inspiravam-lhe quase repulsa. Obviamente ele jamais sentiria por ela algo mais que fria indiferença e, sem o perceber, começou a compará-la a Dagmara, cuja imagem apareceu em sua mente. Diante de seus olhos surgiu, como viva, a graciosa amazona cujos movimentos transpareciam extraordinária delicadeza, e, no fino e aristocrático rosto de grandes e inteligentes olhos, congelou-se uma expressão de orgulho e desprezo.

O barão suspirou e, com certo esforço, afastou de sua mente essa imagem tentadora. Ele não podia deixar-se dominar por aquela imagem, pois o destino o conduzia a um caminho absolutamente diferente.

A partir daquele dia, Desidério começou a ser convidado com frequência à casa da Sra. Domberg para almoços, festas e recitais. Em outras palavras, tentavam abertamente atraí-lo para o seu círculo íntimo. Berta, por sua vez, demonstrava de forma clara que ele a agradava.

A baronesa Vallenrod parecia insatisfeita e ofendida, mas não se opunha às frequentes visitas do filho à casa da dançarina aposentada e, aparentemente, conformava-se em silêncio com a preparação do acontecimento. Em compensação, Saint-André observava com crescente desaprovação o comportamento do seu amigo e a atitude da baronesa em relação a esse matrimônio, que parecia horrível ao conde, deixando-o muito indignado.

WERA KRIJANOWSKAIA DITADO POR *J.W. Rochester*

Certo dia, o conde propôs a Desidério passar uma tarde com um amigo doente, mas este recusou o convite, dizendo que tinha sido convidado à casa dos Domberg, onde seriam discutidos os temas dos quadros vivos que pretendiam montar em breve. Saint-André levantou-se e começou a andar pelo quarto; por fim, parou diante do amigo e disse com recriminação:

– Desidério, você não se envergonha de correr toda hora para esse covil de lobos e curvar-se diante da desavergonhada amásia do duque, cujo verdadeiro lugar seria numa casa de detenção, se o amante de alto escalão não a protegesse do justo castigo da lei? Você vai se vender por tão pouco? Acredite, você merece muito mais! Eu teria nojo de encostar nessa riqueza, acumulada com usura e devassidão, de forma predatória. Não venda a sua alma, Desidério! Deixe que algum oportunista com passado duvidoso e um nome desconhecido case com a filha da Sra. Domberg. Ela não merece o barão Vallenrod-Falkenau!

Um rubor cobriu o rosto de Desidério. Num sopetão, jogando fora o charuto, respondeu com amarga irritação:

– Para você, Phillip, é fácil falar, pois é rico e não tem problemas de dinheiro. Além disso, fico surpreso com a sua suscetibilidade: houve tempos em que você procurava nas mulheres não só uma benfeitora!

O conde aproximou-se do amigo e abraçou-o, com um olhar caloroso e fraternal.

– Você tem razão, Desidério! Antes eu também procurava só diversão, e este passado não me permite criticá-lo por negociar a própria consciência. Mas, gosto de você e queria dividir a verdade que me abriu os olhos. Comecei a estudar as grandes leis que nos dirigem e compreendi como é horrível nosso modo de vida. Dando liberdade aos baixos instintos, nós empurramos a nossa razão até o nível de uma simples sagacidade animal, tornando-a incapaz de se elevar a interesses maiores. Acredite-me, a vida nos é dada não para que embruteçamos, tornando-nos animais e rastejemos diante do vício, por ser ele poderoso e humilhar o bem. Somos vis até para nós próprios, mentimos e adulamos por não termos coragem de chamar as pessoas e coisas pelos seus verdadeiros nomes. É verdade que sou rico, mas já começo a perceber que as coisas não se restringem ao ouro. Desidério, permita-me – como seu melhor amigo – pagar todas as suas dívidas secretas e, quando você estiver livre delas, deixe esta sujeira e desista desta vida sem objetivo pela qual pagaremos muito caro depois.

Desidério ouvia calado. Estava pálido e nervoso.

– Vejo que Detinguen já o influenciou de maneira fatal. Todos vão achá-lo meio doido – respondeu ele, com riso forçado.

Saint-André sorriu.

– Só porque percebo o quanto estamos dissolutos?... É bem possível! Aliás, para mim decididamente não faz diferença. Considero a influência de Detinguen benéfica. Quando entro na casa dele, todas as minhas preocupações e interesses mesquinhos ficam lá fora. Naquela casa não existe nada para impressionar, tudo é igual, limpo e simples. No meio daquela tranquilidade imutável, até a menor das almas encontra paz.

– Ah! Agora entendo. É a "fada Viviana" que transforma a Vila Egípcia num cantinho de paraíso terrestre! – exclamou Desidério, soltando uma gargalhada.

Phillip enrubesceu.

– Você está errado! A "fada Viviana" tem um efeito benfazejo sobre mim, afastando com a sua presença todos os sentimentos ruins; quando ela olha com aqueles olhos límpidos e claros, então, acredite, qualquer cumprimento vulgar estanca nos lábios e a virgindade, que transpira de todo o seu ser, afasta todos os pensamentos sujos.

– Talvez eu também sentisse essa influência benéfica, se fosse admitido nesse círculo privilegiado – observou Desidério, com um profundo suspiro.

– Farei o que puder para conseguir permissão e apresentar você.

– Obrigado! Só que minha mãe não deve saber disso. Ela não quer que eu visite Detinguen.

Uma semana depois, o conde declarou, todo radiante, que conseguira a tão almejada permissão, e que Detinguen convidava ambos para um almoço.

Desidério ficou muito satisfeito. Preparando-se para ser apresentado à "fada Viviana", ele se vestiu com cuidado, pois o que mais o atraía a esse encontro era a beleza de Dagmara.

Detinguen recebeu os jovens com sua costumeira hospitalidade. Ao cumprimentar Desidério, segurou-lhe a mão e olhou de modo estranho o rosto do jovem oficial.

– E então, barão? Será que o senhor percebeu em mim algo terrível como aquele tumor do Phillip? – perguntou Desidério, tentando dissimular a preocupação que o assolou.

– Pode zombar! O senhor vem de um mundo onde zombam de tudo – respondeu com calma Detinguen. – Mas, eu vejo algo. Vejo o senhor por duas vezes ferido mortalmente, deitado entre estas paredes e lutando contra a morte...

– Mas, vou sobreviver? – perguntou Desidério, muito impressionado com aquelas palavras.

– Oh, sem dúvida! O senhor passará por tudo isto e muito mais respondeu Detinguen, com um sorriso enigmático.

A chegada de Dagmara mudou o rumo da conversa. Em um vestido branco de casimira, com uma fita azul-clara nos abundantes cabelos escuros, ela parecia a Desidério ainda mais atraente do que como amazona, e esta impressão aumentava à medida que conversavam. Dagmara não se destacava pela beleza clássica, mas representava um perfeito tipo aristocrático: transpirava graça e delicadeza, e sua mente flexível e seus conhecimentos extraordinários davam às suas palavras beleza e interesse especial.

Ao conde, que via com frequência, Dagmara tratava quase como amigo, sem o mínimo sinal de leviandade, o que irritava vagamente Desidério; ele emburrava toda vez que Dagmara dirigia a palavra ao conde, olhando-o de forma direta e astuta. Após o almoço, Detinguen sugeriu a Dagmara que mostrasse aos convidados o museu da casa. Saint-André levantou-se de imediato e, pegando um candelabro aceso, disse, sorrindo, que, na qualidade de ajudante do guardião do museu, ele se encarregaria de iluminar o caminho da "fada Viviana".

– E quem teve a ideia de chamar-me de "Merlin"? – perguntou Detinguen, com um sorriso.

– Todos – respondeu Desidério, contando em tom humorístico os boatos que corriam sobre a Vila Egípcia e seus misteriosos habitantes.

Conversando alegremente, os jovens passaram por um longo corredor e, em seguida, Dagmara apertou uma alavanca. Abriu--se, de súbito uma maciça porta disfarçada em baixos relevos e Desidério, surpreso, viu-se numa grande sala mal-iluminada pela luz tremeluzente das velas.

– Fiat lux! – disse alegremente Saint-André, girando um botão.

Nas paredes e no teto acenderam-se lâmpadas elétricas, iluminando com clareza armários e vitrines que se estendiam ao longo das paredes e diversos recipientes e estátuas colocados sobre as mesas; no centro da sala havia algumas caixas douradas compridas, cobertas de hieróglifos.

Nitidamente orgulhosa da impressão que aquela maravilhosa coleção provocou em Desidério, Dagmara conduziu-o de vitrine a vitrine explicando, com desembaraço de arqueóloga, as antiguidades assírias, sírias, gregas, egípcias, etc. colecionadas pelo seu pai adotivo. Vallenrod ouvia com atenção e fazia perguntas, curioso, sem tirar os olhos da pequena boca rósea, que lhe revelava todo o mundo antigo. A moça explicava tudo com tal simplicidade, que parecia não perceber os extraordinários conhecimentos que possuía.

– Aqui estão os objetos que podem ser os mais interessantes da nossa pequena coleção – disse Dagmara, dirigindo-se a uma das caixas que se encontrava no meio da sala.

Ela levantou a tampa de madeira, uma tampa de vidro e depois um véu de tecido. Todos os presentes viram um rosto escuro, quase negro e perfeitamente conservado de um jovem de aproximados vinte e cinco anos.

– Vejam! O clássico país dos milagres conservou para nós restos mortais de pessoas contemporâneas da gigantesca civilização, cujos restos admiramos – disse ela, olhando para Desidério com seus maravilhosos e inteligentes olhos.

Ele, com um misto de curiosidade e repugnância, debruçou-se sobre a múmia.

WERA KRIJANOWSKAIA DITADO POR *J.W. Rochester*

– Quem terá sido ele? Será que o prantearam, quando, tão jovem e belo, ele repousava em Osíris? Seria interessante se ele desejasse responder a esta pergunta! – observou Desidério.

– Seu nome era Khnum. Sua função – sacerdote do Sol. Vivia na cidade de Tel-el-Amarna, a assim chamada "capital dos dissidentes", fundada pelo faraó Amenófis IV. Quanto à infelicidade que provocou com a sua morte, na ausência de fatos comprovados, podemos admitir algumas suposições. O belo Khnum foi morto com uma punhalada no coração; ainda se percebe o ferimento. Mas quem poderá dizer de quem foi a mão que desferiu o golpe: um fanático religioso ou um adversário ciumento? – concluiu Dagmara, com um sorriso.

– A senhorita não sente medo ou repugnância ao tocar este cadáver? – perguntou Desidério.

– Oh, não! Khnum não me parece um cadáver – respondeu a moça, com simplicidade. – Mas, o senhor, pelo jeito, estaria mais interessado nesta maravilhosa múmia de mulher! Não é verdade? Isto não é melhor do que um belo sacerdote? – acrescentou ela, com malícia.

– A senhorita acertou! Eu nunca trairei a minha preferência por damas.

A jovem egípcia estava realmente ainda bela, tinha um rosto bem formado e clássico e usava compridas tranças, negras como o azeviche; no seu peito brilhava um formidável amuleto de esmeralda em forma de escaravelho, e a conversa naturalmente passou para talismãs. Detinguen tinha uma grande coleção de talismãs de todas as épocas. Depois, pelo fato de o corpo da egípcia ter sido encontrado no mesmo nicho do corpo do sacerdote, os jovens imaginaram um verdadeiro romance. O tempo passou tão depressa em tais conversas, que todos ficaram espantados quando o antigo relógio de parede bateu meia-noite.

Desidério, ao se despedir, recebeu de Detinguen o convite para visitá-los.

– Você tem razão, Phillip! Naquela casa existe uma atmosfera especial. Lá você se sente muito bem – exclamou ele, extasiado, assim que entraram na carruagem.

– É verdade. Lá reina uma atmosfera de inteligência, que reanima e rejuvenesce, se posso expressar-me assim – respondeu o conde. – Agora você se convenceu de que é possível passar uma noite alegre e agradável sem bebedeiras, carteado ou conversas fúteis – acrescentou amigavelmente.

Capítulo VI

Certa manhã, após o serviço, Phillip propôs a Desidério um passeio a cavalo. O dia estava lindo, e Vallenrod concordou com prazer. Os jovens cavalgaram em silêncio, cada um imerso nos próprios pensamentos.

O conde falou primeiro.

– Desidério! Quando irá anunciar o seu noivado com Berta Domberg? – perguntou ele, olhando com atenção para o rosto preocupado e desgostoso do amigo.

Desidério puxou as rédeas com tamanha força, que seu cavalo relinchou e empinou.

– Nada ainda foi decidido – disse ele, com irritação. – Mas estou muito surpreso com o seu interesse por este negócio! Não é você que vai casar com Berta Domberg!

– Jamais faria isto – respondeu calmamente o conde. Mas diga-me, Desidério, você conhece os detalhes da morte de seu pai?

– Não! Mas há muito tempo desconfio que existe um mistério sobre este triste acontecimento – disse Desidério, enrubescendo.

– Minha mãe sempre manteve silêncio sobre tudo o que se referia à morte do meu pai; eu não me sentia à vontade de ficar perguntando sobre isso a terceiros. Sua morte deixou sobre mim uma pesada e indelével impressão: ainda lembro como minha mãe maldizia o falecido, parada diante do seu caixão! Na época pensei que fosse o desespero pela nossa ruína provocada por meu pobre pai; mas agora, começo a desconfiar que existiam outros motivos. Se você conhece a verdade, Phillip, então lhe imploro – revele-a para mim!

– É difícil para mim, mas sinto-me na obrigação de abrir-lhe os olhos. Uns dois anos antes de morrer, seu pai, já endividado, mas não falido, começou a frequentar com assiduidade a casa da Sra. Domberg. Apesar de ela ser amante do príncipe Otton-Friedrich, como era notório, mesmo assim correu um boato geral acusando-a de uma ligação secreta com o barão Gunter, bonito e famoso por sua generosidade. Isso coincidiu com a época em que o príncipe Otton-Friedrich se desentendeu com a dançarina e foi embora da capital. No mesmo ano da viagem do príncipe, seu pai suicidou-se com um tiro, na casa dos Domberg durante um banquete que se transformou numa verdadeira orgia. Eu soube de todos esses detalhes através do meu tio, que participou do banquete. Seu pai se portava de forma estranha: ou ficava loucamente feliz, ou ficava taciturno e silencioso, bebendo sem parar. Após o jantar, ele saiu da sala e somente o tiro de revólver, que ecoou dos aposentos da Sra. Domberg, fez todos se lembrarem dele. Meu tio e mais algumas pessoas correram para lá, mas seu pai estava caído na cama, esvaindo-se em sangue. Ele havia desferido dois tiros no próprio peito, mas o primeiro tiro foi abafado pelo barulho da festa.

Percebendo a palidez de Desidério, Saint-André acrescentou:

– Desculpe-me por trazer essas tristes recordações, mas faço-o porque gosto de você.

Desidério estremeceu e murmurou surdamente:

– Obrigado por avisar-me enquanto ainda não é tarde.

Virando de repente o cavalo, galopou para casa.

Chegando lá, Desidério trancou-se no quarto e proibiu ser incomodado. Estava tomado por uma excitação febril, e em sua alma fervia um caos de diferentes e amargos sentimentos. A imagem de seu pai surgiu diante dele como real, com o rosto pálido, desiludido ou cansado da vida, com ocasional e estranha expressão de sofrimento. Ao mesmo tempo, lembrou as contínuas brigas e cenas que aconteciam entre o falecido e sua mãe. De repente, ele estremeceu e passou a mão pela testa úmida. Sua mãe, que sabia daquele passado, concordava em silêncio que ele – Desidério casasse com a filha da horrível mulher que a envergonhara, sendo, como todos diziam, a amante do seu marido e em cuja casa seu pai se matara!...

Desidério procurava em vão explicar aquele comportamento. Com profundo suspiro, sentou-se à escrivaninha e pegou a grande foto do pai, tirada no ano de sua morte, que a baronesa havia deixado na gaveta da velha cômoda onde ele, por acaso, encontrou-a.

Ele ficou olhando a foto por longo tempo e depois, de maneira involuntária, começou a comparar a bela cabeça de Gunter ao retrato, na parede, da baronesa em seu vestido de noiva. Até o próprio filho podia perceber que aquela mulher, nova e frágil, mas vulgar, não possuía nenhum encanto e delicadeza, que são parte essencial da beleza feminina. Será que o pai se sentia infeliz com isso e fugia do próprio lar, procurando o esquecimento em todo tipo de devassidão?

Cobriu a cabeça com as mãos, procurando pensar e tentando avidamente encontrar alguma coisa que lhe indicasse a pista certa. De repente, estremeceu e bateu com a mão na testa. Ele se lembrou de algo que encontrara há dois anos e de que havia esquecido totalmente.

Entre as coisas que restaram com a baronesa, após a devastação que se seguiu à morte do marido, havia um pequeno armário. Certa vez, Desidério o encontrou casualmente no depósito: ele se lembrava bem do móvel, pois o pai sempre guardava lá doces e bugigangas.

O barão Vallenrod não se esquecera do seu achado. Quando ele, após a reforma, montava os seus aposentos, exigira também aquele armário, limpara-o de velhas garrafas e lixo e o colocara no seu gabinete para guardar valores e perfumes. Durante a limpeza, Desidério apertara por acaso um botão oculto, tomando-o por um prego. De imediato abrira-se um compartimento secreto, no qual ele vira uma pequena caixa com as iniciais do falecido barão. Não encontrara a chave, e um sentimento estranho o conteve de contar à mãe sobre o acontecido. Depois, ele acabara esquecendo-se de tudo isso.

Sem perder um minuto, Desidério correu para o armário e tirou do compartimento secreto aquilo que tanto interessava a ele. Quando o encontrou pela primeira vez, apesar da curiosidade, teve pena de quebrar aquele objeto delicado. Mas agora, sob forte excitação e desejo de saber de qualquer forma o motivo fatal da morte trágica do pai, ele queria ver o seu conteúdo de qualquer jeito. Sem vacilar, Desidério pegou um canivete e quebrou a fechadura. Com as mãos trêmulas, retirou da caixa um pacote de cartas amareladas pelo tempo, amarrado com uma fita, uma luva que parecia de mão de criança, algumas rosas secas e um ramo de jasmim.

Seu coração batia fortemente quando ele tocou aquelas coisas tão caras ao falecido. Morrendo de curiosidade, ele abriu lentamente o envelope e de lá caíram duas fotografias descoradas pelo tempo. Numa delas estava seu pai, mas essa imagem em nada parecia com a foto da escrivaninha. Nessa foto ele parecia feliz, despreocupado e cheio de esperanças. Depois, Desidério debruçou-se, ávido, sobre a outra foto feminina e exclamou surdamente:

– Dagmara!

Mas a ilusão desvaneceu-se de imediato. A "fada Viviana" não podia ser o original daquela foto, mesmo que os traços fossem os mesmos. O rosto da moça da foto, vestida num delicado traje de baile, transpirava orgulho, consciência da própria beleza e fortes paixões indisciplinadas; aquela beleza devia encantar e receber a admiração de todos.

Desidério ficou apreciando a mulher que seu pai amava; agora ele o entendia cada vez mais e o desculpava. Apesar do seu amor pela mãe, Desidério era obrigado a confessar que ela não podia competir com o original da foto.

Sem dúvida, Dagmara era a filha daquela mulher encantadora, que seu pai nunca conseguira esquecer, que fora acompanhada para o túmulo pelo conde Helfenberg e que fora tão amada por Detinguen que, em sua homenagem, adotou a filha do seu rival.

Por fim, ele deixou a foto de lado e abriu as cartas. De inicio, leu uma série de bilhetes que eram assinados ou por Edith ou pelo seu pai. Esses bilhetes estavam cheios de frases de amor, alegria e esperança de felicidade próxima. Depois, vieram duas longas cartas. Em uma delas, o barão era repreendido pelo silêncio e longa ausência; a outra carta estava cheia de acusações diretas.

"Gunter, já faz três semanas que você não aparece e nem dá notícias. O que acontece? Será que você está doente, ou ocupado com os negócios, ou devo acreditar no que todos estão falando e eu própria já começo a desconfiar, mesmo me envergonhando disso? Será verdade que você está se vendendo a Helena, que sempre teve inveja da minha felicidade e recorre aos mais baixos truques para possuí-lo? Será que você esqueceu as juras de amor a mim e colocou à venda o seu coração!? Ainda não estou certa disso, Gunter, mas cuidado! Se o seu silêncio continuar, vou expulsá-lo do meu coração, como um patife e vagabundo que, em vez de conseguir a própria independência através do trabalho, está se vendendo a uma criatura traiçoeira que você não ama, só para conseguir luxo e conforto. Se isto for verdade, então vá viver com a mulher que o comprou, e eu invoco sobre você o castigo dos céus. Que seja esmagado pelo cabresto que você próprio vestiu."

Respirando pesadamente, Desidério abriu o último bilhete, que continha apenas algumas linhas:

"Barão, estou devolvendo, junto com o bilhete, as suas cartas mentirosas juras de amor, e a sua foto, que, por direito, pertence à sua futura esposa. Tenha a bondade de devolver a minha foto, pois não quero que ninguém a tenha, além do meu noivo, o barão Detinguen."

Com as mãos trêmulas, Desidério pôs de volta na caixa todas aquelas lembranças do drama secreto, guardando-a de novo no compartimento oculto do armário. Ele decidiu não falar à mãe sobre aquilo, mas a imagem dela, em seu espírito, manchou-se de forma considerável. Ela, através de intrigas, roubou o noivo da amiga, enquanto ele, seu pai, vendeu-se para a infelicidade de ambos, e a maldição de Edith o perseguia. Ele, então, para calar o arrependimento e a consciência, irrefletidamente levava uma vida desregrada, e, em um choque de insanidade, gastava a fortuna pela qual sacrificou a sua felicidade.

Depois, o pensamento de Desidério passou para Dagmara. Agora ele não mais se surpreendia com a repugnância que a baronesa tinha pela filha de sua rival e também compreendia o amor do pai por aquela menina – o retrato vivo daquela que ele perdeu por sua própria culpa. Para Desidério, a jovem deixou de repente de ser estranha e lhe parecia que certos nós secretos os uniam. Ele foi tomado de uma incontida vontade de ver seu rosto encantador e os maravilhosos olhos – límpidos e claros – cujo olhar desvanecia quaisquer maus pensamentos.

Depois começou a pensar em Berta Domberg. Não, ele não iria casar com ela – isso estava em definitivo decidido – mas cortar de repente as relações com a ex-dançarina era difícil e arriscado. Raciocinando com frieza, Desidério decidiu afastar-se paulatinamente. Ele nunca duvidou que, apesar de todos os cuidados, tal ofensa aos Domberg lhe custaria a vaga de ajudante-de-ordem. Entretanto, a sua revolta era tão grande, que decidiu ser firme e soltou um pesado suspiro, dando adeus às esperanças que se desvaneciam.

Certo dia, o príncipe-herdeiro, uma criança de quatro anos, de repente, adoeceu perigosamente de pneumonia. Foram chamados os melhores médicos e tentados todos os meios indicados pela ciência, sem resultado. A doença da criança piorava a cada hora, e os médicos por fim declararam que não havia qualquer esperança de salvar o paciente.

O duque, que adorava o filho único, ficou desesperado, enquanto que Luísa-Adelaide – mulher superficial e volúvel, que usava o seu amor maternal como um novo enfeite – enlouquecia, chorava, gritava e desmaiava, deixando as pessoas próximas sem saber o que fazer com ela.

Desidério também participava de forma ativa dos aconteci-mentos. Desde a manhã, ele tivera uma ideia que não se decidia expor. Mas, quando o desesperado e mortalmente pálido duque saiu do quarto do filho doente e declarou que não havia mais esperanças, o barão decidiu-se.

– Vossa Alteza! – disse ele, cordial. – Desculpe-me por ousar importuná-lo nesta difícil hora, mas considero minha obrigação lembrar-lhe que por perto mora um homem cujos conhecimentos incríveis e secretos aparentemente possuem forças desconhe-cidas. Estou me referindo ao barão Detinguen. Permita-me consultar o barão, já que os sábios doutores reconheceram-se incapazes de salvar a valiosa vida do herdeiro do trono.

O duque levantou-se rápido, e seus olhos brilharam. Ele se agarrou àquela fraca luz de esperança, como um afogado se agarra a qualquer palha.

– Mas é claro! Agradeço-lhe, Vallenrod, pelo sábio conselho. Meu Deus, como não me lembrei disso? E agora, meu amigo, não perca um minuto: mande preparar a carruagem e vá buscar Detinguen. Se necessário, fustigue os cavalos!

Já passava da meia-noite, quando a carruagem com os ca-valos exaustos e cobertos de espuma branca estancou diante dos portões fechados da Vila Egípcia. Foi difícil convencer o velho porteiro a deixar entrar um visitante àquela hora tão imprópria, mas o nome do duque funcionou tanto com o porteiro como com o mordomo e, minutos depois, Desidério foi levado ao gabinete de Detinguen, onde, em poucas palavras, transmitiu o pedido do duque, implorando ao barão vir de imediato ao palácio, pois o infeliz pai depositava nele todas as esperanças.

Detinguen concordou sem pestanejar. Vestindo-se rapidamente, colocou numa grande caixa alguns frascos com tampas douradas, caixinhas com pós, maços de ervas secas, um recipiente de por-celana, velas de cera e um pequeno tripé. Depois, seguiu Vallen-rod, que insistia em carregar a valiosa caixa que despertou nele um vivo interesse.

Quando Detinguen chegou ao palácio, o duque andava im-paciente pelo gabinete.

– Agradeço a sua vinda! – disse, apertando-lhe a mão.

E, sem esperar pela resposta, levou o barão ao quarto do doente. Lá, em volta da cama da criança, estavam as babás e algumas pálidas e desconsoladas damas. O médico havia saído do quarto para atender à duquesa, que tivera um ataque nervoso.

Detinguen debruçou-se sobre a cama do doente e o duque, ao ver a criança deitada, imóvel e mal respirando, virou-se e exclamou, com voz contida:

– Ele está morrendo!

– O senhor me chamou tarde demais – observou Detinguen, tocando a cabeça, o peito e os braços da criança doente – mas, mesmo assim, não acho a cura impossível. Só que pediria a Vossa Alteza e a todos os presentes para saírem do quarto, deixando-me a sós com a criança e o barão de Vallenrod, que não se oporá em me ajudar quando for necessário.

O duque saiu de imediato, levando consigo todos, inclusive as babás, e Detinguen ficou sozinho com Desidério, extremamente interessado no que iria acontecer ali.

O barão abriu a caixa e, enquanto retirava de lá dois frascos e uma caixinha, pediu a Vallenrod para encher uma bacia com água, colocar os carvões que trouxeram sobre o tripé e acendê--los. Quando isto foi feito, o barão jogou na água um pedaço de uma substância vermelha e adicionou algumas gotas de um líquido incolor. O tripé foi colocado na cabeceira da cama da criança doente, e Detinguen jogou sobre os carvões, uma porção de erva e algumas pitadas de pós de diferentes cores que retirou de diversos saquinhos de seda.

A erva acendeu-se, estalando, iluminando o quarto e espalhando um forte, resinoso e vivificante odor. Molhando um pedaço de tecido com a água, que assumiu uma coloração rósea, Detinguen enxugou o rosto e todo o corpo da criança. Por um minuto, Detinguen ficou observando o doente e, em seguida, acendeu aos pés da cama o candelabro de sete velas, elevou os braços sobre o menino e estancou. O barão estava de costas para Desidério, mas este, de repente, sentiu uma grande fraqueza nas pernas. Depois foi dominado por tal sonolência que se sentou na poltrona e encostou a cabeça, pesada como chumbo no seu espaldar.

Mais tarde, Desidério não soube dizer se dormiu ou quanto tempo demorou aquele estado de torpor. Quando voltou a si, sentiu frio e lhe pareceu que um vento soprava sobre ele, como se a janela do quarto estivesse aberta. Essa sensação desapareceu rapidamente, e toda a sua atenção concentrou-se sobre Detinguen, que se debruçava sobre o enfermo, colocando em sua boca colheradas da mesma água rósea que havia passado em seu corpo.

Naquele momento o barão levantou a cabeça e lhe fez um sinal para aproximar-se. Vallenrod ficou surpreso ao ver que a palidez mortal da criança havia desaparecido; uma abundante transpiração cobria todo o corpo, e a respiração regular indicava um profundo sono.

– Sim, ele está dormindo! Agora não há mais perigo. Efetuou-se uma reação completa – respondeu Detinguen à muda pergunta estampada nos olhos de Desidério. – Entretanto, chegamos no momento exato. Se tivesse passado uma hora a mais, eu nada poderia fazer – acrescentou com um sorriso.

– Que ciência fantástica! Como deve ser maravilhoso ter o poder de salvar a vida humana e secar as lágrimas de infelizes! – murmurou Desidério, apertando calorosamente a mão do barão.

No rosto de Detinguen apareceu um claro e triste sorriso irônico.

– Meu entusiasmado rapaz, então foi sua a ideia de trazer-me até aqui? – Com isso prestou-me um péssimo favor! Não há rosas sem espinhos e, agora que salvei a criança, sobre mim irá desabar toda a multidão de médicos. Com raiva da própria incapacidade, eles começarão a inventar mentiras e calúnias para denegrir a verdadeira ciência – a ciência que eles desprezam e afastam, mas que é a única a fazer milagres e que realmente dá armas e forças aos seus servos dedicados para lutarem com sucesso contra a morte.

– Mas o acontecido desta noite mostrou de maneira clara a ignorância deles, para ousarem falar muito – respondeu Vallenrod, ajudando Detinguen a guardar na caixa os objetos trazidos.

Terminado isso, o barão abriu a porta do quarto contíguo. O casal real estava a sós. A jovem duquesa, que chorava silenciosamente, levantou-se de imediato da poltrona e quis ver o filho, mas Detinguen segurou-a pelo braço.

– Silêncio, Vossa Alteza! O seu filho está salvo, mas o organismo está tão abalado que precisa de repouso absoluto.

– Podemos nos aproximar em silêncio e olhá-lo? – perguntou o duque.

– Sem dúvida! Vão e vejam que o pequeno príncipe não corre mais nenhum perigo.

Após ver a criança, o duque, extasiado e radiante, aproximou-se de Detinguen e abraçou-o fraternalmente.

– Não encontro palavras para expressar-lhe a minha gratidão – disse ele emocionado. – O senhor prestou-me um favor que não tem preço. Não esqueça que eu sou seu devedor por toda a vida!

– As suas palavras são para mim o pagamento mais do que suficiente pelos meus esforços. Mas permita-me, Vossa Alteza, fazer mais uma última prescrição sobre o enfermo. Pegue este frasco; seu conteúdo deve ser diluído em água e dado à criança para beber assim que ele acordar.

– Pode me dar! Farei isso eu mesmo! – disse o duque, feliz.

Confirmando as previsões de Detinguen, os médicos não ficaram muito entusiasmados com a rápida e boa recuperação do pequeno príncipe. Ofendidos e irritados, ficaram pensativos em volta da cama da criança. Mas como admitir que uma ciência diferente da deles havia conseguido aquele milagre?

– Eu bem que avisei a Sua Alteza que no organismo da criança sempre se escondem forças desconhecidas! – observou venenosamente o médico-chefe.

E o seu colega, professor Hente, acrescentou com empáfia:

– E eu não previ que haveria uma crise e que ela poderia ser benigna? Em todo caso, agora será fácil curar completamente a criança.

Quando essas palavras chegaram aos ouvidos do duque, este desandou a rir e contou isso a Detinguen, que fez mais algumas visitas ao seu pequeno paciente, cuja recuperação se dava de forma visível.

Capítulo VII

Cerca de três semanas após estes acontecimentos, chegou o dia do aniversário do príncipe herdeiro, e o casal real resolveu comemorar, com festa, o seu restabelecimento.

Detinguen ficou extremamente surpreso ao receber o enviado especial, que entregou para ele e sua filha o convite para a festa. O bilhete da duquesa, que acompanhava o convite, era tão amável e carinhoso que era impossível recusar.

Essa honra pouco agradava ao barão. Absorto em seus estudos, ele desprezava a sociedade. Já Dagmara ficou entusiasmada e aguardava com impaciência o dia em que diante dela finalmente abrir-se-iam as portas daquele mundo desconhecido que ela tanto queria conhecer.

Quando, no dia da festa, Dagmara entrou saltitante no gabinete de Detinguen para mostrar a sua linda roupa nova, ele a olhou com amor, e um indescritível ar de tristeza. O infortunado e distante passado acordou em sua memória. Diante dele dançava Dagmara, feliz e orgulhosa de sua beleza, mostrando o seu vestido de seda de cor azul-clara, bordado com rendas brancas e buquês de miosótis, e uma coroa dessas flores enfeitando seus lindos cabelos negros e cacheados.

– Você está adorável, minha pequena coquete! – disse Detinguen com um bondoso sorriso. – Mas, ainda falta algo no seu traje. Espere que eu vou completá-lo.

Ele abriu a gaveta da escrivaninha, retirou de lá um estojo e entregou-o a Dagmara. Ela abriu, impaciente, o estojo; soltou um grito de felicidade ao ver um maravilhoso colar de pérolas orientais e pulou ao pescoço do barão num impulso de gratidão. Este balançou a cabeça, perguntando:

– Não me diga que você dá tanto valor a este enfeite?

– Isto não é um enfeite, papai, mas uma coisa maravilhosa e cara! Quando se entra na sociedade, é agradável enfeitar-se. Além disso, você sabe como eu gosto de pérolas.

No palácio, a jovem duquesa recebeu a adolescente condessa Helfenberg com especial atenção.

A duquesa propôs a Dagmara participar do bazar e pediu a autorização de Detinguen. O barão foi obrigado a concordar, percebendo o olhar indócil e suplicante da filha adotiva e o fez com um profundo suspiro.

Pensativo, encostou-se a uma coluna e ficou observando os presentes entretidos em animada conversa. Ele se sentia mal; o ar parecia pesado e sufocante no meio daquela festiva e barulhenta multidão, envolta em interesses vulgares. Olhava com tristeza para Dagmara, sua pupila e filha em espírito, educada na pura atmosfera da ciência e do saber superior.

Enquanto isso, parado à pequena distância da festiva e barulhenta reunião, Desidério não tirava os olhos dela, aparentemente inebriado com o estranho encanto que transbordava de todo o seu ser. Realmente, Dagmara destacava-se sobremaneira de outras jovens e adolescentes, pálidas, cansadas e descoradas, pela cor brilhante do seu rosto, seu extraordinário frescor e pela mente desenvolvida que fulgurava em seus olhos.

De repente, Detinguen estremeceu, e o seu olhar preocupado começou a passar de Desidério para Dagmara e de volta.

– O que são estas correntes que se entrecruzam entre eles?

Seriam traços análogos em suas frontes? Ou reflexos indicativos de relações que aconteceram em outras vidas? – pensou ele.

De repente, foi tomado por um forte desejo de ir embora e levar Dagmara consigo, livrando-a da influência daquele novo ambiente. Mas, imediatamente, suspirou e baixou a cabeça.

– Imbecil! Como ouso tentar livrá-la do seu destino, destas poderosas correntezas que irão despojá-la de suas ingênuas ilusões? Minha pobre Dagmara! Você estará só entre esta multidão que irá odiá-la se não conseguir arrastá-la para a própria imundície e rebaixá-la ao seu nível. Mas, quem sabe? Pode ser que ela algum dia me critique por ter-lhe dado tanto poder de assimilação e perspicácia, colocando-a intelectualmente acima do ambiente em que teria de viver.

Tomado por uma vaga sensação de perigo, o barão saiu da pequena sala de estar e, aproveitando o momento certo, despediu-se alegando cansaço e saiu do palácio levando consigo Dagmara.

Como o barão já havia pressentido, a sua visita à corte abriu uma brecha, e agora ele já não poderia enclausurar-se como antes. Já Dagmara transformou-se em assídua frequentadora do círculo da corte.

Certa vez, ao voltar para casa, ela contou a Detinguen tudo o que ouviu e acrescentou:

– É surpreendente como todas aquelas pessoas só pensam em casamento! Não importa o assunto que comecem, ele sempre acaba no casamento. Há alguns dias, a duquesa começou a perguntar-me se estou apaixonada por alguém e de quanto será o dote que você dará por mim. Parecia um interrogatório! Eu ri e respondi que você ainda não expressou vontade de vender-me e penso que dificilmente eu poderia ser comprada.

– Bravo, minha querida! – respondeu Detinguen, puxando Dagmara para si e beijando-a na testa. – Você respondeu muito bem! Só o pensamento de que alguém poderia casar com você só pelo dinheiro já me estremece o coração. Como poderia haver felicidade entre um casal que está ligado pelo cálculo e não pelo amor? Você está entrando no mundo, minha pobre criança, e na sua idade o amor é muito traiçoeiro; portanto, seja cuidadosa, cuide bem do seu coração e não confie nas pessoas. Você ainda não sabe como são espiritualmente maléficos aqueles senhores jovens de corpo, mas velhos de coração e quanta impiedade, egoísmo e vícios se ocultam sob a delicada aparência do homem "mundano"! Você é bela demais para não atrair a atenção dos homens, que em sua maioria estão acostumados a vitórias fáceis. Assim, ao deparar-se com a sua virtude, um desses homens poderá casar facilmente com você; mas ele indubitavelmente irá vingar de forma cruel a própria derrota. Você pagará caro pela aquisição de sua valiosa pessoa e terá uma amarga desilusão quando retirar a máscara do rosto jovem e atraente que esconde a careta de sátiro. Tudo isso irá causar-lhe grande sofrimento. Então, repito, seja cuidadosa.

Dagmara ficou cabisbaixa. É difícil relacionar-se em um mundo de desconfiança e enxergar inimigos em todos à sua volta. E se aqueles pontos de vista foram sugestionados pela desilusão e desconfiança próprias da velhice?

Naquele instante, Saint-André entrou no quarto. Ele estava muito pálido. Pelo seu semblante e olhar perdido, percebia-se que ele ouvira as palavras de Detinguen, e este perguntou com um sorriso:

– O senhor ouviu a nossa conversa?

O conde enrubesceu, mas respondeu sem vacilar:

– Sim... e peço imensas desculpas pela minha indiscrição. Durante alguns minutos ouvi suas palavras que, infelizmente, foram mais do que justas. Não passei eu próprio por todos os abismos do vício quando a vossa benfeitora mão me arrancou desta lama? Mas, parece-me que o senhor exagera os perigos que podem ser encontrados neste nosso depravado mundo. As bases morais e a imaculada pureza da alma da condessa Dagmara irão protegê--la contra quaisquer fraquezas; seu orgulho, energia e o intelecto extraordinariamente desenvolvido estarão de guarda contra quaisquer erros. Mesmo que digam que o amor tudo perdoa e suporta, condessa, estou convencido de que a senhorita deixaria de amar uma pessoa que não pudesse mais respeitar!

Ele se inclinou, e seu olhar penetrante tocou os claros olhos de Dagmara, que o olhava pensativa.

Detinguen balançou a cabeça, e uma estranha expressão soava em sua voz quando ele observou:

– A vida, meu querido Phillip, é cruelmente zombeteira! Ela costuma nos provar toda a nulidade das nossas posturas, obrigando-nos a assumir a mais repulsiva para nós; a pessoa que desdenha a traição, a vida com certeza a ligará à dita traição; e o orgulhoso – ela com certeza obrigará a curvar-se diante de quem este despreza. A vida, com esperteza diabólica, obriga-nos a suportar aquilo que condenamos com nosso espírito e intelecto.

– Eu admito, papai, que, no geral, você está certo, e a nossa fraqueza humana frequentemente nos obriga a negociar com a consciência – disse Dagmara com animação. – Mas, na minha opinião, existem circunstâncias em que tais fraquezas são inadmissíveis; por exemplo: não se deve casar com um homem que se despreza, mesmo se, por infelicidade, apaixonar-se por ele. Isso, aliás, é impossível, pois o amor se baseia no respeito, e ambos são inseparáveis.

– Mas, condessa, a senhora está esquecendo que existe um ditado popular que diz que o amor tudo suporta e perdoa – observou o conde Saint-André.

– Mas não a traição e nem os vícios. Uma mulher direita deveria renegar toda a sua base moral para apaixonar-se por tal homem.

– Percebe-se agora, Dagmara, que você nunca se apaixonou e não conhece este sentimento poderosíssimo que quebra todos os nossos princípios, como se fossem gravetos e nos submete à sua vontade, sem perguntar se gostamos disso ou não. É nas uniões matrimoniais que impera essa lei incompreensível, criando surpreendentes situações e gerando uma atração irresistível entre pessoas que tudo parece separar e, mesmo assim, eles, quase sempre, contra a própria vontade, continuam atados um ao outro. O mais tragicômico é que ambos imaginam estar agindo livremente. Das desconhecidas profundezas do seu ser, surgem os auxiliares do destino que criam ilusões e incutem esperanças que nunca se realizarão, mas que de forma inexorável conduzem ao objetivo estabelecido pelo incompreensível e impiedoso destino. Como resultado, é muito comum vermos pessoas de bem casarem com devassas e mulheres puras como anjos virarem esposas de egoístas depravados que não sabem amá-las nem lhes dar o devido valor.

– Ouvindo você, papai, eu sinto calafrios! Mas, apesar de suas agourentas palavras, eu me permito ignorar o destino e declarar que só vou casar com o homem ideal! – exclamou Dagmara, com uma sonora risada.

– Tome cuidado! Pois o destino, só por castigo, pode arranjar--lhe como marido o mais imprestável dos idiotas – respondeu alegremente Detinguen.

Todos riram. Depois a conversa derivou para outros assuntos e não podia deixar de fora o baile de máscaras, que era a coqueluche do momento. Dagmara contou que, para aquele baile, a duquesa inventara uma loteria na qual seriam sorteados os homens, e a dama que ganhasse o cavalheiro designado a ela pelo destino teria de ficar a festa toda com ele.

– Aí está a oportunidade para você testar a jocosidade do destino. Se ela escolher para você algum notório pândego como o barão de Vallenrod – observou Detinguen.

– Ah, não! Eu prefiro o Heiguenbriuk – retrucou Dagmara, às gargalhadas.

Os interlocutores a acompanharam, pois ela se referia a um rapaz louro, rosado, imberbe e extremamente tímido, apelidado de "querubim".

Por fim, chegou o dia da festa. O grande salão de recepções do palácio foi transformado em um fundo de oceano. Nas paredes colocaram-se quadros com longínquas paisagens oceânicas. Em todos os cantos viam-se estranhas grutas, gigantescos galhos de corais e enormes algas marinhas. Por toda a sala foram distribuídas cadeiras em forma de rochas e conchas que foram sendo ocupadas pelos convidados, trajando as mais estranhas fantasias. Somente o duque e sua mãe, sentados na primeira fileira, contentaram-se com uma simples fantasia de "dominó". O fundo do salão estava oculto por uma cortina que estampava ondas do mar e, quando ela foi levantada, apareceu um mágico e peculiar quadro vivo que provocou frenéticos aplausos.

De um lado do cenário, havia uma galera espanhola de popa em madeira trabalhada e dourada. A galera estava tombada de lado, com o casco arrebentado. A tripulação, vestida com trajes pomposos da época de Velásquez, estava dispersa em poses pitorescas por entre os escombros de mastros e cordames. Algumas sereias pareciam vagar por entre os afogados, examinando-os com curiosidade.

Em frente ao navio destroçado, sobre um tablado alto, estava o trono da rainha do mar, que era interpretada pela própria duquesa. Ela estava inteiramente enrolada em gaze e sobre a sua cabeça havia uma coroa de flores com lâmpadas elétricas ocultas; os raios de luz refletiam no fundo róseo da concha que servia de trono. As sereias formavam belos grupos em volta e aos pés de sua rainha.

Esse belo quadro foi iluminado em sequência com fogos de artifício brancos, amarelos, azuis e verdes. De repente, as figuras, até então imóveis, adquiriram vida; as ninfas e sereias, como uma revoada de borboletas, espalharam-se pelo navio e começaram a retirar dele diversos objetos, que colocavam sobre rochas e folhas de enormes flores. Quando o bazar ficou pronto, a rainha desceu do trono e, por mímica expressiva, deu a entender que convidava para a festa todos os habitantes das profundezas e, através de sorteio, escolheria os cavalheiros para as suas damas.

A seu sinal, os pequenos delfins trouxeram dois vasos: em um deles estavam nomes masculinos, no outro – os femininos. A duquesa retirava um bilhete de cada vaso, e dois tritões, ao som das trombetas, anunciavam os nomes dos pares que ficariam unidos por toda a festa.

Começou uma divertida procissão que provocou a gargalhada geral. Diante dos convidados, passavam solenemente polvos, tartarugas, peixes de todos os tipos e até esponjas. Oferecendo o braço às encantadoras sereias, eles conduziam-nas ao centro do salão e enfileiravam-se para dançar a "polonaise" que abriria o baile.

Os afogados foram distribuídos por último, e um deles foi sorteado para Dagmara. Ao ouvir o nome de Desidério, o rosto encantador da sereia enrubesceu, e ela, emocionada, aproximou-se do seu afogado. À ordem da rainha, ela e suas colegas deveriam ressuscitar as vítimas do desastre. Muitos obedientemente ressuscitavam, como por exemplo, o "querubim", que se levantou mal a dama lhe encostou um dedo; mas muitos, e entre eles, Desidério, insistiam em não ressuscitar por mais que as sereias constrangidas insistissem.

A duquesa, que naquela noite estava muito alegre, ria até as lágrimas, e finalmente, ordenou:

– Para estes cadáveres teimosos devem ser tomadas medidas extremas! Edda, Rosa e Hermínia, beijem a testa dos pobres afogados. Esse fluido vivificante irá obrigá-los a ressuscitar.

As jovens de inicio ficaram encabuladas. Mas logo a jovem condessa Edda Von-Raven, dengosa e excêntrica, decidiu-se rapidamente e encostou os lábios nas negras mechas de cabelo do seu cavalheiro, que abriu os olhos e, de joelhos, beijou o vestido e depois a mão de sua encantadora salvadora. As outras sereias, seguindo o exemplo, ressuscitaram os seus afogados. Somente Desidério permanecia deitado, inerte, e Dagmara, agitada, debruçou-se sobre ele, indecisa. Ela percebia que um vacilo prolongado poderia comprometê-la, pois aquela simples brincadeira adquiriria um significado mais profundo. Mesmo assim, não conseguia decidir-se, e um estranho sentimento de repulsa passou em sua alma. De repente, teve uma ideia. Pegando rapidamente o seu leque de penas, fez com ele uma leve cócega nas narinas do barão. Imediatamente, um forte espirro anunciava que o último afogado fora ressuscitado.

Na sala houve uma explosão de gargalhadas, e o duque gritou alegremente:

– Bravo, "fada Viviana"! É isto que eu chamo de saída diplomática de uma situação crítica.

Só Desidério não conseguia rir: o seu amor-próprio fora ferido, e ele ficou numa situação ridícula diante dos presentes. E fora derrotado por aquela insolente garotinha! Mas ele era demasiadamente mundano e experiente dissimulador para demonstrar a raiva que o sufocava e, por isso, foi o primeiro a rir e, rápido, pôs-se de pé.

– Condessa, a senhorita fica me devendo – disse alegremente, beijando a mão de Dagmara.

Ela nem suspeitava que o tom seco e as veias inchadas na testa eram sinais de profunda ira; Dagmara também não percebeu o seu olhar venenoso e pungente enquanto conversava com as damas. Terminada a primeira dança, Desidério deixou a sua dama e o resto da noite tratou-a friamente, insistindo em cortejar a filha de um diplomata estrangeiro.

A princípio Dagmara ficou chateada e sentiu-se ofendida, apesar do seu sucesso com outros cavalheiros que, um atrás de outro, convidavam-na para dançar. O mais ardoroso dos fãs era Fritz Domberg.

Desidério, apesar da raiva, não perdia de vista a dama que abandonara e ficava aborrecido com a corte de Domberg. Ele desprezava o jovem colega pela sua origem e sempre teve em relação a este uma frieza contida, o que os mantinha afastados. Dagmara captou um desses olhares de desprezo, mas a baronesa Shpecht, sentada perto dela também era muito observadora.

Enquanto Domberg foi buscar sorvete, ela comentou, rindo, com a vizinha:

– Parece que Vallenrod ainda não perdoou Domberg.

– Mas eles estão brigados? – surpreendeu-se Dagmara.

– Não, mas Domberg roubou dele uma atriz de circo. Fritz Domberg é rico, enquanto Desidério é obrigado a pagar mais com sentimentos do que com o bolso. Os homens não esquecem tais coisas.

Capítulo VIII

Passaram-se seis semanas desde o baile de máscaras. Dagmara continuou a visitar a corte, mas com menor assiduidade. Ela voltara aos seus estudos, e a sociedade mundana desiludira-a de tal forma que, de tempos em tempos, ela própria se surpreendia com isso. Domberg continuava a cortejá-la e, aparentemente, procurava uma oportunidade para apresentar-se a Detinguen. Já Desidério só aparecera uma única vez na vila, numa visita oficial como enviado da duquesa.

Tal era a situação quando ocorreu algo inesperado.

Detinguen e a filha trabalhavam na torre, no quarto cujas janelas davam para a estrada que levava à cidade. De repente, Dagmara olhou pela janela e exclamou:

– Santo Deus!... Pai, veja!... Um cavalo disparou e está arrastando o cavaleiro.

Ambos correram para a janela e viram como outros dois cavaleiros tentavam, em vão, alcançar o cavalo raivoso. De repente, dos portões da vila surgiu um homem, segurou as rédeas que se arrastavam pelo chão e agarrou-se ao pescoço do cavalo. Alguns instantes depois, o animal estancou. O salvador era o jovem cavalariço de Detinguen, e os dois cavaleiros – oficiais hussardos que, apeando dos cavalos, aproximaram-se do colega ensanguentado e com uniforme rasgado: a sua perna ainda estava presa ao estribo.

Detinguen e Dagmara desceram rápido da torre. Quando saíram ao portão, o ferido já tinha sido levantado e colocado no banco de jardim. Um dos oficiais segurava-o enquanto o outro enxugava o seu rosto ensanguentado.

– É o barão Vallenrod! Oh, meu Deus! Ele morreu!... – exclamou Dagmara com dó.

Enquanto Detinguen dava as ordens necessárias para levarem o ferido para dentro de casa, um dos jovens oficiais contou a Dagmara que eles acompanhavam Desidério ao pavilhão de caça, a serviço do duque, e o barão montava um cavalo que comprara havia poucos dias. Todos aconselharam-no a não montá-lo, pois até o antigo dono não escondia o forte temperamento do animal. Desidério, entretanto, contando com a sua perícia e experiência de ginete, ignorou todos os avisos. E, realmente, durante certo tempo o cavalo se comportou bastante bem. Mas no caminho de volta do pavilhão, o cavalo se assustou com o vendedor de panelas de ferro e disparou sem obedecer às esporas nem ao chicote. Depois, com um salto inesperado para o lado, jogou o cavaleiro para fora da sela e arrastou-o consigo.

O ferido foi colocado num dos quartos no andar térreo; e, enquanto o despiam, Dagmara correu até o gabinete do pai para preparar os unguentos e faixas.

Detinguen descobriu na cabeça de Desidério uma profunda e perigosa ferida; ele também estava com o braço e a perna deslocados, e o corpo coberto de arranhões, feridas e machucados.

Balançando a cabeça, Detinguen começou por recolocar no lugar o braço e a perna; enfaixou a cabeça e cobriu o corpo do paciente de compressas. Terminando o trabalho, pediu aos oficiais que voltassem de imediato à cidade para chamar os médicos e também providenciar a transferência do ferido para a casa dele.

– Eu fiz tudo o que dependia de mim para prevenir uma perigosa infecção. O resto é trabalho de médicos e da mãe do ferido acrescentou o barão, apertando as mãos dos oficiais, que agradeceram calorosamente a sua ajuda.

O ferido caiu num pesado coma, respirando com dificuldade e, por vezes, emitindo gemidos de dor. Detinguen, com o rosto preocupado, andava pelo quarto, enquanto Dagmara preparava calada uma beberagem refrescante, por vezes olhando para o ferido com profunda compaixão. Toda vez que Detinguen reparava naqueles olhares, ficava ainda mais taciturno.

O acontecido não lhe agradava nem um pouco. Como médico, ele compreendia que transferir o ferido para a cidade era praticamente impossível e, por outro lado, não queria deixá-lo em casa por causa de Dagmara, cujo coração juvenil poderia criar um perigoso afeto pelo paciente. Desidério era belo o suficiente para agradar a uma mulher e, suficientemente vaidoso e superficial para aproveitar o tempo de convalescença e conquistar o coração de sua bela enfermeira. Aquilo seria uma agradável diversão para ele, mas para Dagmara seria uma amarga desilusão, pois ela era demasiado pobre para que aquele digno representante da "dourada" juventude, narcisista, depravada e avarenta, casasse com ela.

Envolto em seus pensamentos, Detinguen sentou-se junto à mesa onde a moça continuava a preparar a beberagem e, de repente, o corpo do barão começou a tremer; sua cabeça foi jogada sobre o espaldar da poltrona e a sua respiração ficou pesada e intermitente. Dagmara debruçou-se sobre ele, assustada. Ela já conhecia aquele estranho estado do barão, quando diante dele abria-se uma visão do futuro e de seus lábios saíam palavras proféticas.

Naquele instante Detinguen arregalou os olhos penetrantes e vítreos e, agarrando a mão da moça, murmurou surdamente:

– Não tenha pena dele! Tenha cuidado com o homem que está deitado lá, semimorto, para que ele não seja fatal para você! Seria melhor que ele tivesse morrido do que cruzado o seu caminho! Eu já não estarei mais aqui para protegê-la... Ah! Se fosse possível saber de antemão todas as obscuras voltas do destino – o ser humano conseguiria fugir deste abismo que o atrai como o fogo que atrai as borboletas e as queima.

Dagmara, pálida e trêmula, ouvia essas entrecortadas mas significativas frases e, naquele momento, sentia um quase ódio por Desidério.

Às vezes este sentimento estranho e inexplicável ilumina o espírito do homem como um raio que ilumina o céu, alertando sobre a ameaça de perigo e obrigando-o a tremer de medo diante do desconhecido. Mas o homem acredita somente naquilo que ele próprio quer e só se lembra do raio profético quando ouve o trovão ribombar e a tempestade se desencadeia sobre ele, como castigo por ignorar o aviso do destino.

Tal tipo de raio reforçou a vaga desconfiança e a surda repulsa que, por vezes, despertava no espírito de Dagmara a presença de Desidério. Era algo indefinido, quase um sentimento de ódio.

– Pai! – dizia ela, encostando os lábios na mão de Detinguen, quando ele estremeceu e endireitou-se. – Nunca vou me separar de você! Nunca vou amar ninguém e nem casar com o homem que você diz ser fatal para mim e que irá nos separar!

Sem nada responder, Detinguen abraçou-a com carinho.

Algumas horas depois, chegou o cirurgião da corte acompanhado de outro médico e uma enfermeira. Mas o estado de Desidério piorava nitidamente e, após um cuidadoso exame, ambos os "homens da ciência" declararam que o seu estado era irremediável.

– Eu não sou médico, mas me parece que ele pode ser salvo observou Detinguen.

O cirurgião-chefe sorriu com desdém.

– Dizem que o senhor é um mago. Pode ser, barão, que a sua ciência "misteriosa" consiga parar a inclemente morte que bate à porta deste quarto, mas nós – simples mortais – devemos reconhecer a nossa incapacidade de salvar este jovem. O crânio está fendido e a perda de sangue é enorme; portanto, tudo aponta para uma inflamação cerebral, cujo resultado será fatal. Vejo-me na obrigação de avisar a baronesa Vallenrod sobre o estado desesperador de seu filho. Dar-lhe esperanças significaria apenas reforçar o choque que a espera.

– A baronesa está viajando. Mas o conde Saint-André comprometeu-se a avisá-la do infeliz acidente assim que ela voltar, hoje à noite – acrescentou o outro médico.

O dia transcorreu com dificuldade. Desidério teve febre e delirava, contorcendo-se na cama. Por vezes seus altos gemidos chegavam ao gabinete de trabalho onde Detinguen, preocupado, andava taciturno de um canto para outro, parando a cada vez que a voz do paciente chegava até ele. Por fim, ele jogou-se na poltrona e fechou os olhos.

– Meu Deus! O que fazer? A vida deste homem está em minhas mãos. Mas devo eu salvá-lo, sabendo que isto será fatal para Dagmara? Meu Deus! O destino cruel quis que ele quebrasse a cabeça diante dos meus olhos e trouxe-o para morrer justamente sob o meu teto!... Estou na posição de um homem que vê alguém se afogando e deixa-o morrer por não querer molhar as mãos. Ah, minha ciência! Você, sabedoria de mago – que aceitei como benéfica – está pronta para fazer de mim um criminoso! Por que fui ter este conhecimento fatal, que me condena a tal sofrimento?... Por que não conservei a fé pura, a simples credulidade que tudo espera do Céu... Sim, Reiguern estava certo: somente a fé é que traz felicidade! Oh, Jesus – o mais misericordioso e sábio dos enviados divinos! Somente agora compreendo a profundidade de Suas palavras: "bem-aventurados os puros de coração e os pobres de espírito!".

O quarto ficou em silêncio por muito tempo, quebrado somente pelos profundos suspiros do velho. De repente, Detinguen estremeceu. Um sopro leve passou pela sua face, e uma voz surda, como se chegando de muito longe, sussurrou-lhe ao ouvido:

– Você é um cego! Em vez de perceber nisso uma provação, culpa a ciência; mas não esqueça que, em relação a esta última, você tem obrigações. Seu dever é aplicar o conhecimento em todo lugar onde se deparar com alguém doente.

Detinguen permaneceu sentado imóvel, prestando atenção ao leve crepitar que se ouvia no quarto e que, por instantes, transformava-se num harmônico e longínquo badalar de sino. A luz da lâmpada sobre a escrivaninha apagava-se aos poucos, e o abajur azul-claro jogava profundas sombras e, perto da janela, começou a formar-se uma névoa fosforescente. De repente, a pesada cortina da janela se abriu, deixando entrar um raio de luar que iluminou a esbelta figura de cera de um homem vestido de branco. O rosto do estranho visitante, bronzeado e ostentando uma pequena barba negra e crespa, destacava-se por sua incrível beleza. Os grandes olhos negros e penetrantes brilhavam tanto que era difícil suportar por muito tempo seu olhar; a mão transparente com finos dedos segurava as dobras macias, sedosas e finas de sua túnica; no seu dedo indicador havia um anel com uma pedra que brilhava como safira.

Ao vê-lo, Detinguen levantou-se e, com os braços em cruz, fez uma profunda reverência.

– Mestre! Você veio pessoalmente para tirar-me as dúvidas? Você sentiu a tristeza da minha alma? Oh, diga-me, ordene! Devo ou não, a serviço da ciência, executar este ato misericordioso e salvar o corpo já condenado à destruição?

O misterioso visitante balançou a cabeça.

– Não, não vim aqui para ordenar, mas sim conversar sobre as dúvidas que obscurecem seu espírito. Você tem medo de acionar a "roda do destino" e colocá-la em movimento fatal? É esta conclusão humana que o detém?

– Sim, mestre, pois prevejo consequências fatais para um ser que amo muito! – respondeu surdamente Detinguen. – Se o caso fosse somente comigo, não vacilaria em salvar a vida deste homem! Mas você sabe que adquiri o conhecimento muito tarde, e o meu corpo, desgastado pela idade, já não possui mais a força vital capaz de provocar a corrente poderosa que estanca e afasta o fluido destruidor da morte. Você sabe "quem" eu devo utilizar para salvar o ferido. Tenho eu o direito de utilizar a vítima para salvar o carrasco? Tenho eu o direito de sacrificar uma criatura pura e inocente, cheia de nobres aspirações, para livrar da morte um homem egocêntrico, gélido de coração e estragado por influência da sociedade devassa, que provocará uma tempestade destruidora na vida de sua salvadora? Mestre! Nos pratos da balança foram colocadas duas vidas, e ambas têm direito à existência. Mas qual delas devo condenar: uma ao sofrimento, e a outra à aniquilação? Ordene, mestre, e pela força do seu saber superior, o seu servo irá obedecer-lhe!

O misterioso visitante de novo balançou a cabeça.

– Você se engana! Eu não tenho o poder de decidir o destino das pessoas. Eu próprio sou somente um servo das leis superiores que tudo dirigem. Tal como você, eu também aceitei o lema: "Aplique o conhecimento que lhe foi transmitido onde aparecer a ocasião!". Você prevê um futuro de sofrimentos e grandes provações para sua filha e acha que não tem o direito de sacrificá-la para salvar o seu futuro algoz? Mas tem certeza de que ela é somente uma "vítima" e não uma "devedora", condenada a pagar uma velha dívida? Ou você se esqueceu das existências passadas e da terrível e implacável lei do "Karma": quem gera – com uma má ação – uma certa corrente cármica, deve arcar com as consequências. Não é o acaso, mas a ação dessa lei que colocou Dagmara frente a frente com o barão Vallenrod e juntou à sua volta todos os personagens do drama do passado no qual você também tomou parte. Não tenho permissão para desvendar-lhe os pormenores do que se passou; mas saiba que você e sua filha jogaram na lama um homem que, ainda hoje, sente por você um surdo ódio, e neste corpo, ele adquiriu e desenvolveu muitas daquelas más qualidades que, atualmente, você lhe apregoa. Por ódio e lucro vocês acabaram matando aquele que agora podem salvar. Eu lhe proíbo qualquer alusão à sua filha sobre o que acabei de revelar-lhe! Ela se aperfeiçoou no espaço e, antes de reencarnar novamente, decidiu redimir a sua culpa para libertar-se do fardo do passado. Mas a lei cármica é terrível pelo fato de nunca deixar a pessoa saber o que houve e o que irá acontecer, e esta é obrigada a extrair de dentro de si forças e compreensão para resolver o problema: pagar o mal com o bem, amar aquele a quem odiava, sacrificar-se e superar o egocentrismo que provoca a indignação. A pessoa, muitas vezes, não consegue suportar a sua provação; mas para Dagmara esta provação é atenuada pela sua compreensão do mundo invisível e da alta ciência que revela a lei que dirige os nossos destinos. Não me diga que você é tão presunçoso que acredita ter forças para parar ou postergar a fatalidade? Não se iluda! O destino é inalterável. Ele nos persegue como se fosse a nossa própria sombra, encontrando sempre para as provações tipos, situações ou ferramentas e gerando os sofrimentos necessários para a aniquilação da carne e a libertação do espírito dos grilhões corpóreos. No lugar do perseguidor que você quiser eliminar, aparecerão outros dez. "O que está predeterminado deve realizar-se para que o espírito teste as forças adquiridas na sua luta perene." Eu lhe contei. Agora, você deverá julgar e decidir como cumprir a sua obrigação. Você tem ainda três noites para decidir se deseja servir à ciência...

A luz do dia já se esgueirava através da cortina entreaberta da janela, quando Detinguen acordou do profundo sono. Ele endireitou-se devagar, enxugou a testa molhada de suor e encostou-se na mesa. Nesse instante, chegou aos seus ouvidos o gemido surdo do ferido, e ele estremeceu.

– Oh! Por que eu não permaneci ignorante? Esta traiçoeira e maliciosa ciência! Por que fui levantar o véu que ocultava os mistérios? – murmurava com amargura.

Depois, o barão chamou o velho mordomo e, vestindo-se, foi ver o ferido. A enfermeira queixou-se de que o paciente passara uma noite muito agitada e declarou que o médico, que fazia pouco havia se retirado, não deu nenhuma esperança de recuperação.

Detinguen, calado, aproximou-se da cama e, franzindo a testa, começou a olhar para o paciente, deitado em pesado coma. Seu rosto ardia, os lábios estavam ressecados e os olhos afundados. O barulho de rodas de carruagem chegando arrancou o barão de seus tormentosos pensamentos.

Ele saiu rápido do quarto e dirigiu-se à sala de visitas, imaginando que a mãe de Desidério havia chegado. Dagmara entrou na sala ao mesmo tempo em que ele, e o abraçou. Ela estava muito pálida e, aparentemente, passara a noite em claro. Perguntou sobre o paciente, mas Detinguen não teve tempo de responder-lhe, pois entrou um dos criados para informar da chegada da baronesa Von-Vallenrod e do conde Saint-André.

Dagmara dirigiu-se de forma amável à recém-chegada, mas, de repente, estancou e ficou confusa, olhando-a de maneira hostil. Aquela mulher alta, gorda, de rosto inchado e vulgar, com um olhar frio e severo, despertou nela lembranças adormecidas. Ela lembrou que essa mesma mulher era o espantalho de sua infância, e isso então significava que Desidério era aquele menino com

BEM-AVENTURADOS OS POBRES DE ESPÍRITO

quem ela brincava quando vivia na casa dessa mulher. Todos esses pensamentos e recordações passaram como um raio na mente de Dagmara, enquanto Detinguen cumprimentava a baronesa Vallenrod.

– Permita-me, senhora, apresentar a minha filha e lamentar que, somente devido a esta triste situação, tenho o prazer de receber a sua visita – disse ele de modo amável, mas contido.

Pela aparência da recém-chegada, o barão concluiu que ela ainda não sabia da verdade.

– Pois é, foi um acontecimento lamentável – respondeu com calma a baronesa.

– Foi um caso terrível! A senhora já sabe do grave estado do seu filho? Devo informá-la disso antes de conduzi-la a ele.

O rosto rosado da baronesa empalideceu.

– Disseram-me que ele se machucou um pouco, e o senhor me fala de estado grave. Oh! Fui enganada!... Ele morreu? – exclamou a baronesa, apertando convulsivamente as mãos de Detinguen.

– Calma, minha senhora! Seu filho ainda está vivo e vou levá-la até ele; mas seu estado é desesperador e necessita de repouso absoluto.

A baronesa ficou parada por instantes, toda trêmula; de repente, sua volumosa figura oscilou e caiu na poltrona num forte ataque de nervos. Ela enlouqueceu, soltando gritos, rindo histericamente e arrancando seus próprios cabelos. Detinguen pediu para Dagmara buscar um remédio apropriado, enquanto ele próprio, com a ajuda de Saint-André, segurava a baronesa.

A moça, assustada, correu até o laboratório e trouxe alguns fortes remédios que fizeram a baronesa voltar a si. Quando prometeu controlar-se para não ter manifestações de infelicidade tão agitadas, Detinguen levou-a ao quarto do paciente, mas, ao ver o filho terrivelmente mudado, ela fraquejou novamente. Caindo de joelhos diante da cama, ela encostou o rosto no cobertor e tentava conter o choro convulsivo que estremecia todo o seu corpo. Era, a primeira vez que esta mulher fria, má e egoísta sentia-se tão infeliz; o olhar ausente de Desidério feriu-a bem fundo no coração.

Dagmara, que os seguia em silêncio, apertou-se a Detinguen.

122

No seu coração generoso e bom surgiu uma profunda solidariedade, e ela esqueceu o sentimento hostil e de repulsa que tivera
pela baronesa quinze minutos atrás. Seus olhos estavam cheios
de lágrimas quando ela olhou suplicante para Detinguen e sussurrou emocionada:

– Papai! Será que a nossa ciência não pode salvá-lo? Quantas
vezes já tiramos pessoas dos braços da morte? Será que desta
vez não conseguiremos?

Detinguen estremeceu e, abraçando Dagmara, respondeu em
voz baixa e trêmula:

– Nós tentaremos salvá-lo.

O dia transcorreu sob grande tensão. A baronesa ocupou um
lugar na cabeceira do leito de Desidério, mas em vez de ajudar a
enfermeira, só atrapalhava, tendo crises de desespero, ao menor
gemido do paciente, que ameaçavam transformar-se a qualquer
instante em ataques histéricos, e lágrimas não paravam de jorrar
de seus olhos. À tarde a senhora Vallenrod ficou tão fraca que o
médico achou por bem lhe dar um forte narcótico e ordenou-lhe
que fosse dormir.

Bastante contrariada, a baronesa obedeceu, e depois de Detinguen jurar que ele mesmo manteria o paciente sob observação,
ela se retirou conduzida por Dagmara para um quarto preparado
para ela.

Apesar da desgraça, a baronesa olhava com curiosidade a
jovem que, com voz baixa e calma, dava as últimas ordens aos
criados quanto à arrumação do quarto da hóspede.

"Ela é muito parecida com a mãe" – pensava a baronesa. –
"Dagmara parece mais séria, mas é tão perigosa quanto Edith. Se
Desidério não estivesse tão doente, nem deveria ficar por aqui".

Quando Dagmara retirou-se após desejar-lhe boa-noite, a
baronesa acompanhou a sua formosa e delicada figura com um
olhar sombrio e hostil.

Dagmara foi para o seu quarto e, trocando o vestido por um
simples penhoar branco de casimira, dispensou a camareira, sentou
perto da janela e ficou pensando. Não tinha sono, e uma multidão de
lembranças lhe veio à mente. Com uma clareza doentia, ressurgiram
as cenas penosas e os maus tratos que recebia da baronesa e do

BEM-AVENTURADOS OS POBRES DE ESPÍRITO

filho, que nunca perdia a oportunidade de jogar nela a culpa de todas as suas travessuras. Com o desenrolar do novelo, uma lembrança trazia outras. Por fim, ela se lembrou de um fato particularmente amargo da sua infância que aconteceu uns dias antes de sua partida e que a impressionou muito. Desidério quebrara um grande vaso chinês, de que a baronesa gostava muito e, querendo fugir da responsabilidade, correra para a mãe, dizendo que Dagmara havia quebrado o vaso. A baronesa ficou possessa e castigou com crueldade Dagmara, chamando de mentiras deslavadas todas as desculpas da inocente criança. Não satisfeita com o castigo imposto, a baronesa a deixara trancada por um dia inteiro sem comida. Somente à noite, quando a baronesa fora com o filho ao teatro, a bondosa Golberg a libertara, dando-lhe comida e carinho.

Amarga ira encheu o coração de Dagmara, e ela energicamente tentava afastar esses sentimentos. Deus a tirou das mãos de sua perseguidora, e premiou-a com anos de vida feliz e pacífica por aqueles meses de sofrimento. Agora, o Pai Celestial enviava-lhe mais uma oportunidade de cumprir Seu grande mandamento e pagar o mal com o bem. Como poderia ela, em tais condições, ficar guardando um mísero rancor?

A entrada de Detinguen interrompeu os pensamentos de Dagmara. Percebendo a palidez e o ar preocupado do pai, Dagmara correu para abraçá-lo e perguntou:

– Você está doente, papai? Ou o nosso paciente piorou?

– Não, minha criança, não! Vim buscar você para realizarmos o encantamento que deverá parar a morte do corpo condenado de Desidério – respondeu, sério, Detinguen. – Mas antes, devo mais uma vez perguntar-lhe se você quer me ajudar e se concorda em sacrificar a sua vitalidade para salvar a vida dele.

– Mas, é claro que sim, papai! – respondeu sem vacilar Dagmara. – Eu cederei de bom grado a minha vitalidade para salvar esta jovem vida e também salvar, para a baronesa, de quem não gosto, o seu único filho. As forças superiores nos dizem para que sejamos misericordiosos com o próximo. Vamos, papai, aja conforme as leis da sua ciência. Confio totalmente em você.

124

Detinguen, calado, apertou-a contra o peito e juntos saíram do quarto.

Uma hora depois, Detinguen dispensou a enfermeira, dizendo-lhe que cuidaria sozinho do paciente e, mais tarde, Dagmara se juntou a ele.

Enquanto o barão colocava na mesa o conteúdo da caixa que trouxera consigo, a jovem, encostando-se aos pés da cama, observava o paciente cujo pálido rosto já parecia ter a marca da morte.

Aquele bondoso e piedoso olhar pareceu provocar um efeito revigorante, Desidério abriu os olhos e murmurou:

– Água!

Dagmara deu-lhe a beberagem preparada pelo pai e ele, revigorado, agarrou-lhe a mão e sussurrou, olhando-a com súplica:

– Salve-me! Seu pai pode fazer isso. Quero viver! A vida é tão bela! Dedicarei todo o resto da minha existência a provar-lhe minha gratidão.

– Confie em Deus! O senhor vai viver, e meu pai irá curá-lo – respondeu Dagmara com a sua característica bondade infantil, piedosamente apertando-lhe a mão.

Um sorriso desdenhoso e amargo passou pelo rosto de Detinguen. Sua voz soou severa, quando ele disse, aproximando-se do paciente:

– A "gratidão", meu jovem amigo, é um dos mais raros dons dos céus. Em geral, a pessoa esquece o bem obtido, logo que não precisar mais dele. Mas este não é momento para discussões filosóficas. Feche os olhos e fique deitado tranquilo.

Sem se ocupar do paciente, Detinguen fez Dagmara sentar-se numa poltrona perto da cabeceira da cama e executou alguns passes sobre sua cabeça. Momentos depois, a garota caiu em sono profundo, jogando a cabeça para trás. Detinguen colocou então sobre a mesa um recipiente com água, prendeu em sua borda uma vela de cera, torceu as suas pontas em forma de ferradura e acendeu-a. Em seguida, levantou as mãos e concentrou-se com tal tensão que as veias incharam em sua testa. Alguns instantes depois, aproximou-se de Dagmara, deitada e desfalecida; pegou sua mão fria e imóvel e colocou-a na mão do ferido. Abriu um frasco de formato estranho e borrifou com o seu conteúdo a cama e o vestido da moça, sussurrando palavras rítmicas e incompreensíveis. Um estranho e sufocante aroma inundou o quarto.

A partir do momento em que a mão da moça fora colocada na mão de Desidério, este foi tomado por um profundo torpor. Ele estava completamente consciente, mas não podia mexer-se. Aos poucos, foi sentindo como um frescor fortificante que começou a preencher o seu corpo. O peso na cabeça enfraquecia aos poucos, a ferida já não doía tanto, e todo o corpo começou a suar abundantemente, o que o aliviava sobremaneira. Ele percebeu que da mão de Dagmara saía uma corrente vivificante, passando como uma torrente de fogo por suas veias em direção ao coração e batendo nele com tal força que ele sentia estremecer. Desidério sentia como o fluxo quente enchia-o de nova vida; seus pulmões alargavam-se, os nervos fortaleciam-se, e as forças se renovavam. Com um suspiro de enorme alívio, Desidério abriu os olhos. Seu primeiro olhar recaiu em Dagmara. Ela jazia pálida e imóvel como um cadáver, e parecia que toda a vitalidade do jovem organismo havia passado para o corpo do paciente.

Nesse minuto, Detinguen pronunciou com voz baixa e solene:

– A morte os ligou e a morte os separará. A fusão dos elementos irá atraí-los um ao outro; que a sua união seja de amor e não de ódio! O grande mistério das forças ocultas realizou-se!

Os pensamentos de Desidério começaram a misturar-se, e ele, quase de imediato, caiu num profundo e fortificante sono. Então Detinguen levantou Dagmara e levou-a para seu quarto. Colocando-a na cama, ele começou a massagear as suas mãos e pés, que estavam frios, executou alguns passes sobre a sua cabeça e, em seguida, despejou em sua boca o conteúdo do frasco que trazia no bolso.

O torpor de Dagmara desapareceu. Seu rosto delicado readquiriu a costumeira cor rósea, e logo a respiração tranquila e uniforme mostrou que ela estava dormindo profundamente. Detinguen olhou-a com amor, mas em seu rosto permanecia a preocupação, e a sua voz tinha uma profunda tristeza quando ele sussurrou:

– Obedeci à lei da "iniciação". Que este ato de alta ciência não se transforme em ato diabólico.

No dia seguinte, chegaram os médicos e constataram, perplexos, que o paciente tivera uma reação "milagrosa" e incompreensível. A inflamação desaparecera por completo e a ferida, mesmo que ainda dolorida, já não oferecia nenhum perigo e precisava somente de simples curativos para fechar-se em definitivo.

Desidério, feliz e grato, declarou que devia a sua cura exclusivamente à ciência misteriosa do barão. Os médicos deram de ombros, mas não retrucavam, e o velho cirurgião-chefe confessou com sinceridade:

– Não podemos ir contra os fatos. Uma certa "magia" que nós, simples mortais, desconhecemos, realizou este milagre com o senhor. Atesto isto sem qualquer explicação. Agora, só posso receitar-lhe simples curativos, tranquilidade e silêncio total para que o restabelecimento completo aconteça sem dificuldades.

A baronesa ficou muito feliz e expressou ao barão o seu ardente reconhecimento. Ela visitava o filho todo dia, sentando-se ao lado de sua cama; mas à medida que a recuperação avançava, suas visitas começaram a rarear. Quando Desidério levantou da cama pela primeira vez, ela quis levá-lo para casa.

Detinguen opôs-se a isso, dizendo que a cabeça do paciente ainda não podia suportar nem o menor estremecimento, e a baronesa cedeu. Mas alguns dias depois, ela disse ao filho que iria ausentar-se por duas semanas para visitar uma amiga muito doente. Na realidade, a baronesa de Vallenrod não suportava a presença de Dagmara. Embora a moça não demonstrasse nenhuma raiva e nunca dissesse uma única palavra sobre o passado, só a presença dela já irritava a baronesa.

As semanas seguintes foram para Desidério como um sonho encantado. Ele não só sentia que estava se recuperando fisicamente, mas também o seu espírito se deliciava com a paz e um interesse intelectual que ele nunca havia experimentado. Pela primeira vez na vida ele estava numa pacífica e saudável atmosfera de uma verdadeira vida familiar, e as horas passavam imperceptíveis, em conversas agradáveis e sempre instrutivas. Agora ele entendia o deslumbramento que Saint-André experimentava na companhia do venerando sábio e de sua filha. Com ingênuo egoísmo, ele ficou feliz quando seu amigo foi chamado pelo pai para resolver problemas familiares e ele pôde deliciar-se sozinho da companhia de Detinguen e, principalmente, de Dagmara. A encantadora garota despertava nele um interesse cada vez maior. A doença aproximou-os de forma involuntária e criou entre eles relações amigáveis que lhes lembravam a infância, mesmo que nenhum do dois jamais tivesse falado do passado.

A baronesa voltou da viagem, e Desidério restabeleceu-se em definitivo, mas não conseguia decidir-se a deixar a Vila. Ele percebia que os encantos de Dagmara eram perigosos, pois, na sua opinião, ela não era rica o bastante para casar com ele e, além disso, sua mãe nunca aprovaria essa união. Apesar da voz da razão, ele não ia embora.

Quando Saint-André voltou, ficou bastante surpreso com a atitude do amigo e, sem acanhamento, disse-lhe que estava mais do que na hora de ele sair de lá.

– Se por bondade e delicadeza, o barão e sua filha não lhe dão a entender que você deve ir embora, então você mesmo deveria perceber que a sua presença excessivamente prolongada nesta casa está comprometendo a condessa Helfenberg. Isso é uma retribuição muito malcriada pelo favor que lhe fizeram.

Desidério, enrolando a ponta do seu bigode, olhou de forma suspeita para o amigo, mas nada respondeu e... ficou.

Alguns dias mais tarde, Saint-André retomou o assunto, mas desta vez num tom menos amigável.

– A sua permanência aqui já está servindo de troça a todos e é motivo das mais animadas discussões. Berta Domberg acha que você ficou noivo – observou ele.

Um forte rubor cobriu a face pálida de Vallenrod.

– Que bobagem! Eu nem penso nisso!

– Tenho certeza disso. Mas, é mais um motivo para acabar com todos estes maldosos boatos – respondeu secamente o conde.

– Devo dizer-lhe que, ontem, na casa da baronesa Shpecht, a sua mãe disse que não sabia como arrancar o filho das "garras do feiticeiro", que o mantém aqui na esperança de capturá-lo para sua pupila, enquanto esta testa em você a força de suas poções mágicas. Todas as mexeriqueiras da cidade estavam lá, e isto obviamente garantirá a divulgação suficiente da fama que Dagmara e seu pai adquirirão pela sua amizade.

A voz de Saint-André soava com irritação e desprezo, e Desidério, ferido em seu orgulho, saltou da poltrona raivoso.

– Mas isso é uma detestável mentira! Não posso acreditar que minha mãe pudesse dizer palavras tão injustas e de pouco tato! – exclamou irado.

– Você poderá verificar isso com facilidade. Só estou transmitindo o que ouvi no clube de oficiais – respondeu secamente o conde.

No dia seguinte, Desidério deixou a casa hospitaleira onde lhe salvaram a vida. Da parte de Detinguen e sua filha, a despedida foi amigável, e, da parte de Desidério, foi calorosa. Ele recebeu o convite de visitar a vila quando o seu serviço e as obrigações mundanas o permitissem.

Ao chegar em casa, ele sentiu um estranho vazio, e a lembrança de Dagmara perseguia-o de forma doentia. A calúnia espalhada pela mãe era muito desagradável e, mesmo que ele nem pensasse em casar com Dagmara, a ideia de que Saint-André pudesse fazê-lo deixava-o furioso. Ele começava a sentir uma certa hostilidade pelo conde e já alimentava um ódio por Friedrich Domberg, que cortejava Dagmara abertamente.

Apesar da cena agitada com a mãe, Desidério continuou a frequentar com assiduidade a vila. Dagmara recebia-o amigavelmente como também o barão, que não prestava atenção a boatos; mas Vallenrod, para desarmar as más línguas e esconder da sociedade as suas intenções, passou também a frequentar a casa dos Domberg. Ele manobrou com tanta perícia, que logo ninguém mais sabia se preferia Berta ou Dagmara.

Tal era a situação, quando surgiu na cidade uma nova beldade que atraiu a atenção do jovem pândego. O posto de engenheiro-chefe das minas de carvão, próximas à capital e de propriedade do duque, foi ocupado por um nativo do norte, um certo Von

Rambach. Antes, ele administrara com sucesso grandes minas e ficou famoso com o livro que escrevera sobre extração de carvão. Sua indicação provocou uma surda insatisfação entre os engenheiros locais, e ele foi recebido com hostilidade; mas Rambach parecia não notar isto. Era um homem entre quarenta e cinco e cinquenta anos, míope, pouco comunicativo, desajeitado, e tão ocupado com a própria especialidade, que, para ele, nada existia além disso. Sua esposa, em compensação, foi reconhecida por todos como muito amável e encantadora. Dina Von-Rambach era uma mulher da sociedade e era tão alegre e amável quanto o seu marido era calado e contido. Visitando a todos, obrigou toda a cidade a falar dos seus luxuosos vestidos. Logo a sua sala de visitas transformou-se no centro dos maiores representantes do mundo financeiro e burocrático e, em especial, da juventude "dourada", da qual fazia parte Desidério Vallenrod.

Foi por ele que Dina Von-Rambach ficou sabendo da Vila Egípcia, que a espantou pela sua original arquitetura e porque lá moravam Detinguen e sua filha adotiva.

– Como? Então Dagmara Helfenberg mora aqui?– surpreendeu-se Dina. – Ela é minha amiga de infância, e vou visitá-la amanhã mesmo. Tenho as melhores lembranças do seu caráter maravilhoso.

Desidério não via por que para ele poderia ser desagradável a possibilidade de uma amizade entre Dagmara e Dina Von-Rambach e ofereceu-se para acompanhá-la, mas Dina recusou sua proposta, dizendo que preferia ir sozinha e avisar Dagmara por carta da sua visita.

Quando, no dia seguinte, Dina chegou à vila, Dagmara viu-a da janela e correu para receber sua antiga amiga no saguão. Enquanto elas se dirigiam à sala de visitas, ambas olharam-se com curiosidade.

–Como você ficou linda, Dina! – exclamou Dagmara. – E que maravilhoso chapéu! Vejo que seus gostos não mudaram nem um pouco – acrescentou, rindo.

– Da semente de carvalho só pode nascer um carvalho. Eu permaneci excêntrica como sempre. E você, minha pequenina "santinha", transformou-se em "fada Viviana", a dona do castelo "Brosselion" respondeu alegremente Dina. – Diga-me, continua a manter contato com a família dos Reigerns?– perguntou ela, após um instante de silêncio.

– Claro que sim! Nós nos correspondemos regularmente e, no verão passado, o titio e a titia vieram visitar-nos. Eles envelheceram muito e se sentem solitários. Felizmente, Alfredo foi designado como auxiliar do tio Gothold. Isso foi uma grande alegria para eles.

– E por onde anda o filho mais velho – Lotar? O que aconteceu com ele? – perguntou surdamente Dina.

– Com ele não tive nenhum contato desde que saiu do pastorado. Ouvi dizer que se formou médico e já goza de ótima reputação.

Dina passou a mão no rosto, como se quisesse espantar um pensamento incômodo e, em seguida, mudou de assunto. Com sua peculiar animação, contou a Dagmara que, após fugir da casa do pastor, ficou alojada na casa de outra parente – uma mulher severa e séria – que a vigiava como a uma prisioneira. Foi na casa daquela mulher que ela conheceu o marido, aceitando casar-se com ele para livrar-se daquela situação.

– Ernest é um molenga. Avarento, ciumento e insuportável. Mas aceitei ser sua esposa para obter o status de mulher casada; além disso, a sua riqueza seduziu-me. Infelizmente, em vão! Não recebi o quanto imaginava. Digamos que o matrimônio tem algumas qualidades; mas ele é também uma humilhante escravidão. É muito difícil pagar o pão de cada dia obtido desta forma – acrescentou Dina.

Com uma franqueza que provocou um mal-estar em Dagmara, ela contou algumas cenas desagradáveis de sua vida conjugal. O ódio ao marido, que soava em cada palavra, espantou e entristeceu a jovem.

– Pobre Dina! Vejo que o luxo e os prazeres não lhe trouxeram felicidade. Mas por que não esperou? Talvez encontrasse uma pessoa de que gostasse. Parece-me horrível viver com uma pessoa que você odeia.

Os olhos negros de Dina faiscaram, e ela soltou uma sonora gargalhada. A ira e a tristeza soaram em sua voz quando disse:

BEM-AVENTURADOS OS POBRES DE ESPÍRITO

– Minha ingênua "fada Viviana"! Você ainda acredita no amor? Isto só é possível dentro das paredes do seu castelo encantado; na vida real as pessoas são dirigidas pela ambição, cálculo, hipocrisia e sensualidade. A única satisfação verdadeira que a vida nos dá é a riqueza e a vingança. Dagmara, você não imagina a alegria que se sente quando conseguimos vingar-nos de alguém que nos ofendeu. Lembra que tive um noivo antes da minha mudança para a casa do pastor? Quando meu pai faliu e morreu, a família dele deu-me as costas com desprezo. Imagine que, no ano passado, encontrei-o em Berlim. Ele sempre foi loucamente apaixonado por mim e se arrastou aos meus pés, como um verme, implorando o perdão. Permaneci impassível e senti-me triunfante, vendo o seu sofrimento. Lembro-me também de outro homem, o Reiguern! Ele prometia casar comigo, mas depois, achando-me incômoda, mandou-me ficar com titia.

A voz de Dina soava com ódio, e seus dentes brancos mordiam nervosamente o lábio inferior.

– Lembre-se, Dagmara, de que todos os homens são cruéis, egoístas, devassos e traidores. Contra eles a mulher tem o direito de utilizar todo tipo de esperteza e mentira. O seu famoso "amor" nada mais é do que uma baixeza calculada ou um capricho momentâneo. Somente quando você começar a pagar-lhes na mesma moeda, passando a maltratar e enganar da mesma forma que eles nos enganam e, depois, jogá-los fora como um lenço usado – você será feliz, todos a admirarão, e eles começarão a arrastar-se aos seus pés e permitirão com prazer que você os chute.

Os olhos de Dina faiscavam sombrios, e o ódio e a amargura deformaram o seu bonito rosto. Dagmara olhava-a com horror. Sua natureza pura e harmônica era incapaz de descer ao abismo cavado no espírito sensual de Dina pelas más tendências naturais do gênero humano e da esperteza.

Dina percebeu o que Dagmara sentia e, agarrando-lhe a mão, apertou-a sofregamente.

– Eu lhe inspiro medo e repulsa, não é verdade? Isso porque você permaneceu com a alma pura e sem vícios, pois o seu benfeitor compôs a essência do seu caráter. Mas o ideal que você almeja – e que não existe na Terra – fará de você uma infeliz. Você, desarmada, cairá sob os golpes dos maus. Creia-me, não sou mais aquela doida pensionista: sou uma mulher madura pela experiência e não pela idade. Já bebi da taça dos prazeres da vida, por vezes com paixão, por vezes com ódio, e me convenci de que se deve sempre estar alerta, sempre pronta para defender-se dos inimigos que nos cercam. Cada uma das pessoas que lhe aperta a mão com sorrisos e adulações a jogará na lama e a caluniará assim que você virar-lhe as costas. Todos vão invejá-la em tudo – até em seus "pecadinhos" – que condenam não por temerem o mal, mas somente porque não podem competir com você ou porque estão impossibilitados de pecar. Não me repudie, Dagmara: sinto-me bem demais na atmosfera pura que a cerca. Perto de você não preciso fingir, nem mentir, e isto, às vezes, é muito difícil.

Nas últimas palavras de Dina percebia-se e todo o caos que reinava em sua alma. Dagmara, comovida, beijou-a com solidariedade.

– Venha visitar-me sempre! Juntas tentaremos restaurar o equilíbrio do seu espírito.

– Mas, espero que você também me visite. Não vou permitir que fique definhando no seu velho castelo. Você irá trabalhar no meu aperfeiçoamento, enquanto eu vou armá-la para a luta da vida – respondeu Dina já recomposta e readquirindo o bom humor.

A partir desse dia, as amigas passaram a se encontrar com assiduidade. Apesar do abismo que separava suas opiniões e convicções, elas se aproximaram, discutiam, julgavam uma a outra, mas sem qualquer amargura ou ressentimento.

A energia de Dina e sua grande experiência em relação ao mundano e à vida em si influenciavam Dagmara, apesar de esta desaprovar muitas atitudes da amiga. Dina, por sua vez, apegou-se sinceramente a Dagmara, que era a única pessoa cujo conselho ouvia e pelo qual estava pronta a sacrificar algo. Essa proximidade não agradou nada a Desidério e ele, certa vez, expressou a Saint-André a sua surpresa sobre Detinguen permitir que sua filha visitasse uma pessoa tão leviana e de reputação duvidosa.

— Concordo com o barão, cuja opinião é a de que a condessa Dagmara não precisa temer nenhuma contaminação moral. Já a sua influência pura pode ser benéfica para a senhora Rambach – respondeu calmamente o conde.

E a conversa mudou para outros assuntos.

Desidério ocultou a insatisfação e, mais tarde, com a sagacidade que lhe era peculiar, evitava encontrar as duas amigas juntas, visitando-as separadamente. Entretanto, um dia o infeliz acaso trouxe Dagmara à casa de Dina, justo quando lá se encontrava Vallenrod. A conversa ficou amena, e Desidério retirou-se rápido, alegando problemas no serviço.

Mal ele saiu, Dina soltou uma forte gargalhada. Notando o espanto de Dagmara, ela observou irônica:

— Você percebeu como o pobre barão ficou calado e sisudo? Ele estava se sentindo como uma raposa que caiu na armadilha.

— E por quê?

— Porque, em sua presença, ele deve portar-se como catão[1], e isso o impedia de fazer o papel de conquistador na minha frente. Preciso contar-lhe que ele quer ser meu amante e... Ela se calou por um instante, percebendo que o rosto de Dagmara enrubescera.

— Ah! Está com ciúmes, querida? Bem, neste caso prometo-lhe que, para sua satisfação, vou colocá-lo para correr.

— Mas é claro que não! Não me interessam as aventuras do tenente Vallenrod. Se você quer sujar-se, arrumando um amante, para mim pouco importa quem ele seja.

— Não importa o que digam, mas amo a vida, o amor e brilhantes. O pensamento de ter um amante há muito não me assusta. Mas, Deus me livre escolher o Desidério, quando percebo que isso não lhe agrada! – Francamente! E para quê? Posso trocá-lo pelo conde de Stal. Ele é mais rico e – o principal – mais generoso que Vallenrod. Você enxerga nele inúmeras qualidades ideais? Eu lhe digo que é igual aos outros e ainda pior, porque quer deliciar-se sem abrir a carteira, pensando que só a pessoa dele já é suficiente. Esse tipo de homem não terá sucesso com mulheres que se respeitam. Eu, decididamente, não farei nenhum sacrifício, desistindo do seu amor "desinteressado".

---

[1] *Catão: diz-se de ou indivíduo de princípios e costumes excessivamente rígidos e severos.*

Dagmara nada respondeu e baixou a cabeça. Ela tentava encontrar em Desidério boas qualidades, pelo fato de ele lhe agradar mais do que os outros; agora uma voz interior soprava-lhe que Dina estava certa. Esse sentimento ficou mais forte quando ela percebeu que Desidério repentinamente começou a tratar Dina com ódio mal disfarçado. Criticava a sua falta de moral, sentia pena do marido e dava a entender que ela saía com um dos seus colegas. Dagmara achou que era seu dever avisar Dina dos boatos que corriam sobre ela, mas esta só fez rir.

– Caluniando-me, o senhor Vallenrod tenta vingar-se da derrota. Eu zombo de sua fúria. Ah, se você visse a cara do "conquistador irresistível" quando mantive a minha promessa e coloquei-o para fora de casa!

Capítulo IX

Naquela época, uma notícia inesperada deixou Dagmara muito preocupada e provocou longas discussões na corte do duque. O velho médico do duque faleceu, e todos esperavam que o lugar do falecido fosse ocupado pelo seu genro e assistente; mas Franz-Erich nomeou para aquele alto e bem-remunerado posto um médico muito jovem que obtivera grande notoriedade, graças a algumas curas incríveis. Este escolhido do destino não era outro senão Lotar Reiguern que, afortunadamente, conseguira salvar a filha do duque, já à beira da morte.

Ao saber da nomeação do amigo de infância, Dagmara ficou felicíssima e foi de imediato visitar Dina para contar a novidade. Mas a preocupação e a palidez desta obrigaram Dagmara a refletir e chegar à conclusão que Dina ainda guardava pelo seu ex-namorado um sentimento profundo que não saberia dizer se era amor ou ódio.

A chegada do novo médico-chefe, sua apresentação à corte e as visitas – tudo isso foi tema dos assuntos da cidade durante uma semana. Uns não cansavam de elogiar o conhecimento, a amabilidade e a bela aparência do recém-chegado; outros, em sua maioria partidários do pretendente ao cargo, criticavam o jovem médico de todas as maneiras, acusando-o de materialista, ateu e radical, transformando-o quase em um criminoso nacional e inimigo do duque. Dagmara irritava-se com tais críticas, lançando-se em defesa do amigo e aguardando com impaciência ver pessoalmente em que ele se transformara depois de todos aqueles anos.

Por fim, uma semana depois, uma luxuosa carruagem parou em frente à Vila Egípcia, e o criado entregou a Dagmara o cartão de visitas do doutor Reiguern.

Contente, ela ordenou que o recebessem e correu ao seu encontro; encontraram-se no gabinete anexo à sala de visitas.

– Finalmente você apareceu, Lotar! Eu já imaginava que você havia se esquecido de mim! – exclamou, estendendo-lhe ambas as mãos.

O rapaz segurou-as, e por várias vezes, levou-as aos lábios.

– Você me repreende por algo em que também não acredita. Mas antes de desmentir a sua não-merecida suspeita, permita-me agradecer por esta recepção tão amigável que nem ousava esperar respondeu Lotar, olhando-a com gratidão.

Dagmara riu.

– Você não tinha motivos para imaginar que iria recebê-lo com cerimônias. Venha comigo! Quero mostrar-lhe a sala de visitas e a biblioteca. Meu pai está ocupado no laboratório, e não posso agora apresentar você a ele; mas fique para o almoço. Enquanto lhe sirvo o desjejum, nós conversaremos. Isto se concordar em ser nosso prisioneiro.

– Entrego-me inteiramente à sua disposição e, se me permitir, ficarei aqui pelo tempo que Tanhauser passou na gruta de Vênus.

Dagmara, que subia a escada à sua frente, virou-se e ameaçou-o com o dedo em riste.

– Nota-se que o amor ocupa seus pensamentos. Não é à toa que dizem que você virou a cabeça de todas as mulheres da cidade. Aliás, isto é desculpável: você é um rapaz muito bonito.

– Pelo amor de Deus, Dagmara, não fale assim! Mesmo que a sua opinião seja lisonjeira para mim, ela já foi dita por tantas bocas pouco simpáticas que, francamente, estou farto.

– Calma! Nem sempre vou mimá-lo com elogios – respondeu ela, rindo.

Após o desjejum, os jovens passaram para a pequena sala de visitas. Dagmara pediu-lhe que contasse o que acontecera durante todo aquele tempo de separação.

Lotar descreveu de forma sincera e entusiasmada todas as peripécias de sua vida de trabalho, lutas, infortúnios e, finalmente, o triunfo, quando chegou ao topo, adquirindo a independência financeira. Quando terminou o seu relato, houve um prolongado silêncio. De repente, Dagmara aproximou-se e perguntou:

– Lotar! Por que não faz as pazes com o seu pai? A titia sofre muito com o desentendimento entre vocês.

Reiguern suspirou profundamente.

– Meu pai não quer isso. Ele não pode perdoar as minhas convicções antirreligiosas e também o fato de ter trocado a carreira de pastor pela medicina. Entretanto, será que dá para comparar a mísera subsistência de um pastor de aldeia à posição brilhante que conquistei e que me dará independência e tranquilidade na velhice?

– E você continua a não crer em Deus? – perguntou baixinho e timidamente Dagmara.

O jovem médico levantou a cabeça e seus olhos flamejaram.

– Mais do que nunca, duvido da Providência. É preciso ver – como vejo todo dia – a morte, sofrimentos e miséria sob todas as formas. É preciso visitar todos aqueles horríveis covis onde vegetam e morrem os desafortunados para não acreditar na invenção da "misericórdia divina". Eu não poderia ser um sacerdote, pois é o sacerdote que vem para consolar estes infelizes, falando-lhes de uma "misericórdia" que não existe e de uma "justiça" que é a mais cruel das injustiças, ou, ainda, prometendo o distante "paraíso" como recompensa pela vida, que foi um inferno para eles. E ameaçam a menor queixa com a ira celestial que condena e dizima estes pobretões, antes mesmo que eles pequem. Não, eu nunca vi um Deus justo e bom; por todo lugar, o destino do homem é dirigido pelo cego, bruto e impiedoso acaso.

Dagmara baixou a cabeça. Ela lembrou-se das dúvidas que

perturbavam a sua consciência, à medida que o seu conhecimento aumentava e transformava a sua ideia inicial de Deus patriarcal, bondoso e simples, a Quem dirigia as suas preces infantis.

– Dagmara!... Você também não acredita em Deus como antes! – exclamou Lotar, captando a expressão estranha no rosto da moça.

A jovem levantou a cabeça, e o seu olhar límpido e tranquilo como um raio de luz iluminou os olhos sombrios e flamejantes do seu interlocutor.

– Não, Lotar, eu creio em Deus com todas as forças do meu espírito, mas entendo-O de forma diferente da que achava antes. Agora, para mim, Ele já não é mais o Deus do Velho Testamento: parcial, vingativo e intolerante, ou seja, uma imagem distorcida do Ser Supremo, na forma que criaram para si as pessoas, rebaixando-O ao nível de seus interesses vulgares e dotando-O de suas próprias ambições e fraquezas. Não! O Deus que venero é uma força criadora que dirige o universo, um Ser Supremo que não pode ser compreendido pela nossa fraca mente. Ele paira sobre este universo infinito e incomensurável como Ele próprio, em permanente criação e mantém a ordem e a harmonia que nós vemos por todo lugar no infinito com suas leis imutáveis. A vontade Dele, que não podemos entender, dirige com igual distinção a vida e o destino, tanto de uma nebulosa quanto de qualquer átomo; as leis químicas estabelecem a permuta de todas as substâncias, mas a existência destas leis imutáveis garante a harmonia de suas inter-relações, pois estas leis são as mesmas para tudo no mundo, desde o átomo até as estrelas. Isso significa que Deus não julga e nem condena. O próprio homem transgride as leis às quais é submetido, alterando o equilíbrio e transformando-se em vítima da própria desordem. Os grandes pensadores dos templos chamaram Deus de "Indefinível". "Aquele que sempre existiu e não tem fim". Desse ponto de vista, Deus – é o início de tudo que existe, de cuja grandeza temos somente uma vaga ideia, que está longe demais das nossas misérias humanas e não pode ser confidente das nossas tristezas. Apesar disso, existe uma ligação direta de nós com o Ser Supremo – é a prece sincera e fervorosa, um impulso de nossa alma, que é originária de Sua respiração e que, através de purificação e sofrimento, almeja retornar novamente à sua fonte de origem.

O rosto encantador de Dagmara animava-se à medida que expunha a sua crença e a luz do conhecimento superior luzia em seu olhar. Lotar ouvia-a em silêncio, como se estivesse encantado. A grandeza desse conceito filosófico de Deus deixava-o perplexo; abalava as suas convicções materialistas e enfraquecia as armas cunhadas contra o "Jeová" de Moisés.

– De onde aprendeu isso? Quem lhe ensinou tal conceito de Deus?

– Sou pupila do meu pai adotivo, que passou muito tempo na Índia, estudando a sabedoria dos antigos. Diante das grandes verdades ensinadas e comprovadas por esta ciência antiga, o ateísmo derrete como cera ao sol. Lotar, aquela benéfica não-existência que aparentemente consome a existência humana como um gás decomposto – não existe. A alma humana é indestrutível e eterna, como Aquele que a criou; e a morte – é um tipo conhecido de transformação de matéria, que passa, sob certas condições, do estado sólido para gasoso. Você sabe que na natureza nada se perde, transformando-se e vivendo sob nova forma. Acrescente aos seus estreitos conhecimentos a ciência do ocultismo, estude o enorme campo do espiritismo, a função capital da influência do espírito sobre o corpo e então você obterá a verdadeira chave para aliviar o sofrimento humano. Meu pai não é médico, mas cura doenças reconhecidas como incuráveis pela sua medicina.

Lotar ouvia-a com os olhos brilhando.

– Tudo o que me disse é muito interessante. Você está abrindo para mim ideias novas e surpreendentes, que coloco acima do palavreado vazio clerical com o paraíso chato e o inferno infantil. Estou querendo, cada vez mais, conhecer o seu pai adotivo.

– Você o verá no almoço.

– Espero que ele me permita visitá-los mais vezes, para descansar do meu trabalho cansativo. Muitas vezes me sinto só e fraco.

– Você sabia que aqui na cidade mora Dina, sua antiga paixão? Só que ela está casada com o engenheiro Rambach!– informou Dagmara, sorrindo maliciosa.

Um sorriso de desprezo passou pelos lábios do jovem médico.

– Numa das casas que visitei, encontrei a senhora Rambach, mas fiz de conta que não a conhecia.

– Por quê? Você ainda sente raiva por ela ter casado? Eu sei que você era louco por ela e queria casar.

– Felizmente, não o fiz, e ela foi bastante esperta para casar sem me esperar – respondeu zombeteiro Lotar.

– Mas Dina é muito bonita e tem muitos admiradores.

– Até demais! Ouvi sobre isso boatos não muito lisonjeiros ao seu marido. Além do mais, ela não me agrada. Seus modos são muito espalhafatosos, e seu olhar muito atrevido. Mesmo sendo um "materialista", nas mulheres eu procuro ideais e aquele imperceptível encanto benéfico.

– Pobre Dina! Ela ficará muito desapontada quando perceber quão severamente você a julga. Suspeito que ela guarda de você as melhores recordações – disse Dagmara, rindo. – Mas venha! Já estão chamando para o almoço, e meu pai não gosta de esperar.

A partir desse dia, Lotar virou um assíduo visitante da vila e passava lá todas as suas tardes livres. Nessas visitas sempre começavam barulhentas, mas amigáveis discussões entre o velho sábio ocultista e o jovem ateu, cada um defendendo as próprias teorias. Lotar ficava vermelho e nervoso quando Detinguen afirmava que todos os médicos são ignorantes, que tateiam na escuridão da matéria e se negam terminantemente a iluminar esta escuridão com a luz da "alma".

Saint-André por vezes estava presente às discussões, mas a sua participação sempre era modesta. Ele passou a diminuir as suas visitas a Detinguen. O rapaz percebia que o seu sentimento por Dagmara assumira dimensões perigosas e, como a garota tratava-o como um irmão, ele receava dar maior vazão a seu amor, que o deixaria infeliz.

Já Desidério continuava a visitar a casa de Detinguen. Só que agora ele era motivado pelo surdo ciúme do jovem médico, mas, para evitar suspeitas comprometedoras, ele, com a sua típica "racionalidade" e ambiguidade, continuava a cortejar Berta Domberg. Desidério executava tão bem suas manobras que as comadres da cidade se atrapalhavam e não conseguiam decidir qual das duas moças tinha maior chance de ser a escolhida.

Dagmara era muito observadora e percebeu que Saint-André a amava e, por isso, analisava o próprio coração. Ela se afeiçoou muito àquele simpático rapaz, mas, infelizmente, só sentia por ele amor fraternal, e o pensamento de casar com ele repugnava-a. Quanto a Desidério, ela sentia algo bem complexo, que por vezes não entendia. Em sua presença, ela sentia um surpreendente bem-estar e parecia que dele emanava uma vitalidade, enchendo-a de novas forças e energia. Quando Desidério deixava de aparecer por alguns dias, ela era dominada por um torpor e um estado de nervos crescente que desapareciam com a chegada do rapaz. Ela chegava a adivinhar a sua vinda pela sensação agradável de calor e um tremor interior que a irritavam, ainda que, após esses indicadores infalíveis da chegada do barão, sentisse um bem-estar geral. Um acontecimento inesperado convenceu ainda mais Dagmara de que Desidério tinha sobre ela uma inexplicável influência.

Certa vez, numa reunião no palácio da duquesa enviuvada, a alta roda ocupava-se do jogo da moda – adivinhação de pensamentos. Desidério desempenhava o papel principal, pois as suas ordens eram mais bem executadas pelos sugestionados.

Dagmara, pensativa e nervosa, recusou-se a participar das experiências e estava sentada a distância, quando dela se aproximou Vallenrod que, sorrindo, levantou as duas mãos e bradou:

– Caprichosa "fada Viviana"! A senhorita se nega a participar do nosso jogo? Neste caso, ordeno-lhe que durma!

Dagmara sentiu algo queimando o seu coração, e uma corrente de fogo percorreu o seu corpo. Sentiu-se tonta, o olhar apagou, e sua cabeça caiu sobre o espaldar da poltrona. Desidério, surpreso com o efeito inesperado da sua brincadeira, debruçou-se sobre a adormecida e pegou na sua mão. Certificando-se de que ela se encontrava num estado de completa catalepsia, ele se assustou e tentou despertá-la o mais rapidamente possível com passes magnéticos. Conseguiu fazê-lo com certa dificuldade, pois a duquesa e os outros presentes atrapalhavam, criticando-o por tentar experiências tão perigosas.

Quando Dagmara acordou, sentiu uma terrível fraqueza e recebeu friamente as desculpas do barão, que afirmava que não queria e nem previa aquela situação inesperada. Em seguida, ela foi para casa.

A partir daquela tarde, Dagmara sofreu uma estranha mudança. Todo o seu amor-próprio se ressentia, ao pensar que estava submissa ao misterioso poder de um homem em quem não confiava, percebendo instintivamente que, apesar da amabilidade e visitas constantes, ele não a amava com sinceridade. Entretanto, mesmo convicta disso, ela ansiava pela sua presença, e o olhar e o aperto de mão de Desidério pareciam influir nos seus fluxos vitais.

Dagmara se perguntava, assustada, se aquilo não seria um amor inconsciente pelo barão, mas logo se convenceu de que o seu espírito estava livre e que somente seu "corpo" estava escravizado por alguma força poderosa, que sua vontade e orgulho não conseguiam vencer.

A descoberta dessa situação teve um efeito terrível em Dagmara. Ela emagreceu, ficou pálida, perdeu o apetite, e o seu estado nervoso era preocupante.

Desidério logo percebeu a influência que tinha sobre Dagmara, e, por vaidade, convenceu-se de que provocava uma forte paixão na moça. Detinguen, entretanto, vigiava Dagmara com sombria preocupação, conhecendo bem demais a causa psíquica e física do seu estado. Ele próprio também estava doente. A doença do coração, da qual padecia havia tempos, começou a piorar: às vezes ele sentia tonturas, e uma forte dor no peito quase o impedia de respirar.

Certa vez, um ataque desses ocorreu com ele na presença de Reiguern. O jovem médico ajudou-o e depois observou num tom de brincadeira, mas sério:

– Querido barão. Apesar de todo o respeito que tenho pelo seu conhecimento, gostaria de servir à sua e à minha ciência. Permita-me auscultá-lo e depois lhe prescrever alguma beberagem insuportável que o senhor engolirá com desprezo. O senhor deverá fazer isso por Dagmara e por seus amigos.

O barão sorriu.

– Estamos sós e posso dizer-lhe com sinceridade que, para a doença que tenho, não existem remédios. Para a morte, quando chegar a hora, qualquer ciência é inútil. Digo-lhe mais. Não tenho mais do que oito ou dez meses de vida. Ausculte-me e irá convencer-se de que estou certo.

Lotar, após examinar o paciente, ficou pálido e, em silêncio, encostou-se na escrivaninha.

– E então, meu amigo? Por seu semblante percebo que o meu diagnóstico estava correto. Entretanto, quero a sua opinião sincera – continuou Detinguen, apertando amigavelmente a mão do médico. – Pensa que tenho medo da morte? Acredite-me, ela é assustadora apenas para os "ignorantes", que imaginam que tudo termina no túmulo e que o seu ser transforma-se em nada. Para mim, a morte é uma "transformação" periódica, uma conhecida "fase" da vida, necessária para o aperfeiçoamento do espírito. Só não gostaria que Dagmara soubesse do meu estado. Seria muito difícil para ela.

Dagmara, às voltas com o seu problema espiritual, evitava a sociedade, alegando que a doença do pai lhe tomava todo o tempo. Até Dina ela passou a ver mais raramente e nem percebeu a mudança ocorrida no caráter e maneiras da amiga. Dina ou mergulhava no turbilhão de prazeres, surpreendendo a todos com suas artes, vestidos e denguices, ou trancava-se em casa, isolando-se, inacessível aos inúmeros admiradores desesperados.

Essa inconstância de caráter teve início a partir do dia em que recebeu a visita de doutor Reiguern. Lotar foi visitá-la como médico, convidado por Dina para ver o marido, que se resfriara. O jovem médico fingiu não reconhecê-la, mas quando ficaram a sós no gabinete, aonde foi conduzido pela senhora Von-Rambach para prescrever a receita, Dina tocou a sua mão e perguntou com voz trêmula:

– Senhor Reiguern! O senhor não me reconhece ou não quer reconhecer?

Lotar levantou a cabeça, e o seu olhar calmo e gélido suportou o ardor dos brilhantes olhos de Dina.

– Pensei que não seria agradável à senhora se eu a reconhecesse.

– Mas por quê? Nunca me arrependo dos meus atos e não

considero crime acalentar sonhos que, na verdade, foram destruídos pela realidade.

Lotar ficou um pouco sisudo e respondeu, evitando o periclitante tema:

– A senhora tem razão. Os sonhos da adolescência devem desvanecer-se pela razão que a senhora chama seriamente de "realidade". Eis a receita. Por favor, dê este xarope ao seu marido nos horários prescritos. Amanhã eu volto.

– Volta como médico ou como velho conhecido? – perguntou Dina, com um sorriso forçado.

Reiguern fez uma reverência.

– Já que a senhora permite, não deixarei de aproveitar este amável convite.

A partir desse dia, começou uma estranha relação entre os ex-apaixonados. O doutor aparecia com frequência nas recepções na casa de Dina e percebia que ela se consumia de paixão por ele. Mesmo assim, ele nunca passou dos limites da razão contida, permanecendo surdo e cego a todos os seus avanços. Não que tivesse receio de cair na rede da perigosa sereia, mas é que havia um novo e poderoso sentimento que o deixava indiferente a todas as seduções de Dina Rambach.

Esse sentimento era por Dagmara. Sua delicada beleza, sua alma pura e orgulhosa, e a mente desenvolvida de forma extraordinária – tudo isso encantava o jovem médico e, em seu espírito, calou fundo o desejo de torná-la sua esposa. Ele encarava Saint-André, Domberg e Vallenrod com olhar ciumento, entretanto, logo percebeu que precisava preocupar-se apenas com o asqueroso Desidério, que odiou pela preferência que a moça lhe dava.

Todavia, o que mais irritava Lotar eram os boatos que corriam sobre Dagmara e Vallenrod. Este último passou a frequentar cada vez menos a casa dos Domberg e a cortejar abertamente a condessa. E o fazia sem nenhum cuidado, pois sabia que nem Detinguen e nem sua filha nada fariam para dominá-lo.

Essa era a situação quando, um dia, Dagmara voltou do passeio antes da hora costumeira e soube pelo velho mordomo que Saint-André e Desidério estavam no gabinete de Detinguen, aguardando a volta deste da cidade.

Antes de subir para seus aposentos para trocar o traje de amazona, Dagmara dirigiu-se ao gabinete. Ela queria dizer aos jovens que seu pai voltaria dentro de uma hora e oferecer-lhes algo para comer. O grosso tapete abafou o som de seus passos e, absorta nos próprios pensamentos, ela não prestou atenção à conversa em voz alta, que provinha do gabinete.

De repente, Saint-André pronunciou o nome dela, fazendo-a estremecer e parar indecisa a alguns passos da porta.

– Eu repito, se você é uma pessoa honesta, então vai pôr um fim a esta comédia indigna. Todos aguardam o anúncio de seu noivado, e os companheiros acham que é sua obrigação. Você manobrou espertamente entre Berta e a condessa, mas, por fim, deixou a Domberg. Isso é bem compreensível, pois você acredita que a sua posição com o duque está bem firme. Neste caso, você deve se declarar a Dagmara – dizia Saint-André com amargura e irritação.

A voz de Desidério tremia de raiva, quando ele respondeu:

– Ora essa! Quero ver quem irá obrigar a declarar-me, se não tenho nenhuma intenção de casar!

– Se não tem tal intenção, então preserve a reputação da moça e não finja ser seu pretendente. Você levou este jogo longe demais. Se não quer que as pessoas honestas considerem-no um patife, deve casar com a condessa Helfenberg, isto é, se ela o aceitar como marido.

– Ah-Ah! – respondeu Desidério com um riso irônico, que repercutiu mal em Dagmara.

Aquela pequena exclamação continha tanta autoconfiança e vaidade, não permitindo nem sombra de dúvida quanto à aceitação da proposta, que o rosto da moça ficou vermelho. Dagmara correu para seus aposentos e, jogando-se no divã, chorou convulsivamente.

Um sentimento de indescritível tristeza e de amor-próprio ferido apertou o seu coração. Apesar do que diziam de Vallenrod, Dagmara acreditava que ele a amava e procurava neste sentimento um alívio para a humilhante consciência de ser escrava de sua força oculta. Se ele a amasse, esta estranha prisão não seria um grande mal, e ela se submeteria de bom grado. Apesar da instintiva desconfiança que por vezes despertava, ela se consolava, sonhando com o futuro e vendo em Desidério qualidades espirituais tão atraentes quanto a sua aparência externa...

Agora, de repente, ela percebia que ele não a amava, usando-a como cobertura para seu jogo duplo, que deveria garantir para ele a vaga de ajudante-de-ordem e, ao mesmo tempo, livrá-lo de Berta Domberg. Dagmara franziu a testa, e em seus olhos, acendeu-se um sombrio fogo. Dina estava certa: sob a luxuosa embalagem, o barão escondia um coração frio, um egoísmo cego e vaidade. Se agora ele a pedisse em casamento, iria fazê-lo por insistência dos companheiros, para preservar a reputação dela, que comprometera arbitrariamente... E ele não tinha dúvidas de que seria aceito com entusiasmo – o expressivo riso de Desidério soava zombeteiro em seus ouvidos. Com o rosto em brasa, Dagmara pulou do divã.

– Vou mostrar-lhe que ele não é nem um pouco irresistível e que não quero o seu sacrifício. Vou deixar que continue livre para todas as suas futuras sujeiras! – pensava ela, andando nervosa pelo quarto.

Mas esse nervosismo foi passageiro e, parando diante da pia do toalete, Dagmara lavou o rosto com água fria. Ela sentiu um vazio interior, seu universo de sentimentos e esperanças desmoronou e desapareceu num abismo sem fundo. Mas a sua alma, bondosa e disciplinada na arte do autodomínio, não vacilou; uma hora depois ela apareceu na sala de visitas e nada, exceto a palidez, demonstrava a tempestade que havia passado em sua alma. Ela conversou como sempre, e os dois oficiais saíram sem suspeitar que ela ouvira a sua conversa.

Ao voltar para casa, o barão trancou-se em seus aposentos e, por muito tempo, estudou o problema que o preocupava. Era difícil evitar o casamento, devido à opinião pública, e isso significava que devia submeter-se. Quanto ao assentimento de Dagmara, ele não duvidava disso nem por um segundo.

A garota era, sem dúvida, encantadora, honesta e lhe agradava muito; também devia levar-se em conta o seu poder oculto, que seria muito importante, principalmente a partir do instante em que tal poder estivesse à sua disposição. Além disso, ela era tão ingênua e confiante, que nunca iria incomodá-lo. Ele poderia continuar a sua costumeira vida de solteiro, com liberdade ainda maior, pois livrar-se-ia do rígido controle da mãe.

Esse inesperado pensamento fez Desidério endireitar-se. Ele percebeu que se livraria de uma incômoda e cansativa carga e saltaria para a liberdade.

É claro que ele amava muito a mãe e reconhecia seus cuidados, amor e sacrifícios, mas ela o sufocava, obrigando a relatar-lhe as suas façanhas e inventar mentiras para relaxar a sua vigilância ciumenta. Ele sempre sentiu a sua mão pesada segurando com firmeza a carteira. É verdade que ela não ligava para suas aventuras amorosas e nunca o repreendeu por façanhas que a sua própria consciência rotulava timidamente como más e indignas; mas tal condescendência da mãe era um prêmio muito pequeno por sua tirania geral, e a liberdade irrestrita era infinitamente preferível.

Apesar da inabalável decisão de casar, Vallenrod passou uma semana sem aparecer na Vila Egípcia. O motivo disso é que não tinha coragem para contar à mãe sobre a sua decisão. Ele temia sua ira, sabedor do ódio que a baronesa nutria pela filha de sua antiga adversária, que não perdoou, nem no túmulo, por Gunter amá-la...

Mas, um dia, ele ordenou que selassem o seu cavalo e foi tomar o desjejum, decidido a falar com a mãe. Ele quase não tocou na comida, tomando apenas alguns copos de vinho. A baronesa observava-o em silêncio e por fim perguntou:

– O que você tem, Desidério? Estou observando há alguns dias que você está muito estranho. Está com dívidas ou problemas no serviço? Desilusões amorosas? E por que ontem você não foi à casa dos Domberg? Já é a terceira vez que você declina indelicadamente o convite deles. Na minha opinião, você deve dar um basta a isso e declarar-se à Berta. Ela é um partido brilhante. A maravilhosa propriedade Erlengof foi adquirida em nome dela.

Desidério levantou-se, colocou o copo na mesa e disse surdamente:

– Eu nunca vou casar com a filha de uma ignóbil porca que nos arruinou e em cuja cama meu pai se suicidou. Minha esposa será a condessa Dagmara Von Helfenberg. Eu a comprometi e devo casar-me com ela.

A baronesa endireitou-se; seu rosto pálido cobriu-se de manchas vermelhas, e os lábios trêmulos negaram-se a obedecer. De repente, ela jogou-se sobre o filho, agarrou-o pelo braço e, agitando-o com força, gritou com voz sibilante e irreconhecível:

– Patife! Idiota vulgar! Para que foi seduzir aquela meninota? Já não lhe chegavam as suas amantes?

Desidério afastou a mão da mãe e, recuando, disse com olhar flamejante:

– Eu não a seduzi e nem tinha intenção de fazê-lo! O meu jogo duplo para manter a vaga de ajudante-de-ordem e enganar Domberg obrigou-me a comprometer Dagmara! Vou agora à Vila e volto de lá noivo! Prepare-se para isso! Minha decisão é inabalável. Não esqueça que você deve minha vida a Detinguen, e sua ira gratuita faz você simplesmente bisonha.

E, sem esperar pela resposta, saiu correndo de casa, montou no cavalo e galopou para a vila.

A baronesa, vendo-se só, começou a correr feito louca pelos quartos e, por fim, teve um forte ataque de nervos. Caiu no divã, soltando fortes gritos e risadas agudas que deixaram a camareira aterrorizada, imaginando que ela havia enlouquecido.

A rápida corrida ao ar livre acalmou um pouco Desidério. Chegando ao bosque que ficava a caminho da vila, ele conteve o cavalo e virou para uma trilha fora da estrada. A trilha era mais longa, mas em compensação, não tinha poeira.

Imerso nos próprios pensamentos, Desidério ia a passo lento quando, de repente, ouviu o tropel de outro cavalo e, por entre as árvores, viu Dagmara que se aproximava, vindo da direção oposta pela mesma trilha.

Nervosa e triste, ela ordenara que lhe selassem um cavalo e decidiu dar um passeio sozinha, como fazia sempre que queria ficar só.

Ao ver o barão, ela ficou um pouco amuada. Aquele encontro não lhe agradava, mas Desidério não deu a mínima importância àquele mau sinal. Ele percebeu com vaidade que Dagmara estava mais pálida e magra e que, nos cantos de sua boca, surgira uma amarga dobra.

"Ah!" – pensou ele. – "Ela está triste com minha longa ausência. Mas mesmo sem a mínima vontade da minha parte, vou agora dissipar esta sombria preocupação e transformar o lírio em uma rosa. E, convenhamos, ela não é nada má" – acrescentou ele, com ar de conhecedor, admirando a formosa e esguia figura de Dagmara.

Estocando o seu cavalo, ele aproximou-se da jovem.

– Condessa – disse ele, depois dos cumprimentos – permita-me acompanhá-la até a Vila. Eu estava me dirigindo para lá na esperança de encontrar a encantadora anfitriã sozinha. Precisamos conversar sobre um assunto muito importante e gostaria de fazê-lo o mais brevemente possível.

Dagmara estremeceu de forma imperceptível, mas sua voz estava firme, quando respondeu:

– Pode falar, barão. Neste instante o bosque está tão vazio quanto a minha sala de visitas. O que quer me dizer?

Uma profunda ruga surgiu na lisa testa de Desidério. A resposta de Dagmara e o seu tom não lhe agradaram nem um pouco.

"Vejam só! Esta garotinha ainda quer exibir-se, quando sei que está ardendo e definhando à espera de minha declaração. Ela me paga!"

Esse pensamento passou por um momento na cabeça do barão, mas o seu rosto expressava a mais profunda ternura.

Aproximando-se de Dagmara, ele a pegou pela mão e murmurou com a voz carinhosa, que tantas vezes o ajudou a atrair em sua rede mulheres incautas que ele queria possuir:

– Eu amo você, Dagmara! Se quisesse, já teria notado isso há muito tempo. Decidi finalmente declarar-me; peço-lhe a mão para que se torne a companheira da minha vida.

A jovem ouviu-o cabisbaixa. Ela tentava captar naquelas palavras uma única nota de sinceridade, ou um impulso do coração. Não encontrando nada parecido, sua alma encheu-se de severa amargura, e ela respondeu friamente:

– A sua proposta me lisonjeia, barão, mas não posso aceitá-la.

– A senhorita não me quer? – murmurou Desidério, não acreditando nos próprios ouvidos.

– Não quero, pois não posso ser esposa de um homem que vai casar comigo somente por questão de honra e por insistência de seus companheiros – disse Dagmara, sublinhando cada palavra e olhando-o com desprezo.

Desidério empalidecia e ruborizava. Foi invadido por uma fúria insana; parecia-lhe ter recebido uma bofetada. Conteve-se com dificuldade e disse por entre os dentes:

– Condessa! A sua rejeição é uma ofensa para mim. Com que direito faz isso?

Os olhos cinzentos de Dagmara escureceram, e o seu olhar sério encarou desafiadoramente os olhos indignados de Desidério.

– Pelo direito incontestável de dispor de minha própria pessoa. Mas vou expor-lhe a razão da minha negativa. Não preciso de que casem comigo por "questão de honra", porque não me acho "comprometida" com as suas constantes visitas. E, para livrá-lo de quaisquer suspeitas quanto à falta de nobreza em relação à mulher cuja reputação, em sua opinião, o senhor manchou, posso anunciar abertamente que o senhor pediu a minha mão em casamento e eu recusei. O senhor está livre, barão Vallenrod! Não sou mais necessária para livrá-lo de Berta Domberg, e eu mesma considero o senhor livre de quaisquer obrigações para com a minha pessoa.

Sem esperar a resposta, ela virou com rapidez o cavalo e galopou para longe.

Desidério permaneceu imóvel no lugar. Sua cabeça girava, e uma terrível fúria interior quase o impedia de respirar. Nunca antes a sua vaidade sofrera tão duro golpe; e o papel de vítima submissa do "cumprimento da honra" que ele pretendia desempenhar não deu certo. Além disso, ele estaria numa situação ridícula se a verdade fosse revelada. E aquela fraca e ingênua meninota que o amava – ele tinha certeza disso – ousou dizer-lhe "não" e demonstrar-lhe o seu desprezo! Naquele instante um profundo ódio por Dagmara encheu seu coração, e ele cerrou os punhos, mordendo nervosamente os lábios. Mas quem poderia ter contado tudo a ela, abrindo-lhe os olhos e transformando o seu amor em inimizade e desprezo? Ela, por certo, amava-o? Aquele olhar límpido, que nunca mentia, confirmou isso inúmeras vezes. Apesar da raiva, Desidério sentia também uma amarga tristeza, pois desde que perdera Dagmara, ela adquirira aos seus olhos um valor especial.

Andando pelos arredores por algumas horas, Desidério retornou à cidade. Seu cavalo estava exausto e ele, depois do prolongado passeio, parecia calmo, mas só externamente. Além do mais, ele não conseguia decidir-se a voltar para casa, então, foi direto à casa de um companheiro, que festejava a sua promoção a tenente, com um grande almoço e bebedeira.

Quando Desidério chegou, todos os presentes, entre os quais algumas atrizes, já estavam sentados à mesa e receberam-no com gritos de boas-vindas.

O banquete era farto, e o vinho corria a cântaros. Desidério, levado pelo ambiente animado e alegre, bebia copos e mais copos, superando a todos com o seu comportamento livre e gracejos picantes.

Após o banquete, todos passaram para o salão de visitas. Primeiro começaram a cantar e tocar, depois dançaram e jogaram cartas; enquanto isso a bebedeira prosseguia.

Já eram cerca de três horas da madrugada quando todos saíram. Dois criados levantaram Desidério da poltrona com dificuldade, conseguiram vesti-lo no uniforme e o enrolaram no sobretudo do patrão, pois o sobretudo do barão fora levado por engano por um dos convidados. Em seguida, colocaram-no numa carruagem e ordenaram ao cocheiro levá-lo para casa.

Pálida e com lábios cerrados, a baronesa Vallenrod, cheia de fel e raiva, aguardava a volta do seu filho. Ela estava parada junto à janela que dava para a rua, o que lhe permitia ver de longe a chegada de alguém. Onde estaria ele? Não é possível que ficasse na casa de Detinguen até aquela hora. Provavelmente, alguns companheiros o arrastaram para uma farra, que sempre o deixava em um estado horrível no dia seguinte. A baronesa odiava tais reuniões e, preocupada com a saúde do filho, castigava-o, privando-o de subsídios. Desidério sabia disso e, com cuidado, evitava

WERA KRIJANOWSKAIA DITADO POR *J.W. Rochester*

ser visto pela mãe após as oferendas a Baco, excessivamente grandes. Pois, por mais absurdo que fosse tal despotismo materno, ele tinha de obedecer. Dessa vez, entretanto, ele perdera completamente a capacidade de pensar e, por isso, deixou que o levassem para casa.

Quando a carruagem parou na entrada da casa, a baronesa percebeu que suas suspeitas não a enganaram. Levantou-se para chamar o estafeta, mas depois mudou de ideia e foi rápido à sala de visitas para receber o filho no saguão, com um sermão sentido.

Ela ouviu Desidério subir as escadas com dificuldade; depois, a mão trêmula começar a procurar o buraco da fechadura sem conseguir acertá-lo com a chave. Por fim conseguiu e entrou no saguão, jogando ao chão o sobretudo, que mal se mantinha sobre os ombros.

De repente, ele viu a mãe, e algo parecido com surpresa passou pelo seu pálido e desfigurado rosto ao vê-la de pé àquela hora. Ele encostou-se na parede, pois as pernas trêmulas recusavam-se a lhe obedecer e, com o olhar turvo, ficou encarando-a .

A baronesa olhava-o, muda de raiva. Tudo aquilo significava que ele voltava de uma bebedeira e, naquele instante, estava incrivelmente parecido com o seu finado pai. Quantas vezes Gunter voltou para casa no mesmo estado, com o uniforme desarrumado, camisa aberta, olhos afundados e vítreos – a personificação da boemia. Ao lembrar disso, Helena estremeceu e cerrou os punhos. Certa vez, quando Desidério tinha dezesseis anos e frequentava a academia militar, ele voltou para casa completamente bêbado; naquela ocasião, a baronesa agarrou o chicote das trêmulas mãos do filho e deu-lhe uma violenta surra que este não esqueceu por muitos anos. Ela faria isso de novo e com prazer, mas Desidério já não era um menino, e o espancamento já passara para a história.

– Parece que você comemorou bem o seu noivado! Embevecidos pelo triunfo, Detinguen e sua futura esposa receberam-no bem! – disse ela, com a voz trêmula de raiva.

Os olhos de Desidério acenderam-se.

– Acalme-se! Ela não quis casar comigo – respondeu com a voz rouca.

– Não quis casar com você? – repetiu a baronesa, desconfiada e ofendida, desta vez, no orgulho materno. – Ela é uma débil mental?

– Provavelmente! – respondeu Desidério, com leve ironia.

Em seguida, ziguezagueando e se segurando nas cadeiras, ele se arrastou para o quarto.

A baronesa o seguiu, ouvindo-o dar encontrões nos móveis e tirando as botas com forte ruído; depois disso veio o ruído de vidro quebrado e tudo silenciou.

Então a baronesa voltou em silêncio ao seu quarto.

"Então ela não o quis para marido!... Será que não o ama? Ou tal resposta foi sugerida a ela pelo diabólico orgulho herdado da mãe?" – pensava ela, despindo-se e esquecendo que, se Dagmara visse Desidério do jeito que ele estava naquele momento, teria ficado feliz com a própria decisão.

"Graças a Deus que tudo aconteceu assim e me livrei dela. E devo desculpar esta arte do meu filho. Isso é absolutamente natural depois de tal ofensa à sua vaidade. Pois é. Deus sabe o que faz" – concluiu a baronesa as suas elucubrações, esticando-se prazerosamente no leito.

Capítulo X

Dagmara voltou para casa muito agitada. Estava satisfeitíssima por ter dito "não" a Desidério e jogado na sua cara a hipocrisia e a baixeza de seus atos e descontado aquele desdenhoso "Ah - Ah!". Mas, ao mesmo tempo, sentia-se cansada, nervosa e atormentada por uma tristeza que nunca havia sentido antes.

Quando Detinguen chegou, percebeu de imediato pelo brilho febril dos olhos, lábios tremendo de nervosismo e palidez de Dagmara, que acontecera algo. Ele desconfiou que aquela agitação fora provavelmente provocada pela declaração de Desidério e, querendo certificar-se disso, sentou-se perto de Dagmara e perguntou, abraçando-a com carinho:

— Você está nervosa, minha querida criança. O que aconteceu? Você sabe que sou seu melhor amigo e que pode confiar em mim!

— Eu sei, papai! Eu o estava aguardando, ansiosamente, para dizer que hoje Vallenrod me propôs casamento e eu não aceitei...

Detinguen estremeceu, e seu rosto ficou sombrio.

— E por que você decidiu esta questão tão importante sem me consultar?

– Porque sabia de antemão que você iria aprovar o que fiz. Papai, ele é uma pessoa indigna, do tipo daqueles que você me falou. Você próprio não gostaria de ver-me casada com alguém que não poderia respeitar.

Com o rosto vermelho e olhar faiscante, Dagmara contou-lhe tudo o que acontecera entre ela e Desidério. Detinguen ouviu com atenção e levantou-se, com um profundo suspiro.

– Só posso aprovar o que fez, minha querida criança. A sua dignidade feminina fez você agir assim.

E retirou-se para o gabinete, alegando ter um trabalho inadiável. Mas, em vez de trabalhar, começou a andar pelo quarto com o semblante sombrio e preocupado. Por fim, jogou-se na poltrona e cobriu o rosto com as mãos.

– Então, o ato de alta sabedoria transformou-se em ato diabólico! Como pude ligar esta vida juvenil àquele patife? Será que tinha o direito de agir assim, sem seu consentimento e sem revelar-lhe toda a verdade? Confessar agora – seria impossível e sem sentido! O crime está feito. Abusei da confiança de um ser inocente e entreguei-a em sacrifício à minha ciência. Como um Sheilok, obriguei-a a pagar com o seu próprio corpo o bem que fiz.

Ele levantou de sopetão da poltrona e, agitado, começou de novo a andar pelo quarto.

– Eis o dragão que guarda a entrada para o mundo desconhecido, que resolvi estudar. Ele me deixou entrar e fiz-me seu aprendiz, mas em troca, fui obrigado a entregar-lhe o que tenho de mais precioso. E quantos inocentes morreram nas garras do minotauro insaciável, chamado ciência! Nós – adeptos das ciências ocultas – criticamos a cruel vivissecção dos cientistas modernos, que, através do sofrimento do ser vivo, tentam compreender os segredos da ação da matéria. E nós somos melhores? Nem um pouco! Somos somente mais sofisticados. Sob o nosso bisturi, em vez de sangue, corre a própria essência da vida; utilizamos sem vacilar a força vital do ser e o fazemos sofrer, para despertar aqueles eventos misteriosos que deverão fazer a turba ingrata e imbecil crer na vida após a morte. Assim já se fazia nos templos. Hoje, o irracional rebanho humano critica e odeia de todas as formas os infelizes que possuem o dom destas misteriosas capacidades, somente porque eles lhes permitem conhecer o mundo invisível. Mas que direito tenho de julgar, se eu próprio sacrifiquei um ser delicado e puro a um homem que irá pisar em quem ele deve a vida? O abismo atraiu-me! Vou desaparecer e estarei inacessível ao julgamento humano; mas o mal que fiz sobreviverá a mim, e quem irá pagá-lo com sofrimento imerecido será um ser inocente. Oh! Como são felizes os pobres de espírito...

Com um rouco gemido, Detinguen caiu no divã e cobriu a cabeça com travesseiros. Passou-se bastante tempo até que se levantou, de repente, com ar de cansado.

– Devo ver como ela está! Uma grande excitação de ambas as partes pode ter consequências perigosas.

O barão acendeu a vela e dirigiu-se ao quarto de Dagmara.

Já amanhecia, mas o quarto estava todo escuro, graças às espessas cortinas fechadas. A fraca luz noturna era insuficiente para iluminá-lo.

Detinguen aproximou-se em silêncio da cama e iluminou com cuidado a adormecida. Sobre a almofada, Dagmara dormia tão pálida quanto à branca cambraia de sua camisola; mas aquele estranho sono era muito parecido com desmaio, pois as suas mãos estavam frias e a respiração quase imperceptível.

– Eu estava certo, ela está em completo e profundo transe. – murmurou Detinguen.

Colocando a vela sobre a mesinha de cabeceira, ele começou a executar passes mágicos. Pela forte tensão da força de vontade, as veias da sua testa incharam e ele começou a suar, mas Dagmara permanecia como morta. Respirando pesadamente, o barão sentou-se e enxugou o rosto.

– A idade e a doença tiraram de mim as últimas forças. Não tenho vitalidade suficiente para este jovem organismo – pensou, abatido.

Um minuto após, levantou-se decidido e tirou de dentro da roupa algo parecido com um talismã em forma de estrela, em cujo centro estava incrustada uma pedra semelhante a diamante, mas com brilho e reflexos muito mais fortes. Levantando com um

gesto imperioso o talismã, Detinguen pronunciou um encantamento rítmico, levantando e baixando a voz. Após alguns minutos,
da parede perto da janela começou a levantar-se uma nuvem
avermelhada, cujo movimento obedecia ao canto do invocador.
Aumentando e condensando-se aos poucos, a nuvem tomou a
forma semitransparente de um homem que parecia levantar-se
da cama. Apesar do reflexo avermelhado, seu rosto estava mortalmente pálido até sob a luz vermelha que o iluminava; os olhos
afundados nas órbitas e exalando um sufocante odor de mistura
de vinho e sangue.

Detinguen recuou como se recebesse um forte golpe.

– Seu animal! Seu animal, embebido de elementos de alco-
olismo e devassidão, volte para onde veio! – exclamou o barão,
diante da aparição, levantando o braço num gesto imperioso.

Mas a estranha aparição, aparentemente não o percebendo,
passou silenciosa por ele e desapareceu nos cortinados da cama.

– Santo Deus! Ele é mais forte do que eu! – exclamou Detinguen, já sem forças, encostando-se no móvel e fechando os olhos.

Mas essa fraqueza foi passageira. O barão recuperou-se e
correu para a cama. A aparição havia sumido e ele, com a mão
trêmula, constatou que o corpo de Dagmara estava de novo morno
e flexível. O rosto encantador adquirira a cor rósea, e a respiração
normal e profunda atestava que agora ela dormia um sono reparador.

– Ah! – murmurou Detinguen com lábios trêmulos. – Se até
aquela carniça fluídica foi capaz de levantar a força vital, então me
sinto inútil com a minha ciência. A natureza venceu-me.

Detinguen virou-se e saiu do quarto quase correndo. Chegando
aos próprios aposentos, sentou-se na poltrona e, com as duas
mãos, apertou o peito onde o coração batia com força. O terrível
cansaço e a forte emoção provocaram um ataque da sua doença.

Duas horas mais tarde, a camareira despertou Dagmara. Muito
assustada, ela contou que o velho José, preocupado com Detinguen, que não o chamava para vestir-se, entrou no gabinete e viu
o barão deitado e desacordado no tapete. Sem saber o que fazer,
ele imediatamente enviou um emissário a cavalo para chamar o
doutor Reiguern e ordenou a ela, Jenny, avisar a senhorita sobre
o acontecido.

Dagmara, assustada e pálida, vestiu, rápida, um penhoar e desceu para o gabinete do barão. Detinguen já estava deitado no divã, e José tentava reanimá-lo sem sucesso. Mas Dagmara era aprendiz de Detinguen. Com calma e decisão, difíceis de se esperar de uma garota impressionável, ela examinou o pai. Conhecia os ataques de que ele sofria e sabia que meios devia utilizar. Correu imediatamente para o laboratório e trouxe de lá uma caixa com remédios. Primeiramente, friccionou os braços e as têmporas do paciente com uma certa essência, enchendo o quarto com um aroma estimulante; em seguida, após injetar algumas gotas no paciente, ordenou que trouxessem carvões em brasa e jogou sobre eles um punhado de ervas para que Detinguen pudesse aspirar a fumaça. Um minuto depois, o barão moveu-se e abriu os olhos. Ao ver Dagmara, pálida e chorosa, debruçada sobre ele, uma expressão de profunda amargura passou-lhe pela face.

– Enfim você voltou a si, papai! Que susto levei! – exclamou com alegria a jovem, beijando-lhe carinhosamente a mão. – Como está se sentindo? Acrescentou. Fiquei tão assustada, que nem sei se usei os medicamentos certos.

– Você escolheu-os muito bem, minha fiel enfermeira! Já me sinto muito melhor. Agora me dê mais um copo d'água com dez gotas do conteúdo deste frasco lilás. Ótimo! E, para reforçar, vou beber um copo de vinho, mas somente daquele que está trancado no meu cofre secreto. Pegue a chave e encha o copo com o cantil de opala. Mas não se esqueça de colocar tudo de volta no lugar.

Meia hora mais tarde chegou Reiguern. Ele examinou o barão, que já havia recuperado as forças após beber o copo de vinho. Depois, ao cumprimentar Dagmara, que, preocupada, enchia-o de perguntas, disse, com um sorriso forçado:

– Minha querida e maravilhosa colega! Você nada deixou para mim. O estado do barão é bastante satisfatório dentro do que é possível na presente situação. Dou-me por vencido diante dos estranhos, mas, sem dúvida, eficientes remédios que você utilizou.

– A sua ciência é mais limitada do que a minha, porque o senhor admite somente a matéria – respondeu com um sorriso, Detinguen. – Estas ciências são irmãs, e quando se unirem para trabalharem em conjunto, iluminarão o mundo inteiro com uma intensa luz.

– Eu vejo aqui ervas, extratos, pós – ou seja, uma farmácia. Tudo isso me atrai tanto quanto o fruto proibido. O senhor permitiria satisfazer a minha curiosidade?

– Com prazer! Dagmara, mostre a caixa ao seu amigo. O senhor poderá abrir todos os frascos e cheirar o seu conteúdo, exceto estes dois frascos negros, pois seu aroma é mortal.

Assim que Lotar examinou, cheirou e apalpou tudo, ficou sério e pensativo.

– Vejo aqui amostras de uma flora desconhecida e ingredientes que nenhum dos nossos químicos jamais analisou. Confesso que nesta hora sinto-me um completo ignorante.

– Não posso revelar estes segredos a não-iniciados. O senhor somente riria de muitas coisas se lhe contasse a sua utilidade. Quanto a isso, as nossas opiniões divergem de forma substancial – disse Detinguen.

Em seguida, ele ordenou a Dagmara para fechar a caixa e levá-la ao laboratório.

Quando o médico foi embora, o barão adormeceu e acordou somente à noite. Ele se sentia bem mais animado e pediu que lhe trouxessem algo para comer. Depois, conversou alegremente com Dagmara, mas, perto das onze horas, mandou-a dormir.

–Vá, minha filha, e durma em paz! Estou me sentindo muito bem. Posso afirmar que a doença irá deixar-me em paz por algum tempo. Já tomei os remédios necessários e logo também irei dormir.

Ficando só, Detinguen ficou profundamente pensativo. Quando soaram as doze horas, ele levantou-se e entrou no santuário. Vestindo uma túnica de linho, acendeu um candelabro de sete velas e os carvões dos tripés onde jogou um punhado de pó, que queimou com chama colorida, perfumando o ambiente. Caiu de joelhos diante do altar, ergueu-se em seguida e, levantando os braços, começou a cantar uma estranha canção.

Passara-se cerca de um quarto de hora. De repente, na frente do negro baldaquim de veludo sobre o altar, apareceu uma nuvem fosforescente e piscaram raios coloridos. Um sopro de ar quente e perfumado passou por Detinguen e, sobre os degraus do altar, ele viu o mesmo misterioso visitante que já lhe havia aparecido uma vez. Como da primeira vez, a aparição estava usando uma túnica transparente de um branco ofuscante; e os grandes e luminosos olhos do desconhecido fitavam Detinguen com olhar profundo e inquisidor.

– Saudações, mestre! – disse o barão, curvando-se com respeito.

– Quero informar-lhe que a matéria da minha imagem terrena está se destruindo. Não temo a hora que o meu "eu" espiritual abandonará este invólucro corporal, mas gostaria de preparar-me para isto. Um iniciado não pode morrer como um homem comum. A morte não deve pegá-lo de surpresa, e ele próprio deve ir ao seu encontro. Peço-lhe uma graça, mestre! Diga-me o dia e a hora em que o espírito do seu aprendiz irá elevar-se ao espaço!

– Você tem razão. Temer a morte é típico de ignorante, que, em sua cegueira, agarra-se à carne e tem medo da destruição que ele acha que vem após a morte, se a sua vida não está ocupada pelas brutas necessidades corporais – respondeu o desconhecido, com a sua voz surda e metálica. – A hora do seu renascimento espiritual aproxima-se e chegará em seis semanas; na quinta--feira, dia trinta de abril, virei buscá-lo à meia-noite. Esteja calmo! A grande passagem será somente um sono leve e agradável, como o sono de um cansado viajante após longa caminhada. Saiba que a própria vitalidade corta os cordames que a prende à matéria bruta. Somente aquele que teme a destruição, na grande hora, agarra-se à velha roupa e, horrorizado, vacila entre as duas forças que disputam a sua vítima. O tempo que lhe resta é mais do que suficiente para acertar as suas coisas terrenas. Além disso, você deve utilizá-lo para passar as últimas instruções à sua filha. Três dias antes de sua morte você deve iniciá-la naquilo para o que ela já está capacitada.

À citação do nome de Dagmara, o rosto de Detinguen ficou sisudo, e uma expressão doentia e amarga distorceu os seus lábios.

O desconhecido levantou a mão.

– Eu vejo a sua preocupação, dúvidas e arrependimentos. Será que você esqueceu que se arrepender daquilo que está feito é o mesmo que pegar água com peneira? Duvidar significa – desarmar-se. O iniciado deve temer somente uma coisa: – transgredir as leis cujo poder e imutabilidade ele compreende. A moça que você ama segue seu caminho, sob a influência do "karma" que ela própria criou por seus atos e desígnios durante longos séculos do passado; e o sofrimento atual é o crisol pelo qual deverá passar a sua pura e bondosa alma para testar as suas forças, superar as últimas fraquezas e elevar-se para uma esfera superior. É para essa grande batalha que você vai prepará-la; deve adverti-la sobre o perigo do rancor e da dúvida, e cobri-la com a couraça dos sábios contra as flechas envenenadas com que vão feri-la os seres inferiores. A sua missão consiste nisso e não em vãos arrependimentos! Agora, até a hora da sua libertação.

A aparição fez um sinal de despedida com a mão e, empalidecendo, dissipou-se no ar. Com o rosto expressando grande alegria e entusiasmo, Detinguen caiu de joelhos e rezou com fervor. Depois, voltou para o seu quarto e adormeceu em paz.

Nos dias seguintes, o barão ocupou-se ativamente para colocar em ordem todos os seus negócios. Ele teve um encontro com o tabelião e escreveu algumas cartas, que lacrou e guardou na escrivaninha. Terminado isto, suspirou aliviado e iniciou com ardor a segunda parte da missão: passar os últimos ensinamentos à Dagmara. Todo dia, desde a manhã, Detinguen e a moça dirigiam-se ao laboratório. Lá e no quarto contíguo, que Dagmara ainda não conhecia, trabalhavam no inventário do conteúdo de muitas caixas e armários, que eram a farmácia do venerando sábio. Tudo foi dividido em três categorias: na primeira estavam os frascos e pós, na segunda – plantas e raízes e, finalmente, na terceira – unguentos e metais.

Cada medicamento recebeu uma etiqueta com o nome, propriedades e método de utilização. A estes dados, Detinguen acrescentava explicações verbais que Dagmara anotava com cuidado e que a interessavam extremamente. Vendo o seu esforço, o barão sorria bondoso.

– Pois é, minha cara criança! Estou abrindo-lhe um grande campo de atividade: atividade beneficente e cheia de interesse científico. Você estará em condições de não somente estudar e curar as doenças externas e internas do corpo, tratadas com tanta imperfeição pela medicina moderna, mas também as doenças do cérebro, possessões, encantamentos – ou seja, todo o campo dos males espirituais, uso e mau uso das forças ocultas, não pesquisadas e desprezadas pela "ciência" moderna. Somente o hipnotismo, que os cientistas não podem negar, já trouxe muitas surpresas, mesmo que represente um ínfimo ramo da enorme árvore do mundo desconhecido para eles. Vê estes cadernos? Neles reuni a lista das misturas necessárias, que você conhece, mas muito superficialmente, isto é, a teoria de tratamento por aroma, cor e som. Eles lhe indicarão o grau da doença e os meios que devem ser aplicados. Estes sete vidros, cada um com uma cor especial do prisma, contêm uma substância muito valiosa que deve ser utilizada com cuidado. São extratos são compostos de sucos de frutos, folhas e raízes, cultivadas por um método muito especial, sob a influência das constelações, influências benéficas que eles devem oferecer. Uns floriam sob os raios escaldantes do sol, outros – sob os raios prateados da lua e, finalmente, outros que nunca viram a luz e cresceram na profunda escuridão das cavernas.

É difícil descrever o que se passava na alma de Dagmara naqueles dias de muito trabalho. Às vezes, os novos horizontes que se abriam diante dela ofuscavam-na, fazendo esquecer-se de tudo. Mas, frequentemente, era assolada por pensamentos sombrios que enchiam seu coração de tristeza. Ela via e sentia que seu pai estava morrendo; em seu olhar já se notava aquela estranha expressão que indicava a próxima separação da alma do corpo. Aquela mesma expressão, mas em um grau muito inferior, ela havia observado em seus animais de estimação: no pássaro, no esquilo e em dois pequenos cachorrinhos. Todos eles, quando morriam em suas mãos, olhavam-na com o mesmo estranho olhar, cheio de tristeza, afeição e despedida, que dá ao animal agonizante uma expressão humana. Naquele momento solene, o animal, aparentemente, consegue extrair de dentro de si a fagulha Divina, que cochila no subconsciente durante o seu estado animal. No ser humano, o fogo que anuncia a separação do espírito da matéria aparecia tão nítido que Dagmara não podia estar enganada, e a infelicidade que se avizinhava encontrava-a fraca e desarmada. Mesmo assim, ela tentava ser forte e estudava com afinco todos os procedimentos mágicos para a preparação de remédios, anotando meticulosamente todas as indicações de Detinguen.

Certa vez, eles estudavam juntos o uso de diferentes essências. O barão retirou de um cofre secreto uma pequena e antiga caixinha dourada, cuja tampa estava enfeitada com pedras que Dagmara não conhecia; o interior da caixinha era coberto por um esmalte cujas faixas estavam pintadas das cores do arco-íris e, no fundo, havia um frasco chato e volumoso com uma pesada tampa de ouro.

Dagmara inclinou-se, por curiosidade, para melhor examinar o frasco feito de uma substância parecida com madrepérola, mas transparente como cristal, permitindo ver o líquido no seu interior que parecia ouro líquido. Um aroma pesado, mas fortificante enchia a caixinha.

– Veja só, papai! Parece até que desta caixinha a gente aspira vida! – exclamou ela.

– Maravilhosa comparação! Esta substância é quase a própria vida – respondeu Detinguen, sorrindo. – Em casos de gangrena, mordida de cobra, animal raivoso ou envenenamento, ou seja, em todos os casos de decomposição do sangue, este líquido faz milagres, restabelecendo os elementos vitais, bastando para tanto que o coração ainda esteja batendo. Mas este remédio deve ser utilizado com muito cuidado, pois uma dose excessiva mata com a rapidez de um raio, e a etiqueta no frasco contém todas as indicações necessárias. Você deve economizar bem este remédio. A tampa é feita de modo a deixar passar uma única gota por vez e que deve ser diluída com água na proporção indicada. Mas, repito, use este remédio somente em casos extremos e esconda-o até do seu marido.

No mesmo dia, à tarde, Detinguen e Dagmara estavam à sós no gabinete. Percebendo que a jovem estava distraída, o barão colocou a mão sobre a sua cabeça e perguntou afetuosamente:

WERA KRIJANOWSKAIA DITADO POR *G.W. Rochester*

– Em que está pensando, minha querida filha?

– Em você, papai, e sobre a incapacidade da ciência que, apesar da sua onipotência, não consegue devolver-lhe a saúde e nem lhe prolongar a vida! – exclamou Dagmara, derramando amargas lágrimas.

Detinguen olhou-a com amor e solidariedade.

– Minha querida! Já faz muitos anos que esta ciência mantém a minha vida. Se os meus dias não podem ser prolongados além dos limites normais, então devo culpar somente a mim e não ao conhecimento sagrado. Comecei tarde demais a vida de sábio e na juventude, como tantos outros, gastava minhas forças e a essência vital. Agora elas acabaram, e o desgastado mecanismo da máquina corporal deve parar. Mas, querida filha, vou aproveitar o assunto para dar-lhe alguns conselhos. Há muito tempo que pretendia fazê-lo, mas nunca me decidia. Espero que você fique firme e me escute com aquela calma que tenho direito de exigir da minha pupila.

– Vou tentar, papai! – murmurou Dagmara, levando aos lábios a mão do ancião.

– Eu devo despedir-me de você, fisicamente, mas para seu consolo e manutenção, vou deixar, em primeiro lugar, uma modesta poupança, suficiente para garantir a sua independência; em segundo, deixo algo muito mais valioso – o conhecimento que lhe abrirá um vasto campo de trabalho útil. Você estará em condições de amenizar o sofrimento do próximo; e fazer o bem é um enorme prazer. Mas para aprender a dar-lhe o devido valor e utilizá-lo, é preciso submeter-se às condições específicas correspondentes. Em primeiro lugar, não fale a ninguém do seu conhecimento, pois irá despertar somente inveja e calúnias. Use-o apenas em pobres, humildes e desafortunados, dos quais o cruel destino retirou os últimos meios de vida e para os quais a saúde é equivalente ao pão de cada dia. Leve a salvação e a luz aos miseráveis casebres e covis! Vendo suas lágrimas secarem e a esperança renascer, você sentirá uma paz e uma alegria que serão a sua recompensa por muitas e inevitáveis contrariedades da vida. Tente o quanto possível evitar pacientes ricos e fortes. Seus sofrimentos geralmente são frutos de vícios e abuso de prazeres, e, por isso, são um castigo merecido; além disso, são amenizados pelo conforto e certeza de um futuro garantido. E o principal, não procure entre eles algum ideal. Absortos na parte material da vida, eles não são capazes de compreendê-lo e nem se dignam a procurá-lo. Quando digo "materialista", não estou me referindo às pessoas que negam Deus, e são vaidosos adeptos de uma ciência limitada; o materialista é um escravo da carne, dos prazeres baixos e instintos animais, que, com suas paixões desenfreadas, rebaixa a própria dignidade humana da qual tanto se vangloria. São espíritos indisciplinados – cruéis como animais selvagens e que não reconhecem nenhuma lei, exceto a da satisfação das próprias vontades, desprezando, ao mesmo tempo, qualquer obrigação, qualquer fé e qualquer amor puro e desinteressado. A relação com tais pessoas é difícil para o ser humano purificado. Principalmente quando ele está encantado pelo sonho, enlevado pelo entusiasmo da pregação e cego pela própria luz, imaginando que consegue iluminar e transformar estes escravos de Mammon, cuja auto-estima e tendência aos vícios é mais dura que o granito dos obeliscos. Ai do idealista que não perceber que esta mudança deve ser feita lentamente e com a frieza de um cirurgião e a paciência de uma formiga. Deve-se semear um solo não preparado sem nenhuma esperança de colheita. É terrível o momento quando cai a venda que cobre a visão do entusiasmado sonhador e diante dele aparece, em toda a sua nudez, a asquerosa realidade, a achincalhada realidade do cotidiano, despida de tudo o que cobria e enfeitava a sua miséria. Ai daquele que, nesse difícil momento, deixar cair das mãos o seu facho de luz, pois o fogo, ao se apagar, queimará a ele próprio, deixando somente um cadáver vivo que o espírito abandonou. É sobre este desastre espiritual que queria preveni-la, minha querida filha!

Dagmara, pálida e trêmula, ouvia-o e, de repente, lágrimas jorraram de seus olhos.

– Pai! – exclamou ela com certo rancor – por que você tirou a minha fé simples e a feliz ignorância, inculcando em mim esta moral inaplicável e esta procura de um ideal que nunca vou

WERA KRIJANOWSKAIA DITADO POR *J.W. Rochester*

encontrar? Agora você está indo embora e me deixando sozinha nesta multidão que irá odiar-me e ofender-me e da qual estou separada por convicções incompreensíveis para ela. Não seria melhor morrer do que saber de antemão que vou ser vencida e infeliz?

Esta explosão de infelicidade e tristeza da filha fez o coração de Detinguen apertar-se dolorosamente, pois a acusação era justa. Ele tirou dela tudo e, em troca, não deu nada. Ele a separou dos seus semelhantes e, na hora da luta, abandona-a sozinha apenas com o que ela aprendeu. Mas, trazendo à memória a clara imagem do mago e suas últimas palavras, ele afastou com energia a fraqueza momentânea. Endireitando-se rapidamente, ele agarrou a mão de Dagmara e, com a voz firme e convincente, disse:

— Tudo o que você desabafou é a amarga verdade, minha filha! As pessoas vão odiar, invejar e caluniar você. E não vão entendê-la. Entretanto, não se pode evitar esta luta, esta tortura moral, quando a dúvida e a indignação contra os seus carrascos inesperados entrarão em luta com a fé adquirida e o conhecimento das leis inabaláveis, disputando a sua alma desesperada. Qualquer pessoa deve passar pelo crisol destes sofrimentos e, se nesta difícil hora, ela sair vencedora, abandonará o nosso sombrio inferno, libertar-se-á dos grilhões da carne e elevar-se-á às claras regiões do reinado da verdade eterna. É para essa vitória que você deve se preparar e, depois, lutar. Deixando atrás de si a turba que a ofende, você se elevará à altura do seu conhecimento, como numa luminosa biga, esclarecida e apaziguada com o puro ensinamento dos magos ao qual, somente então, dará o devido valor. Você não mais precisará levar a luz às pessoas; você a arvorará como Moisés fez com a cobra de cobre, e quem se aproximar com fé desta luz, ficará curado de suas feridas e renascerá para uma nova vida. Mas quem não crer, voltará a cair na escuridão da redenção e de novas provações. É exatamente assim, minha querida, que se deve entender a missão dos grandes e pequenos pregadores da verdade: suportar sozinho a provação com sofrimento, queimar o corpo para renascer das cinzas como um ser desapaixonado que não mais odeia e não se distrai com sonhos irrealizáveis, mas, devido à harmonia dos sentimentos, delicia-se, inabalável, com a suprema bem-aventurança da alma humana, aplicando seu conhecimento não para indivíduos, mas para toda a humanidade. Se você me entendeu bem, então enfrentará corajosamente as provações que a aguardam, pisando em espinhos e desprezando a dor e as feridas – só para alcançar o luminoso objetivo.

Dagmara ouvia-o, ruborizando e empalidecendo. Ela entendeu as palavras de Detinguen; mas aquela humanidade à qual deveria sacrificar o seu conhecimento e trabalho e pela qual iria passar por grande desespero, não tinha para ela uma forma definida e não a atraía. Repentinamente, surgiu nela um sentimento único: despertar a vontade de felicidade, amor e fé em seus semelhantes, ânsia pelo idealismo, que enfeita tudo que lhe é caro e ao qual as pessoas se aficcionam, sofrendo, mas sem perder a esperança. E por que exatamente ela deveria desistir de tudo, isolar-se, matar todas as suas ilusões – e tudo isso pela humanidade ingrata, por um objetivo distante que lhe parecia impossível de atingir?

– Pai! – exclamou ela, caindo de joelhos e virando o rosto febril para Detinguen. – Não morra! Não me abandone sozinha com esta carga de conhecimento e responsabilidade que estão acima das minhas forças! Meu espírito orgulhoso e rebelde não conseguirá nem se submeter nem perdoar. Apavora-me cumprir esta missão que irá retirar dos meus olhos a venda que oculta de mim os defeitos humanos! O ideal que você descreveu é detestável para mim! Parece-me que a impessoalidade e a passividade que este ideal exige é um egoísmo supremo, disfarçado pelo apelido de altruísmo e beneficência. Você diz que vou parar de odiar, mas, em compensação, também não vou mais amar; não mais me distrairei com sonhos e, absorta numa indiferença harmônica, vou observar impassível a luta e sofrimento dos outros... Sinto que isto está acima das minhas forças e que, sem você, não estarei em condições de viver entre estas pessoas, das quais tudo me separa: as convicções, a moral e o conhecimento!... Não morra, pai, e não me deixe sozinha, para que eu tenha pelo menos um ser que possa amar sem perigo!...

Detinguen atraiu-a para si e a beijou na testa.

– Minha querida! Nunca na minha vida lamentei tão amargamente ter gastado com tanta leviandade o capital da vida! Você acha que eu iria embora se pudesse ficar? Mas você está envolvida na própria infelicidade. Será que esqueceu que somente o meu corpo irá morrer? O meu espírito permanecerá com você, irá amar e cuidar de você como nesta vida. Você irá invocar-me e conversaremos; e então poderei, melhor do que agora, explicar-lhe os problemas da vida e esclarecer as suas dúvidas. Vou ajudá-la na sua luta e recebê-la na entrada do mundo invisível, aonde – espero – você chegará solene e purificada.

– Não pai, isto não será a mesma coisa! Aprendi o suficiente e sei que quando a matéria se desintegrar, haverá entre nós o invisível. Estaremos em dois mundos diferentes, controlados por leis imutáveis. E o meu espírito confuso e abalado pelas preocupações da vida conseguirá manter o equilíbrio e a concentração necessários para invocá-lo?... Não é à toa que os iniciados se isolam e fogem das pessoas vulgares, preparando-se para entrar no mundo invisível e comunicar-se diretamente com os espíritos livres.

Detinguen suspirou.

– Confiei demais em suas forças, minha querida, e o seu pessimismo simplesmente me assusta; parece-me estar ouvindo outra pessoa e não a minha orgulhosa e corajosa Dagmara. Aliás, espero que esta fraqueza seja temporária. Mas vamos deixar este pesado assunto para outro dia.

Detinguen tentou mudar de conversa, mas a jovem estava tão nervosa e preocupada, parecendo que suas lágrimas não teriam fim. Abatida de corpo e alma, ela, por fim, foi para o seu quarto.

Com a cabeça pesada e o coração apertado, ela se deixou cair na poltrona, e o seu sombrio e cansado olhar ficou vagando pelos objetos à sua volta. Olhou para o Crucifixo de marfim instalado num nicho e depois para o retrato do pastor. Os olhos claros e bondosos do velho pareciam encará-la com súplica e participação. De repente, ela lembrou um episódio de sua infância que a impressionou muito. Reiguern estava perigosamente doente de tifo, e os médicos não davam nenhuma esperança. A esposa do pastor, chorando copiosamente, chegou ao gabinete de trabalho do marido onde já estava Dagmara, toda desconsolada. Ambas choravam amargamente, quando a tia Matilde chamou Dagmara para perto de si e disse:

– Vamos rezar! Se os homens não conseguem salvá-lo, vamos apelar para a misericórdia do Senhor, que é onipotente.

As duas ajoelharam e começaram a rezar com profunda fé e fervor. A prece tinha palavras simples, misturadas com lágrimas, mas o apelo que se elevou ao altar do Eterno era puro e fervoroso! Por nenhum momento Dagmara duvidou da bondade de Deus e da misericórdia de Cristo, seu Filho Divino.

Dagmara tinha esperanças e aguardava que Eles desceriam dos céus para visitar o pastorado e devolveriam a vida e a saúde ao seu fiel servidor. A esperança não foi em vão!

Naquela mesma noite o pastor caiu num sono profundo, durante o qual aconteceu uma crise benigna. Na manhã seguinte, tia Matilde acordou Dagmara com beijos e dizendo, com lágrimas nos olhos:

– Levante-se, querida! Vamos agradecer ao Senhor por sua infinita bondade. Ele ouviu a nossa prece. O seu tio vai viver.

Dagmara passou a mão pelos olhos úmidos. Seria aquela lembrança um aviso? Não deveria ela agora rezar pelo pai?

Mas esse pensamento foi passageiro, e Dagmara, sem forças, fechou os olhos e encostou a cabeça no espaldar da poltrona. Ela sabia de antemão que agora a sua prece seria inútil, pois tudo acontece de acordo com as leis imutáveis, e se a força vital do seu pai estava esgotada e iniciara-se a separação do espírito do corpo, então nada no mundo poderia pará-la. O Grande Espírito Divino, em Sua infinita sabedoria, não interromperia esta separação somente porque um átomo racional qualquer se sentia muito infeliz com a realização daquela lei da transformação que diz: morrer para renascer de novo e aperfeiçoar-se continuamente.

Tomada por uma inquietação nervosa, Dagmara levantou-se e andou pelo quarto. Depois, parou diante da mesinha de cabeceira sobre a qual havia um Evangelho que, certa vez, o pastor lhe presenteara para consolo nos momentos difíceis da vida. Dagmara, inconsciente, pegou-o e um sorriso amargo passou por seus lábios. Há quantos anos não abria aquele livro, fonte ilimitada de força e consolo para tantos milhões de pessoas!

O que poderia lhe dizer um livro que ela analisava com critério científico e procurando uma interpretação hermética? Mesmo assim, Dagmara guardava-o com todo cuidado, como lembrança de um sonho feliz, um brinquedo preferido que sempre lembrava o mundo de fé, consolo e esperanças que aquele livro lhe desvendava em outra época.

Lembrou novamente como a tia Matilde, nas horas difíceis, pedia conselhos ao Evangelho, abrindo-o em qualquer página. Dagmara de forma automática, enfiou os dedos entre as páginas, abriu o livro e empalideceu emocionada lendo as linhas indicadas pelo dedo. Em um dos lados ela leu: "Bem-aventurados os pobres de espírito, pois é deles o Reino de Deus", e no outro lado: "Muito tenho ainda a dizer-vos, mas vós agora não o compreendereis".

Trêmula, fechou o livro, beijou-o e recolocou no lugar. O livro sagrado deu a resposta às questões que a atormentavam, e esta resposta, séria e profunda, impressionou a jovem. Não estava ela orgulhosa das partes da ciência que havia adquirido? E mesmo assim, continuava tão incapaz de compreender e aplicar o conhecimento superior quanto os ignorantes ouvintes do Filho de Deus.

Pálida e emocionada, Dagmara sentou-se de novo na poltrona. Sentia-se fraca: a cabeça parecia pesada como chumbo e pelo corpo corria um tremor nervoso, cada nervo tremendo da forte emoção pela qual acabara de passar. Mas, aos poucos, foi tomada por um estranho torpor. Não estava dormindo nem acordada; seu corpo parecia paralisado, mas ela, entretanto, sentia-se pairando sob o teto do quarto, cujas paredes foram se abrindo e afastando aos poucos e, finalmente, desapareceram na distante penumbra. Agora, diante dela estendia-se uma clareira verdejante e florida, iluminada pelo forte luz do sol. Ela saiu andando por um pitoresco prado, encontrando, por vezes, outras pessoas que passeavam e que a cumprimentavam pacificamente com um bondoso sorriso.

Logo notou no horizonte uma grande floresta cuja densa mata

a atraía de forma irresistível. Dagmara entrou corajosamente sob a sombra de árvores seculares e apressou o passo, apesar da penumbra existente sob os densos galhos que se entrelaçavam no alto. De repente, saiu numa grande clareira em cujo centro se elevava uma pirâmide de pedra. Acima do pesado portal, sobre a entrada, via-se uma inscrição feita a fogo:

"Não existe retorno para aquele que passar pela minha porta".

– Isto, provavelmente, deve ser assim, porque a saída é do outro lado– pensou Dagmara.

Subiu com coragem os degraus de mármore e bateu à porta de bronze que se abriu com estrepitoso rangido. Dagmara entrou. Por um instante, ela parou, olhou para trás e assustou-se. Tudo o que existia atrás dela desvaneceu-se e desapareceu num sombrio abismo que se escancarou diante da entrada da pirâmide. Mas a porta se fechou com estrondo e impediu-a de continuar olhando.

– Preciso logo encontrar a saída do outro lado e sair deste lugar horrível – pensou, olhando em volta com medo e curiosidade.

Ela se encontrava numa enorme sala cuja abóbada ia para o alto e parecia perder-se no infinito; por todos os lados reinava uma misteriosa penumbra, e Dagmara vislumbrou, no centro da sala, uma gigantesca estátua; ao longe se via uma luz avermelhada como a de um incêndio.

– A porta de saída deve estar lá – pensou, e correu naquela direção.

Mas, ao passar perto da estátua, parou e começou a examinar com espanto a estranha figura sobre um pedestal fosforescente. Era a imagem de uma mulher com dois rostos e quatro mãos no torso fechado. O rosto virado para Dagmara era imponente, de uma beleza sóbria, e os olhos brilhantes, indevassáveis e desapaixonados olhavam para ela. Esta estranha imagem segurava na mão uma tocha cujo fogo cortava com seus raios de luz ofuscante a escuridão.

– De quem seria esta imagem? – pensou Dagmara.

Neste instante, os lábios da estátua se moveram, e ela disse com voz harmoniosa:

– Sou a força do Bem, o verdadeiro conhecimento, a sabedoria dos magos! Conheço todas as leis e já não cometo erros. Aqueles a quem dirijo, eu conduzo através dos arcanos do saber para a suprema delícia da harmonia e, com o trabalho sem cansaço, abro aos meus seguidores os mistérios da criação, transformando o escravo da carne no senhor da luz. Das profundezas da dúvida e do sofrimento, ele irá elevar-se para as regiões da luz eterna, dotado do poder de olhar para o abismo sem sentir tonturas e aspirar os aromas do mal, que passarão por ele sem afetá-lo. E agora, indecisa e curiosa criança, veja o meu segundo rosto, antes de prosseguir no seu caminho. Por mais que eles sejam diferentes na aparência, são, na realidade, a mesma coisa. Do nosso contraste nasce a harmonia final, alcançada somente com o conhecimento do bem e do mal.

A cabeça iluminada escureceu, a luz da tocha apagou-se, e a estátua virou-se para ela com a sua outra parte. Dagmara tremia e olhava com horror o rosto escuro que apareceu; ele respirava orgulho e crueldade, e seus grandes olhos brilhavam com força sombria. Aquela figura ameaçadora segurava na mão abaixada uma tocha cujo fogo fumacento iluminava com luz da cor do sangue o abismo que se abria a seus pés, no fundo do qual se aglomerava uma multidão de seres humanos, vomitando maldições e soltando lamentosos gemidos.

– Sou a força do Mal! Também tenho o nome de ciência, mas dentro dela procuro os segredos das forças ocultas da natureza que me dão o poder de fazer o mal. A minha luz cega a pessoa que me obedece, e a força letal com a qual eu armo esta pessoa, transforma-se em sua própria fraqueza e morte. Ele aprende a causar sofrimentos, satisfaz-se com a vingança conseguida, faz o mal pelo mal e sofre ele próprio, pois o mal é a privação e o sofrimento, mas também é o primeiro passo em direção ao bem. Tudo saber para tudo amar – este é o objetivo! Todo ser passa pela escola do meu conhecimento. Quando você se tornar poderosa no mal, mas só utilizar as armas de destruição para fazer o bem, somente então estará apta para ser aprendiz da minha iluminada irmã, representante do conhecimento puro, impossível de compreender sem estudar a questão do mal. Entretanto, o caminho é longo, e são pesados os ferimentos e machucados que sofre todo ser antes de alcançar as portas do céu e abri-las com a chave do mal purificado.

Nesse instante uma névoa cinzenta cobriu a estátua. Tremendo de medo e emoção, Dagmara correu na direção da luz distante, onde supunha que ficava a saída. Mas, lá chegando, viu que a luz provinha de uma grande fogueira, formada de um monte de tochas. A luz avermelhada iluminava um altar sobre o qual havia um enorme livro selado com sete selos. Um ancião, em trajes brancos, debruçava-se sobre ele e parecia estudá-lo. Seu rosto refletia cansaço, e o suor abundante escorria de sua testa.

– Bondoso ancião! Poderia indicar-me a saída desta sala? Não posso sair por onde entrei, pois a inscrição sobre o portão diz que não há volta para aquele que passar por aquela porta – pediu Dagmara, aproximando-se indecisa do velho.

Um sorriso enigmático passou pelos lábios do ancião.

– Você leu as palavras sem entender-lhes o sentido. Mas leu certo: para você não existe volta. Ver, penetrar nos mistérios e depois sair pela mesma entrada só é possível aos eleitos. Veja este livro! Somente uma mente purificada pode lê-lo sem quebrar os selos. Quanto a você, pegue uma das tochas da fogueira e vá iluminar a escuridão; e que não aconteça com você o que aconteceu com Prometeu, consumido pelo fogo celestial que havia roubado. Lá está – a porta que conduz à trilha da vida.

O velho esticou a mão e, no mesmo momento, escancarou-se com estrondo uma porta de bronze que Dagmara não havia notado antes e, na sala, penetrou uma lufada de ar úmido e frio. Dagmara estremeceu. Lá fora havia a escuridão da noite; relâmpagos cortavam o céu negro e a chuva, aos borbotões, açoitava as rochas pontiagudas que apareciam sob a luz dos relâmpagos.

Indecisa, mas sentindo-se impelida por uma força irresistível, Dagmara aproximou-se da fogueira e agarrou uma tocha; apertou-a contra o peito e dirigiu-se à porta. Mas ao olhar para fora, estremeceu e parou.

– Vá! – disse o velho. – Você leva a luz que lhe abrirá os olhos. Você verá os pensamentos das pessoas, através da carne; ficará horrorizada com os seus ferimentos espirituais e tentará amenizá-los.

Mas, pelo bem recebido, eles a recompensarão com o mal. Apesar disso, você deve seguir sempre em frente, se quiser alcançar o objetivo do caminho empreendido.

Com todo o corpo tremendo, Dagmara atravessou a soleira da porta e parou novamente. Diante dela, a perder de vista, estendia-se uma cordilheira de rochas por entre as quais passava uma trilha que mal dava para se notar, que tinha de um lado rochas escarpadas e do outro lado profundos abismos. Sob a luz esverdeada dos relâmpagos, aquele quadro tornava-se ainda mais terrível, e Dagmara ficou em pânico; a consciência de que estaria sozinha naquela perigosa jornada deixava-a angustiada. Dagmara virou-se, querendo voltar para a pirâmide, e viu-se, de repente, cara a cara com um ser repugnante que a olhava com escárnio e impiedosa maldade.

– Pare! Voltar é mais difícil do que pensa.

– Quem é você? O que quer de mim?

– Chamem-me de Dúvida. Vou acompanhá-la nesta viagem que empreendeu. Vou persegui-la como sua sombra, mas você só me verá quando olhar para trás. Se você conseguir chegar ao fim, eu estarei vencida, derrotada e desaparecerei para sempre; mas cuidado para não fraquejar e deixar cair a tocha, pois aí vou derrubá-la e levá-la para o sombrio abismo dos meus domínios.

Soou uma maldosa risada, e o ser repugnante desapareceu. Muda de horror e medo, Dagmara encostou-se à rocha e fechou os olhos. Nesse instante, o contato de uma mão carinhosa e macia obrigou-a a recompor-se. Sob a luz avermelhada da sua tocha, ela viu ao seu lado um ser esbelto e jovem com um rosto dócil e abnegado, cujos grandes olhos cinzentos brilhavam com energia não-humana à qual tudo se submetia.

– Você não está só, minha criança! Pegue a minha mão e aceite a minha ajuda. Eu a conduzirei por esta trilha espinhosa. Tome um gole da beberagem que trago comigo; ela a ajudará a superar o cansaço e vencer as desilusões que encontrará inevitavelmente em seu caminho. Sem mim, nem a ciência, nem a fé estarão em condições de ajudá-la.

Retirando um simples cálice, a aparição levou-o aos lábios de

Dagmara. O líquido em seu interior tinha um aroma muito agradável e um frescor vivificante. Revigorada e acalmada, a jovem empertigou-se: o rugido da tempestade e o faiscar dos relâmpagos já não pareciam tão horríveis, e a estreita, sinuosa e íngreme trilha diante dela já não assustava tanto. Então, ela disse com um sorriso:

– É claro que o aceito como companheiro de viagem! Mas, diga, quem é você? Por que você se considera mais poderoso que o saber e a fé?

O ser misterioso sorriu.

– Você se surpreende com isso, vendo a minha modesta aparência? Obviamente, eu não sou tão maravilhoso quanto aqueles dois motores da humanidade, chamados de Conhecimento e Fé, mas as pessoas só reparam em mim quando já estão perto do objetivo. Minha filha, sou a Paciência! A minha ajuda é grande. Portanto, segure com firmeza a minha mão, pois sempre irá precisar de mim. Ao nascer na carne ou ao morrer na alma, tanto na terra quanto no espaço, sem mim, você, por certo, irá cair e começar de novo o pesado caminho da ascensão infinita. Da minha fronte caem gotas de suor sangrento, mas você não deve assustar-se com isso; são gotas nobres, a própria essência de cada esforço seu, cada sacrifício, cada vitória sobre si mesma. Deste orvalho de sangue cria-se para você uma vestimenta de luz de eterna glória no espaço infinito. A beberagem que lhe dei é composta de três flores celestiais: a energia, a inabalável fé no objetivo e o amor à causa para a qual você trabalha. Se você permanecer fiel a mim, irei refrescá-la com esta beberagem, sempre que enfraquecer.

– Então, vamos, vamos indo! Junto a você, sinto-me invencível! – exclamou Dagmara e, entusiasmada, seguiu pela íngreme trilha.

Ela mantinha a sua tocha no alto, e a chama resplandecente iluminava abismos, rochas e seres sofredores, miseráveis e cobertos de feridas, caídos pelo caminho. Dagmara ensinava uns, fazia curativos em outros, ajudava e consolava terceiros. Mas, até aqueles que ela aliviava mordiam-lhe as mãos misericordiosas, cuspiam na sua tocha e atiravam-lhe pedras. Dagmara sentia-se cada vez mais cansada e dentro do seu coração subiam o fel e a ira contra a turba ingrata que a perseguia com apupos, atirava-lhe lama, cobria de desprezo e ofensas, acusando-a dos mais diversos malefícios.

Aquilo tudo começou a ficar insuportável. Ela queria fugir, mas toda vez que se voltava, encontrava a Dúvida, que, com um sorriso malévolo, abria para ela os seus braços. Esmagando a raiva que fervia em sua alma, Dagmara prosseguiu no caminho, tropeçando a cada passo. E, mesmo assim, ela afastou raivosamente a mão e o cálice do seu modesto e silencioso companheiro.

— Afaste-se! — gritou ela, fora de si. — Você me irrita com o seu rosto impassível. Sua beberagem é nojenta, e as gotas que caem da sua fronte sobre as minhas mãos queimam e me levam ao desespero.

A imagem do ser cinzento empalideceu, parecendo dissipar-se na escuridão, e Dagmara cansada parou, ofegante. Encostando-se à rocha, apertou a tocha junto ao peito dolorido e, de repente, percebeu que a chama, que se apagava, havia queimado suas roupas e o seu corpo era uma única ferida.

Dagmara olhou em volta com olhar perdido e cheio de desespero. Por todos os lados a cercavam rochas nuas, dentadas e profundos desfiladeiros, no fundo dos quais rugiam e ferviam águas invisíveis. Somente lá longe, sobre uma pequena, mal-iluminada e inacessível plataforma, via-se um altar tombado. Sobre ele pairava uma nuvem fosforescente e, em seus degraus, jaziam cadáveres ensanguentados e desfigurados. Entre eles estava parada uma figura – anjo ou demônio – em cujos abundantes cachos de cabelos havia uma coroa de luz e, nas costas, viam-se duas enormes asas: uma branca e a outra negra. Levantando a mão, esse ser misterioso apontou para a nuvem e pronunciou com voz solene:

— Eis a verdade que procuras! Oculta, indevassável, ela paira sobre o abismo, e somente aquele que nada teme pode alcançá-la. Aos pés do altar tombado de sua fé e esperança estão caídos, desfigurados e ensanguentados, aqueles que fraquejaram. Eu os venci, pois sou o dragão, guardião da entrada do mistério, e ai de quem ousar lutar comigo, sem estar suficientemente armado para isto.

Dagmara estremeceu de amargura e raiva. Um profundo ódio pela sua causa ferveu nela; com um gesto brusco, ela jogou a sua tocha no abismo e ouviu o seu crepitar ao apagar-se. Então, uma profunda escuridão a envolveu No mesmo instante, do fundo do abismo, surgiu lentamente a zombeteira e triunfante Dúvida. Ela esticou os braços para a jovem, e algo empurrou Dagmara para frente. De repente, ela sentiu o vazio sob seus pés e precipitou-se para baixo, batendo em pedras afiadas que rasgavam o seu corpo. Dagmara gritou... e acordou.

"Graças a Deus! Foi só um sonho ou alucinação provocada por meus nervos excitados, pensou. Em todo caso, parece um sinal de mau agouro."

Capítulo XI

A notícia de que Detinguen estava muito doente e que seu fim estava próximo correu rapidamente e atraiu a atenção de todos.

Saint-André visitava a vila todos os dias. Seu reconhecimento a Detinguen superou o sentimento pesado e doentio que o atormentava na presença de Dagmara, a quem amava sem qualquer esperança de correspondência. O conde considerava seu dever prestar uma atenção fraternal e amor ao velho, que lhe revelou grandes verdades sobre o mundo invisível e que fez sua alma renascer. Detinguen, por sua vez, aproveitava os últimos dias para iniciar o rapaz nos mistérios da ciência oculta dentro da capacidade deste.

O duque e a duquesa também visitaram várias vezes o doente. Somente Desidério não aparecia; ele não conseguia se decidir a encontrar Dagmara, evitando-a a todo custo, a partir do dia humilhante em que ela rejeitou a sua proposta de casamento.

Na manhã seguinte ao famigerado encontro com Dagmara, Desidério acordou nervoso, irritado e muito raivoso. Ele não somente sofria da dor de cabeça da bebedeira e do amor-próprio ferido, mas teria também de enfrentar a mãe que – como ele bem o sabia – odiava as farras e não suportava quando ele voltava para casa bêbado. Entretanto, para sua enorme surpresa, a baronesa recebeu-o com muita condescendência quando ele apareceu no desjejum irritado e inchado. Não houve nenhuma crítica, nem o menor comentário sobre o ocorrido. Quando Desidério, encantado com tal graça, beijou a mão da mãe em despedida, esta lhe enfiou no bolso um maço de dinheiro e disse, dando um tapinha amigável no rosto:

– Vá e divirta-se, meu garoto! Esqueça a tristeza.

Tal harmonia continuou a reinar entre a mãe e o filho. Nunca antes a baronesa fora tão generosa e tão condescendente até para os mais insanos atos de Desidério. Aliás, havia muito tempo, ela já era uma nociva influência à alma do filho. Mulher vulgar, sem coração e insolente nos próprios atos e convicções, ela não sabia e nem queria ensinar-lhe os princípios da discrição e honra, que considerava risíveis e absolutamente inúteis. Ela exagerava nos elogios e admirava a aparência do filho, desenvolvendo a sua vaidade natural e o egoísmo. Assim acostumou-o a olhar para si próprio, seus interesses e até caprichos, como o centro de tudo, sentindo-se no direito de sacrificar qualquer coisa ou pessoa que o incomodasse. E, principalmente em relação às mulheres, a baronesa tentava com todas as forças incutir e apoiar em Desidério a sua já conhecida desonestidade.

Ela sempre achou natural que um homem tão bonito e brilhante como Desidério devesse satisfazer seus sentidos sem ser atrapalhado. Na sua opinião, ele tinha o direito de seduzir qualquer mulher que lhe agradasse, não importando se tal mulher fosse a esposa ou o amor do seu melhor amigo, e depois varrê-la do seu caminho se ela o incomodasse. Esta atitude deveria parecer aos olhos de Desidério como "audácia" e, principalmente, servir como defesa legal da sua liberdade pessoal.

A sociedade devassa e desencaminhada que Desidério frequentava era um solo fértil ao sucesso. As conquistas fáceis desenvolviam o seu orgulho e vaidade natural. Por isso a negativa de Dagmara de aceitar o seu amor e nome foi um duro golpe para ele, se não no coração, então no amor-próprio. Agora ele sentia pela orgulhosa moça um misto de raiva, ódio e uma surda sede de vingança.

Eram esses sentimentos que o impediam de visitar Detinguen; Desidério entendia que tal indiferença da sua parte – ao homem que salvou a sua vida e que o abrigou em casa por alguns meses – era muito ruim para a sua imagem. Por isso, mesmo contra a vontade, ele decidiu por fim fazer uma visita a Detinguen, o que já estava ficando inadiável.

Conseguindo habilmente a informação de que Dagmara iria ausentar-se de casa por algumas horas, Desidério decidiu aproveitar essa oportunidade e visitar a vila.

Detinguen recebeu-o, amável e, durante a conversa, nenhuma vez mencionou Dagmara, de modo que, Desidério, constrangido, recuperou a sua costumeira pose. A mudança radical na aparência do velho impressionou-o profundamente e despertou compaixão em sua alma; mas quando o olhar de Detinguen fixou-se nele e parecia enxergar o mais profundo de sua alma, Vallenrod foi de novo tomado de uma obscura sensação de perigo.

– O senhor está vendo o meu futuro, barão? – perguntou com sorriso forçado. – Neste caso, peço-lhe que me diga o que vê. Recordo que certa vez o senhor previu que eu por duas vezes estaria entre a vida e a morte sob este teto. Metade dessa profecia já se realizou. E isso desperta em mim uma forte vontade de ouvir do senhor o que o futuro me trará.

Detinguen meneou a cabeça.

– Não vejo os acontecimentos que o aguardam, mas leio em seus olhos um conturbado passado e um futuro ainda mais agitado. Se o senhor quiser ouvir os comentários de um moribundo sobre isso, posso contar-lhe com prazer.

– Mas é claro que quero! Eu o ouvirei com gratidão e respeito que merece um homem a quem devo a vida – respondeu Vallenrod.

– Neste caso, digo-lhe: abandone sua vida depravada e a perseguição aos prazeres vazios e mentirosos. O mundo no qual o senhor vive se vangloria do vício, considerando-o como qualidade e não se detém diante de nenhuma baixeza, pois tal comportamento não traz consigo nenhum castigo. Entretanto, as pessoas não sabem que todos os seus abusos repercutem de forma cruel sobre si próprias, e que não se transgridem impunemente as leis que regem o nosso corpo e alma. Eu já lhe mostrei um pouco dos mistérios ocultos, e o senhor deve compreender que atos imorais, egoísmo e paixões desenfreadas mancham o corpo astral e quebram a corrente mágica que o protege. E quando esta proteção invisível não mais existir, nada irá protegê-lo das forças fatais, que aguardam a sua menor fraqueza e o menor tropeço para pular sobre o senhor e arrastá-lo ao abismo da provação de vida não cumprida. Atualmente está na moda zombar da religião, negar a existência de Deus e considerá-Lo inútil só porque Ele não derruba e nem castiga abertamente por todos os abusos e vícios. Esquecem, entretanto, que a vida é curta e a volta à origem invisível é inevitável, e que seus acusadores e juízes serão as leis que vocês transgrediram. Repito, barão, ai do mortal que ignorar as leis e manchar o seu corpo astral, brincando com terríveis e desconhecidas forças como um selvagem brincando com arma de fogo.

Desidério, pálido e emocionado, ouvia tudo em silêncio. A voz solene e sonora e o rosto magro, emoldurado por longa e grisalha barba, impressionavam. Parecia-lhe que a voz vinha de além-túmulo, invocando sobre a sua cabeça aquelas duras leis que ele tantas vezes transgredira.

Detinguen fitava-o com um olhar de profunda tristeza. Ele sabia que as suas palavras resvalariam sem deixar rastros na couraça intransponível da indiferença, mimo e vício, à qual estava presa a sua jovem, egocêntrica e vaidosa alma. Com profundo suspiro, ele abriu a gaveta da escrivaninha, retirou de lá um envelope lacrado e entregou-o a Desidério.

– Este envelope, barão, contém instruções para o senhor. Mas não deve lê-las enquanto Saint-André não lhe disser que chegou a hora de conhecê-las. Prometa-me que não abrirá o envelope até chegar o momento!

– Eu lhe juro que não abrirei! – exclamou Desidério, lisonjeado pela inesperada confiança do mago e satisfeito pela conversa tão desagradável ter tomado outro rumo.

Desidério guardou com cuidado o envelope na carteira, mas não teve tempo de dizer nada, pois, naquele instante, a porta se abriu silenciosamente e Dagmara entrou no quarto.

Ao ver o barão, ela empalideceu e parou, tomada por uma sensação doentia. Pareceu-lhe que um sopro de ar pesado e quente atingira seu rosto e cortara-lhe a respiração.

Desidério percebeu, ao primeiro olhar, que a jovem mudara muito. Ela parecia mais alta e magra, e seus olhos de aço perderam a antiga expressão sorridente e carinhosa; fitavam-no agora de modo sombrio, pensativo e duro, com um olhar frio e hostil. Além do mais, a repentina palidez de Dagmara lisonjeou o seu amor-próprio e consolou-o pela negativa recebida.

Vallenrod aproximou-se dela com toda a sua peculiar pose e apertou-lhe a mão. No mesmo instante, sentiu como um choque elétrico percorrer todo o seu corpo e parar no coração. Mas a emoção, provocada pelo encontro inesperado, fê-lo esquecer essa sensação quase de imediato. Querendo mostrar desembaraço, ele começou a falar de banalidades, mas Dagmara, cumprimentando-o friamente, estava pouco comunicativa e nem tentou impedi-lo quando ele começou a se despedir.

Assim que o barão saiu, ela sentiu uma estranha fraqueza; encolheu-se numa grande poltrona e adormeceu num sono pesado e agitado. Pouco depois chegou Saint-André e, vendo a jovem dormindo, quis sair sem ser percebido, mas Detinguen fez um sinal para ele se aproximar.

– Não se preocupe, Phillip! Ela não vai acordar. Ajude-me a levantar e ir ao laboratório. Preciso falar-lhe. Quero revelar somente a você um importante segredo que aperta o meu coração.

Quando Detinguen contou sobre o acontecido durante a doença de Desidério, Saint-André ficou mudo por instantes, e uma palidez espalhou-se pelo seu rosto.

– Santo Deus! O que o senhor fez, mestre? – murmurou finalmente. – Isto é horrível: ela estar ligada a ele! Desidério é um volúvel e esbanjador incorrigível, jamais gostará da vida familiar... Ao usar as mulheres ele as despreza; e só se diverte enquanto está seduzindo. Depois, sem nenhum remorso, abandona-as, assim que se cansar.

BEM-AVENTURADOS OS POBRES DE ESPÍRITO

– Tudo isso está certo e já o sabia antes de ter feito o que fiz; mas mesmo assim, este destino fatal deveria realizar-se – respondeu taciturno Detinguen. – Não consegui decidir-me a contar a verdade a Dagmara – continuou ele – e, em caso de ela ter um ataque letárgico, que é muito possível, deixei instruções com Vallenrod. Entretanto, ele não deve abrir o envelope lacrado até que você lhe diga que isto é necessário. Eis a cópia das instruções. Você deve estar presente e certificar-se de que tudo será feito conforme as minhas instruções. Em nenhum momento deixe-a sozinha com ele! Prometa-me isso, Phillip!

– Juro-lhe que farei tudo o que depender de mim para que as suas ordens sejam cumpridas à risca e Dagmara não saiba da verdade. – respondeu o conde, apertando a mão do ancião.

Com a aproximação da morte, no espírito de Detinguen instalava-se uma clara paz. Ele se trancava por dias inteiros no santuário e saía de lá solene e concentrado.

Faltando três dias para o falecimento, o que só ele conhecia, Detinguen levou Dagmara ao santuário. Ela usava, pela primeira vez, uma túnica branca de linho; seus cabelos estavam soltos e sobre a cabeça trazia uma coroa de flores de verbena. O pai ensinou a ela o ritual de invocações e, em seguida, acendeu as velas e os carvões nos tripés. Abrindo uma grande caixa metálica em forma de capela, ele mostrou a Dagmara um sino de prata ali dentro pendurado.

– Nos momentos importantes da vida, você executará o ritual que ensinei e tocará o sino sete vezes, pronunciando o nome escrito neste rolo de papiro. A seu chamado, virá aquele que você irá ver agora: ele é o meu protetor e instrutor. Ele é poderoso, sábio e venceu a dúvida. Quero entregá-la sob a sua tutela.

Dagmara, pálida, olhava emocionada para o altar sobre cujos degraus logo surgiu a impressionante figura do mago. Estarrecida com a incrível beleza do desconhecido e o mistério de sua aparição, a jovem ajoelhou-se; o mago aproximou-se e pôs a mão sobre a sua cabeça. Um calor benéfico correu pelo corpo de Dagmara, e ela ouviu uma voz harmoniosa dizer:

– Quando você me invocar, eu aparecerei! O quanto for forte a sua fé, tão forte será a minha ajuda.

Dagmara levantou os olhos. O olhar ardente do mago atravessava-a por inteiro, preenchendo sua alma com fé e esperança. Nesse instante, ele levantou a mão: uma morna e refrescante corrente bateu no rosto de Dagmara e ela, instintivamente, fechou os olhos e, quando os abriu de novo, a incrível visão havia desaparecido. Mas, ela própria e o chão à sua volta estavam cobertos de lindas flores, que espalhavam um aroma absolutamente desconhecido para ela.

– O mestre lhe concedeu a sua tutela. Seja firme nas provações, minha querida, e ele não a deixará – disse Detinguen.

Na véspera do dia que ele sabia ser o último, o venerando sábio disse a Dagmara e Saint-André que iria retirar-se para o santuário e não queria ser incomodado, mas que no dia seguinte à noite eles deveriam estar reunidos no seu gabinete e, quando ouvissem a campainha elétrica, deveriam subir para juntarem-se a ele.

A noite e o dia passaram para Dagmara numa indescritível tristeza e enfado; ela sentia a aproximação de algo muito ruim e não parava de chorar e rezar. Perto das seis horas da tarde chegou Saint-André e, juntos, foram ao gabinete; e lá permaneceram calados, aguardando, com tristeza e medo, o sinal de chamada. A campainha tocou perto das nove e meia. Os jovens estremeceram e apressaram-se a entrar no santuário. Ele estava iluminado para uma grande solenidade; sobre o altar estava aceso o candelabro de sete velas e, nos tripés, queimavam aromas agradáveis, porém sufocantes. Detinguen, numa vestimenta de linho, estava sentado junto à mesa, sobre a qual havia um estranho e grande relógio e um cálice. No peito do velho luzia uma estrela, e o seu rosto parecia transformado, e transpirava uma imponente e iluminada paz.

– Aproximem-se, minhas crianças, e os abençoarei neste momento tão solene para mim – disse ele com amor.

Após abençoar e beijar a ambos, Detinguen apontou para o relógio à sua frente.

– Vejam, amigos, este pequeno milagre da mecânica que representa o horóscopo de minha vida.

O conde e Dagmara abaixaram-se para olhar mais de perto.

A caixa alta e larga, de carvalho negro, tinha um nicho com duas figuras que era difícil dizer se eram feitas de bronze ou cera. Uma das figuras representava o tempo, com a típica foice e ampulheta; a outra estava coberta por um lençol e segurava, numa das mãos, uma tocha acesa e, na outra mão, o cordão do sininho de prata pendurado no teto do nicho. Entre as duas estatuetas místicas havia um grande mostrador de relógio, cheio de círculos e sinais cabalísticos e, pelo mostrador, corria rápida e silenciosamente um ponteiro vermelho como sangue.

–Vejam! – disse Detinguen. – No tempo, entre o nascimento e a morte flui a minha vida e a de todos. O pequeno ponteiro púrpura é o sopro da vida, e pelos inúmeros círculos que cobrem o mostrador, vocês percebem que ela já percorreu um longo caminho. Agora, ela se aproxima do alvo e, assim que o alcançar, o fogo da vida irá apagar-se, e o sino soará a hora da libertação, a hora do retorno ao mundo astral.

Ao ouvir aquelas palavras, Dagmara soltou um grito, e lágrimas jorraram de seus olhos. Detinguen apertou-lhe a mão, trouxe-a para si e a beijou.

– Não chore, querida! Não encabule com sua fraqueza este grande momento! Somente um profano choraria assim. Você deve concentrar-se numa pura e desinteressada prece para facilitar a libertação do meu espírito da cobertura corporal. Pois uma alma que está pronta para partir nada mais é do que uma prisioneira para a qual estão abrindo as grades da prisão. A maior prova de amor por mim neste momento solene será a sua calma e a prece.

Dagmara ajoelhou-se em silêncio e apertou a própria testa na mão do ancião. Ela quis ser forte e tentava rezar.

– Agradeço por este esforço de vontade com que você quer provar a sua afeição – disse Detinguen. – Agora, pegue do altar o lenço dobrado e a vela. Com o lenço você cobrirá o meu rosto e você, Phillip, acenda a vela e a coloque na minha mão.

Trêmulos, os jovens executaram suas ordens; ajoelharam e ficaram em um angustiante silêncio. O conde estava pálido como um fantasma, e o corpo de Dagmara começou a exalar frio suor, não a deixando pensar. Ela estava inteiramente concentrada na aproximação da misteriosa e terrível desconhecida que chamam de Morte.

De repente soou baixo a voz firme de Detinguen:

– Meu trabalho na terra terminou. A carne cumpriu o seu papel e retorno para o infinito invisível e incomensurável para comparecer diante Daquele indescritível, Aquele que ninguém pode conceber, Aquele que não tem início nem fim e cujo nome se pronuncia com tremor. Oh, Ser Supremo! Tu, a quem tudo obedece, desde o último átomo até a eternidade, sê misericordioso com o sopro que de Ti saiu, e conduze-o através dos abismos da sabedoria para a sua origem divina.

A voz calou-se, e soou um surdo e distante sino. Um forte ruído como de vento em tempestade encheu o quarto; a tocha que a figura do relógio segurava apagou-se e tudo silenciou.

Saint-André recompôs-se primeiro. Vendo que Dagmara estava caída sem sentidos, ele se aproximou de Detinguen, levantou a vela que caiu de suas mãos e retirou o lenço.

O ancião estava morto. Seu rosto imóvel assumiu uma solene concentração: o "iniciado" entrou no mistério que corajosamente estudava em vida.

Com um sentimento misto de tristeza e alegria, Saint-André voltou-se, levantou Dagmara e levou-a para seus aposentos, onde a entregou aos cuidados da camareira. Em seguida, escreveu duas mensagens: uma para Dina, pedindo-lhe que viesse visitar a amiga, e a outra – a Lotar, informando o acontecido. Terminado isso, o conde subiu novamente ao santuário, apagou as velas e limpou e guardou os objetos sagrados. Em seguida, levou com certa dificuldade o corpo do ancião para o quarto contíguo, fechou o santuário à chave e chamou o velho mordomo de Detinguen para ajudá-lo a colocar o corpo no caixão previamente preparado por ordem especial do falecido. O conde encarregou-se de todos os procedimentos do enterro, que se realizou dois dias depois, sem nenhuma pompa, mas com grande aglomeração de curiosos.

Dagmara estava arrasada. Durante aqueles dias, Dina mudou-se para a vila: mas imediatamente após o enterro, ela levou a jovem para sua casa, declarando energicamente que não a deixaria ficar

BEM-AVENTURADOS OS POBRES DE ESPÍRITO

naquela horrível casa, construída sobre o local dos antigos "sabath" e onde, de cada esquina, a morte parecia fazer careta.

Mas a permanência de Dagmara na casa da senhora Rambach foi curta. A jovem duquesa convocou-a ao palácio e lhe disse que a nomeava dama da corte e que os seus aposentos já estavam prontos.

– Subentende-se, minha querida criança, que você está liberada de qualquer serviço e pode dispor integralmente do seu tempo enquanto o seu luto não passar; e o novo ambiente irá ajudá-la nisso. Tirando-a das amargas lembranças, que abarrotam a Vila Egípcia, estou somente cumprindo a vontade do seu finado pai.

Dagmara, com lágrimas nos olhos, agradeceu, e o seu reconhecimento ficou ainda maior quando ela viu que seus aposentos ficavam contíguos ao *boudoir* da duquesa. Os aposentos consistiam de três quartos, mobiliados com luxo e conforto, e o dormitório parecia um ninho de seda e musselina.

Passaram algumas semanas. Dagmara vivia isolada e nada podia desanuviar a sua profunda infelicidade, apesar da bondade e simpatia de que fora cercada. Após a morte do pai, ela caira numa fase opressiva de solidão. O doutor Reiguern visitava-a regularmente e ficava muito preocupado tanto com o seu estado geral quanto com sintomas de doença cardíaca que apareceram de repente. O jovem médico tratava-a, aborrecido por ela não querer apelar para os "estranhos, mas eficazes", conforme opinião de Detinguen, remédios que tinha à sua disposição.

– Acalme-se! Se eu não quiser morrer, então utilizarei drogas mais eficientes do que as suas gotas e comprimidos – respondia Dagmara com um fraco sorriso.

No início de junho Dagmara recebeu permissão para passar dois meses na sua vila. Sua infelicidade aos pouco se acalmou, e a lembrança de Detinguen perdeu aquela agudez dolorida. A luz do sol e o verde exuberante davam um aspecto alegre àquela construção peculiar. Dagmara sentia-se bem, sonhando com o pai nos mesmos quartos onde ele vivia, mas não se decidia a entrar em contato direto com ele.

WERA KRIJANOWSKAIA DITADO POR *J.W. Rochester*

Capítulo XII

Após o retiro e descanso de dois meses em sua vila, Dagmara voltou à corte e começou a cumprir suas obrigações junto à jovem duquesa, que a tratava sempre com carinho e atenção. Dagmara estava mais calma, mas continuava triste, pensativa e, na medida do possível, evitava a sociedade. Por vezes, ela sentia, de repente, uma estranha fraqueza e lhe parecia que o fluido vital a abandonava. O sono, antes tranquilo e fortificante, transformava-se muitas vezes em algo parecido com letargia consciente, deixando o corpo completamente imóvel e a mente com uma especial e dolorosa sensibilidade. Naqueles minutos, diante dela sempre aparecia, com dolorosa nitidez, a imagem de Desidério. Ela também notou que aquela inexplicável sensação provocada pela presença do barão, que já acontecia quando seu pai ainda estava vivo, começou a ficar cada vez mais forte. Ela pressentia a sua chegada, e um estranho e ardido odor – mistura de sangue e perfume – anunciava a sua aproximação, mesmo que não o estivesse vendo. Isso ela comprovou centenas de vezes. Sentindo um sopro pesado e quente, Dagmara chegava até a janela e, alguns

189

BEM-AVENTURADOS OS POBRES DE ESPÍRITO

instantes depois, a carruagem de Vallenrod aparecia, vindo pela rua em direção ao palácio. Quando ele ia embora, ela começava a sentir frio e cansaço. A consciência de que estava submissa a uma influência inexplicável e fatal de um homem que não a amava e pelo qual não sentia nem atração nem respeito, levava Dagmara ao desespero, despertando nela irritação pelo orgulho ferido. Tentou curar-se da inexplicável doença com os poderosos remédios deixados por Detinguen e percebeu, com horror, que aqueles remédios – em vez de aliviar – pioravam o seu estado.

Desidério, por sua vez, também sentia algo estranho nos encontros com a jovem. A sua imagem aparecia em sua mente com irritante constância, principalmente quando estava sozinho e queria descansar. A imagem, que ele acreditava ser consequência de sua derrota, aparecia nítida e provocava nele um misto de amor e raiva. Além disso, ele não tinha esse sentimento por nenhuma das outras mulheres que amou, seduziu e depois abandonou quando já estava satisfeito.

Certa noite, ele se sentia particularmente irritado, nervoso e sem sono. Desejando espairecer um pouco, sentou-se na escrivaninha para colocar em ordem seus papéis e, no fundo de uma das gavetas, achou o envelope lacrado que lhe entregara Detinguen alguns dias antes de morrer. Desidério pegou o envelope e ficou olhando-o. O que conteria aquele misterioso envelope e por que ele só deveria conhecer o seu conteúdo quando Saint-André indicasse? De repente, sentiu-se ofendido com tal obrigação e, sob a influência da persistente imagem de Dagmara, compreendeu imediatamente que a carta do mago, muito provavelmente, referia-se a ela. Talvez Detinguen quisesse incumbi-lo de transmitir alguma coisa à jovem. Em todo caso, aquilo nada tinha a ver com Phillip! E por que ele precisava de mentor? E sem muito pensar, Desidério, movido pela raiva, quebrou o selo e tirou do grosso envelope uma folha de papel.

A carta era bem longa. À medida que lia, o rosto do barão foi empalidecendo e na testa apareceram gotas de suor frio. Ao terminar, ele deixou cair à carta e encostou-se na mesa: espanto e horror apertaram o seu coração. Que ciência terrível e misteriosa! Que poder ela tem sobre seus adeptos se eles sacrificam até pessoas que, aparentemente, amam! O que é isso, senão o ídolo de Moloch que exige vidas humanas em sacrifício? E seria possível a operação de que falava Detinguen? Desidério lembrou então um artigo de revista, sobre dois cientistas que fizeram uma experiência bem sucedida de transmissão de sensibilidade. Se um tal de coronel Rosh conseguiu concentrar a sensibilidade de uma pessoa na água do copo, na flor ou numa fotografia e aquela pessoa sentia as picadas executadas sobre a planta ou a foto – ou, enfim, se os médicos podiam transmitir doenças de pacientes para pessoas sadias e depois ambas ficavam curadas, então por que não se poderia despejar a essência da vida de um ser para outro, sem nenhuma alteração aparente na saúde dos mesmos? Também os médicos não sabem as consequências das suas experiências.

Com profundo suspiro, Desidério escondeu a carta de Detinguen e foi deitar; mas o sono não vinha, e ele só adormeceu ao amanhecer, de cansaço.

Quando acordou, estava bem mais calmo. De dia, os laços que o prendiam a Dagmara já não assustavam e encheram-no de vaidade; agradava-lhe a consciência de ter poder sobre outro ser. Agora ele entendia a sensação estranha que tomava conta de Dagmara em sua presença. Aquilo não era paixão oculta, como ele imaginava, mas a ação de forças ocultas. Desidério quase perdoou à jovem por sua ousadia de tê-lo rejeitado, pela frieza e pelo desrespeito à sua pessoa. Ela é sua escrava e muito mais do que seria se fosse uma paixão passageira! Ele adquiriu sobre ela direitos bem mais sólidos do que a igreja concede. Mas essa ligação era bilateral, e ele próprio poderia sofrer graves e inesperadas consequências, o que diminuía muito o favor que Detinguen lhe fizera.

A partir daquele dia, Desidério ansiava de desejo de testar o seu poder.

Era difícil encontrar o momento oportuno, pois Dagmara evitava cuidadosamente ficar com ele a sós. Desidério, entretanto, era paciente e persistente. Logo conseguiu saber que a jovem, de vez em quando, passava uns dias na casa de Dina. Ficou aguardando uma dessas visitas para aparecer na casa da senhora Rambach, certificando-se antes que a dona havia saído. Depois de ser informado pelo mordomo que a senhora Rambach não se encontrava, mas logo estaria de volta, e que a condessa Helfenberg estava sozinha na estufa de plantas, Vallenrod dirigiu-se imediatamente para lá, dizendo que iria esperar a volta da anfitriã.

A estufa era uma ampla galeria de vidro que saía para o terraço, cheia de plantas raras. Dagmara estava recostada no balanço entre arbustos de magnólias em flor e tão absorta em pensamentos, que só notou a aproximação do visitante quando este lhe dirigiu a palavra. Desidério notou que ela estava muito pálida e nitidamente doente. Ao som de sua voz, Dagmara estremeceu, e seu rosto ficou lívido, depois vermelho e de novo lívido, mas seu olhar, como sempre, permaneceu hostil e atento. Com expressão fria ela retirou a mão que o conde segurou mais tempo do que devia.

Isso o irritou e, quase de imediato, passou pelo seu semblante um imperceptível sorriso de desdém.

"Está tudo acabado, minha querida! A sua altivez não a salvará do meu poder" – pensou ele. – "A sua resistência não levará a nada, e você cairá nos meus braços quando eu a desejar."

Parecendo sentir esses pensamentos, Dagmara dirigiu-lhe o seu olhar hostil e desconfiado, mas o bonito rosto do jovem oficial já apresentava uma expressão contida e respeitosa. Ele começou a falar do tempo e do calor que fazia e, quando Dagmara respondeu que o calor provocara nela uma dor de cabeça, Desidério agarrou rapidamente um leque e começou a abaná-la. No mesmo momento ele concentrou nela a sua força de vontade, ordenando-lhe que dormisse. E, para o seu grande prazer, logo percebeu que o rosto de Dagmara assumira uma expressão cansada e sonolenta, suas pálpebras se fecharam, e a respiração tranquila e uniforme indicava que ela adormecera.

Desidério olhou-a com ar triunfante. Realmente ela era encantadora e destacava-se sobremaneira das mulheres de todos os tipos e categorias que já passaram pelas suas mãos. Tudo nela era delicado e transparecia nobreza; qualquer toque bruto parecia que iria quebrar a sua figura esguia e graciosa. Seu espírito, calmo, equilibrado e de pureza virginal harmonizava por completo com a sua aparência.

Mas conseguiria ele acender naquela alma a chama da paixão, e ensinar àqueles lábios rosados palavras de amor?

Desidério inclinou-se, pegando a mão de Dagmara. Instantes depois ele percebeu que um tremor percorreu o corpo de Dagmara, e a palidez de seu rosto alterou-se para um tom róseo. À medida que ele apertava em sua mão aqueles dedos finos, um fluido vital parecia inundar o corpo da jovem com novas forças e nova vida.

– Dagmara, você está dormindo? Você me ouve? – perguntou Vallenrod.

– Sim.

– Você percebe que estamos ligados por laços fluídicos que eu comando?

Uma expressão de amargura e tristeza distorceu o rosto de Dagmara, ainda dormindo.

– Sim, eu vejo estes laços.

– E então? Você está pronta a obedecer voluntariamente, ou devo obrigá-la a isto? Em outras palavras, você irá pertencer-me, apesar de me dizer "não"?

– Para a minha infelicidade – sim.

– Diabos! Pelo menos, foi sincera. Então, na sua opinião, pertencer a mim é uma infelicidade? Então, confesse! Você me ama?

– O senhor me agradava, mas não era amor. Quando me convencer de que o senhor não merece nem respeito nem amor, pelo seu comportamento em relação à minha pessoa, então se apagará qualquer bom sentimento pelo senhor. Mas contra o seu poder sempre irei lutar – murmurou a jovem, e pelos seus lábios passou um sorriso desdenhoso de desprezo.

Naquele minuto ouviu-se o barulho de carruagem chegando, e soou a voz de Dina, que conversava alegremente com alguém. Desidério ficou irritado por ter sido incomodado numa hora tão interessante, mas nada podia fazer. Soltou as mãos de Dagmara, executou alguns passes e soprou no seu rosto.

– Acorde! – murmurou ele.

E dirigiu-se rapidamente para a porta, cumprimentando Dina e Lotar que vinham pelo jardim.

Dagmara abriu os olhos com um suspiro. Será que estava sonhando? Não, aquilo era impossível! Vallenrod, ainda com o leque na mão, descia do terraço ao encontro da dona da casa.

– Olá, Dagmara! Como você está fresca e rosada hoje! Nem sinal da antiga palidez! – disse o médico Reiguern, apertando-lhe a mão. – Vejo com satisfação que finalmente acertei no tratamento. Você deve continuar com ele – acrescentou.

Desidério virou-se e colheu uma rosa, que prendeu na lapela.

– Mas que idiota! – murmurou ele com desprezo. – Não foram as suas drogas que realizaram este milagre, mas o meu tratamento. Você com a sua ciência é simplesmente um ignorante! Ah, Detinguen, como você foi hábil naquela hora – acrescentou ele, em pensamento, observando com um sentimento estranho a ação da força mágica no frescor do rosto de Dagmara. Fazia muito que ele não a via tão alegre e viva.

A partir daquele dia, animado com o duvidoso sucesso do seu tratamento, Lotar começou a visitar Dagmara com mais frequência, e seu sentimento por ela aumentava cada vez mais.

Por prescrição do seu zeloso médico, Dagmara levantava da cama cedo e realizava diariamente longos passeios; o seu local preferido para isso era um pequeno bosque próximo da cidade. No meio desse bosque existia uma gruta e uma fonte d'água denominada fonte de Nossa Senhora. O lugar era encantador, cercado por carvalhos seculares entre os quais corriam as águas cristalinas da fonte. No interior da gruta, no nicho para onde levavam alguns degraus, havia uma imagem da Virgem Maria com o Jesus Menino nos braços: a pedra escurecera e desgastara sob a ação do vento, e o pedestal da imagem estava liso pelos beijos dos fiéis. Apesar da indiferença religiosa que cada vez mais tomava conta da turba, tanto no nicho como nos degraus sempre havia flores frescas e, na lamparina acesa, nunca faltou óleo. Do outro lado da gruta foi instalado um pequeno altar de pedra, sobre o qual duas vezes por ano eram rezadas missas.

A lenda conta que, alguns séculos atrás, esta imagem se encontrava na capela do castelo de um cavaleiro, senhor feudal. Era um homem ímpio e cruel, que matou a sua jovem e crente esposa e casou-se com outra mulher bonita e rica, mas tão má e ímpia quanto ele próprio. Por insistência da nova esposa, ele livrou-se da filha do primeiro casamento, dando-a a pobres camponeses. A Virgem Santíssima, padroeira da falecida, apareceu por três vezes em sonho ao impiedoso cavaleiro, ordenando-lhe severamente trazer de volta a filha e expulsar a indigna mulher; mas ele, na sua teimosia, expulsou a imagem, mandando colocá-la na floresta. Alguns anos mais tarde, ele adoeceu de repente, perdendo o domínio dos braços e pernas e com o corpo todo coberto de chagas. Aterrorizado, arrependeu-se, expulsou a esposa e trouxe de volta a filha, que já tinha completado quinze anos. Delicada e benevolente como a mãe, ela perdoou ao pai, rezava por ele e convenceu-o a construir um convento para colocar lá a imagem expulsa do castelo de forma tão sacrílega. Levou o pai à floresta e ambos começaram a pedir perdão a Nossa Senhora. A Virgem Maria ouviu as preces da jovem: certa noite, na gruta, jorrou uma fonte d'água e, quando o cavaleiro banhou-se nela, recuperou imediatamente a saúde. Ao mesmo tempo a jovem recebeu em sonho uma mensagem, dizendo que a Santíssima Virgem desejava que a sua imagem permanecesse na gruta. Comovido pelo milagre, o senhor feudal distribuiu seus bens entre os pobres e fundou a Ordem dos Templários, onde recebeu a tonsura. A sua filha também se dedicou ao serviço do Senhor.

E foi justamente esse lugar poético e consagrado pela tradição que Dagmara escolheu para seus passeios. Pouca gente passeava por lá e a jovem, descansando sob a sombra de carvalhos seculares, gostava de observar os pobres que vinham rezar com veneração e fé aos pés de Nossa Senhora. Certa vez, ela viu junto à gruta um homem idoso e paralítico, em uma cadeira de rodas, acompanhado de uma mocinha. O rosto do velho, emoldurado por uma barba grisalha, parecia muito simpático a Dagmara; ele lembrava Detinguen, cuja memória era sagrada para ela. A partir daquele dia, Dagmara encontrava regularmente aquele interessante casal; eles já se cumprimentavam e até trocavam frases, de passagem, mas a jovem ainda não sabia quem eram seus novos conhecidos.

BEM-AVENTURADOS OS POBRES DE ESPÍRITO

Certa manhã, chegando à gruta antes do horário habitual, Dagmara encontrou a garota sozinha; ela estava ajoelhada diante da estátua de Nossa Senhora e rezava com tanto fervor, que nem notou a sua chegada. Dagmara parou em silêncio à entrada da gruta e ficou observando, triste e pensativa, a mocinha em oração. Houve uma época em que ela própria rezava daquela maneira e era muito mais feliz... Por fim, a mocinha enxugou as lágrimas da face, beijou os pés da Santíssima Virgem e, enchendo um frasco com a água da fonte, já se preparava para ir embora. Ao deparar com Dagmara, ela ficou vermelha e tentou passar rapidamente, mas Dagmara interpelou-a e começou a falar. A mocinha gostava de conversar, e elas acabaram por sentar no banco que havia à entrada da gruta. Logo Dagmara ficou sabendo de toda a história de sua nova conhecida. O velho doente chamava-se Eshenbach. No seu tempo ele fora um tabelião e vivera doze anos na América para onde fora chamado por problemas familiares. Sibilla, sua sobrinha, era a órfã que ele adotara.

Dois anos atrás, uma das catástrofes financeiras que nos Estados Unidos constantemente criam e derrubam grandes fortunas arruinara inesperadamente Eshenbach. O choque provocado por aquela infelicidade tivera como consequência um derrame, que se manifestara inicialmente como uma fraqueza nas pernas e, aos poucos, transformara-se em completa paralisia. A perseguição ao devedor de uma grande soma, obrigara o ex-tabelião a voltar para a Europa. E, como o devedor vivia em Brandemburgo, Eshenbach, então, também se mudara para cá com a sua tutelada.

– O processo está se prolongando, e a doença impede meu pobre tio de acompanhar o caso, sem falar que ele, por vezes, sente terríveis dores em todo o corpo – concluiu Sibilla, enxugando as lágrimas. – Se a senhora soubesse, como ele é bondoso e como é difícil para mim vê-lo sofrer. Já me convenci de que os médicos não conseguem curá-lo, e somente Deus poderá fazer isso se eu rezar adequadamente. Então, venho para cá implorar esta graça a Nossa Senhora. Estou convencida de que Ela encontrará um meio de nos ajudar, pois ela me apareceu hoje durante o sono e disse: "Tenha fé!" – acrescentou a mocinha, com os olhos brilhando.

Dagmara estremeceu, lembrando do frasco vermelho com tampa de ouro que continha exatamente a essência apropriada para curar Eshenbach. Ela há muito tempo queria oferecer sua ajuda ao simpático velho, mas se continha, pois todos que ajudava ou queria ajudar pagavam-lhe com brutalidade ou ofensas. Mas, naquele caso, percebendo a indicação direta das forças invisíveis, ela não hesitou.

– Você tem razão, Sibilla! A Santíssima Virgem ouviu as suas preces e me escolheu como instrumento de Sua vontade. Eu tenho o remédio que quase certamente irá curar a doença que seu tio tem. Venha visitar-me na Vila Egípcia amanhã de manhã; qualquer pessoa lhe indicará o caminho. Eu lhe darei um remédio que, no mínimo, irá aliviar o doente.

Sibilla ficou contente, agradeceu e, na manhã seguinte, compareceu pontualmente à vila. Dagmara deu-lhe um unguento para os pés e gotas que o paciente deveria tomar três vezes ao dia. Uma semana mais tarde, Sibilla chegou correndo à vila, toda radiante. O paciente simplesmente renascera: voltaram o sono e o apetite; as dores desapareceram, e as pernas recuperaram a sensibilidade. Animada com tal sucesso, Dagmara continuou o tratamento e, três semanas depois, Eshenbach veio pessoalmente, acompanhado da sobrinha, agradecer a sua encantadora salvadora.

Dagmara recebeu-os com a costumeira amabilidade e também ficou surpresa com o resultado do tratamento. O velho rejuvenesceu uns vinte anos; seu andar ficou mais flexível, a cor da pele ficou mais fresca e saudável, e os olhos refletiam vida e energia. A jovem anfitriã convidou os visitantes para o desjejum. Começou uma conversa amigável, e Eshenbach perguntou, curioso, como ela adquirira tão extraordinários conhecimentos.

– Meus conhecimentos não são grandes. Eu somente utilizo os frutos dos trabalhos científicos do meu pai adotivo, o barão Detinguen – respondeu Dagmara com um sorriso. – Por muito tempo ele viveu e estudou na Índia e trouxe de lá os mistérios dos estranhos remédios que o curaram.

– Não seria indiscrição da minha parte, condessa, se lhe perguntar: o seu pai não seria o conde Victor Helfenberg?

– Sim. Minha mãe inicialmente era casada com Detinguen, mas eles se separaram; e quando meus pais faleceram, o barão de Vallenrod foi nomeado meu tutor e morreu gastando a sua e a minha fortuna. Meu pai adotivo me pegou da viúva do barão.

– Mas a senhora, além disso, tinha uma fortuna considerável que, penso eu, o barão não poderia gastar – observou Eshenbach.

– Não, tudo indica que ele gastou tudo, pois o meu pai adotivo me dizia que eu nada possuía e que era muito maltratada na casa da baronesa Vallenrod, que me odiava. Minha governanta, que morava lá na mesma época, contava-me que a baronesa me chamava de mendiga e queria colocar-me numa escola profissionalizante. Como veem, lá eu teria uma vida de miséria e humilhação se não aparecesse o meu salvador, na pessoa do homem, cuja memória é para mim sagrada.

Eshenbach nada respondeu, e parecia estar preocupado com algo. Depois, despediu-se rapidamente e foi embora. Alguns dias mais tarde, Dagmara soube por Sibilla que seu tio viajara a negócios, mas ocupada com suas coisas, não deu atenção a isso.

Já fazia algumas semanas que ela sentira a volta da doença da qual tinha sarado de forma incrível no dia em que esteve na casa de Dina junto com Vallenrod. Todos os sintomas misteriosos voltaram com novo ímpeto e não cediam a nenhum tratamento. A persistência com que a imagem de Desidério a perseguia, irritava a orgulhosa jovem, e nunca o oficial foi tão malquisto por ela. Tal sensação de desagrado a Desidério aumentou ainda mais quando Dagmara, sem querer, percebeu, chocada, que começara uma estranha relação entre Vallenrod e a jovem duquesa e que eles trocavam bilhetinhos em sigilo.

A consciência de se encontrar sob uma inexplicável influência de um patife que, de forma sacrílega, atentava contra a honra do seu rei e benfeitor, irritava tanto Dagmara que ela resolveu casar-se, na esperança de que novas obrigações e interesses amenizassem a sua incompreensível doença. Mas casar com quem? Admiradores não faltavam, só que a maioria deles eram iguais a Desidério, egoístas e devassos. Dentre todos, a sua escolha recaiu em Saint-André. Ela notava cada vez mais a delicadeza, a mente desenvolvida e o caráter nobre do jovem conde, mas este continuava em silêncio, apesar da amizade e afeição que sempre demonstrava.

Em um dos momentos de amarga irritação, Lotar declarou-se a ela, implorando que casasse com ele, e Dagmara não pensou duas vezes; sentia uma profunda simpatia pelo seu amigo de infância, e a ideia de ser sua esposa não lhe era repugnante, pois conhecia a sua nobreza e honestidade. Então Dagmara disse-lhe "sim" e Lotar, arrebatado pela felicidade, prometeu-lhe que iria ver o pai para arrepender-se diante dele e receber o seu perdão. Depois, o jovem médico pediu à noiva guardar em segredo por três meses a decisão de ambos e somente anunciar o noivado após ele publicar o seu trabalho científico que, esperava, deixá-lo-ia famoso. Dagmara concordou e, dias depois, Lotar viajou a Berlim para passar três semanas de férias.

No dia seguinte, após a viagem de Reiguern, Dagmara recebeu a visita de Eshenbach. Ele estava extremamente sério e pediu-lhe alguns minutos para uma conversa em particular. Surpresa, Dagmara levou-o aos seus aposentos e, lá, Eshenbach tirou da bolsa uma pasta e colocou-a sobre a mesa.

– Condessa! Vim aqui informá-la de que a senhora foi roubada, da forma mais infame, de uma grande fortuna, e as provas deste roubo estão nesta pasta.

Ele contou em detalhes que tinha entregado à baronesa Vallenrod duzentos mil marcos que o velho conde Helfenberg havia deixado de herança para a sua sobrinha. Pelas informações que recolheu, soube que o barão Gunter matou-se doze horas antes da hora em que ele entregava o dinheiro à baronesa. Por isso o barão não podia tê-lo gasto, e a viúva se apoderara descaradamente do dinheiro.

– Eis os documentos que provam esta apropriação e as respectivas cópias notariais – continuou Eshenbach, tirando da pasta um maço de papéis. – Em primeiro lugar, aqui está a carta do velho conde, na qual ele me incumbe de entregar ao barão Gunter o dinheiro destinado à sua sobrinha. Junto com esta carta havia um cheque e o nome do banco onde estava depositado o dinheiro.

Eis a cópia do meu recibo de recebimento de tal valor em dinheiro do banco, que existe até hoje. E, finalmente, o principal, aqui está a assinatura de próprio punho da baronesa Vallenrod, confirmando o recebimento do dinheiro. Eu, por acaso, também tenho um documento muito valioso – a conta do hotel onde fiquei de passagem e onde peguei a carruagem para ir à casa de campo do barão. Com estes documentos e meu testemunho, a condessa poderá abrir um processo contra a criminosa mulher que, além de roubá-la, teve a coragem de maltratá-la e ainda queria transformá-la em uma pobre braçal, enquanto vivia com seu dinheiro e pagava com ele os caprichos do seu filho devasso.

Dagmara, estarrecida, ouvia-o sem interromper. Suas mãos tremiam quando ela lia e relia os documentos que provavam claramente o roubo do qual ela fora vítima. Uma tempestade de sentimentos desencadeou-se em seu peito e, instantes após, ela disse com certo esforço:

– Senhor Eshenbach, agradeço este favor, mas antes de empreender qualquer coisa, devo pensar. Por favor, guarde os originais dos documentos consigo e deixe aqui somente as cópias.

Eshenbach apertou-lhe a mão e retirou-se, após informá-la de que estaria sempre pronto ao seu dispor.

Ficando só, a jovem ordenou que não a incomodassem sob nenhum pretexto. Depois, jogou-se na cama e tentou colocar os pensamentos em ordem.

Que infinita baixeza e maldade se escondiam sob aquela aparência de séria bondade daquela mulher que não hesitou em roubar uma órfã, já roubada pelo seu marido. E, não satisfeita com isso, ela ainda a odiava e maltratava a criança com cujo dinheiro ela própria vivia na fartura. Um sombrio ódio e uma ardente vontade de vingança ferveram de repente no coração de Dagmara. Que prazer seria humilhar e destruir a baronesa, colocando-a no banco dos réus. Mas, esta vingança atingiria também a Desidério... É claro que ela tinha todo o direito de exigir de volta aquele dinheiro, que seria muito útil, principalmente agora, que iria se casar. Por outro lado, não estava pobre e vivera até agora sem desconfiar da existência daquele dinheiro. Dagmara ficou indecisa. A sua

WERA KRIJANOWSKAIA DITADO POR *J.W. Rochester*

natureza bondosa e generosa compadeceu-se do jovem oficial, que, nada sabia sobre o roubo; e a condenação da mãe acabaria com sua carreira, seu futuro e mancharia indelevelmente a honra do tradicional nome de família. É difícil descrever os pensamentos estranhos e sentimentos inesperados que passavam pelo espírito de Dagmara. Mas, após uma rápida luta entre a vontade de vingança e a compaixão, triunfou a salvação de Desidério, e a moça decidiu nada falar, por enquanto.

Cansada com essa luta moral, Dagmara passou toda a tarde sozinha em seu quarto. Aquele não era o seu dia de plantão e não havia recepções na corte. O duque fora caçar, a duquesa estava com forte enxaqueca e desejara ficar só. Para desanuviar os pensamentos, Dagmara ocupou-se com leitura.

Já passava da meia-noite, quando ela apagou a lâmpada e foi para o dormitório. Era um pequeno quarto, muito bem decorado, com seda rósea e musselina branca. Pesadas cortinas de seda, amarradas com grossos cordões, separavam este *boudoir* de uma ampla alcova, em cujo fundo havia uma luxuosa e drapeada cama. Numa das paredes havia um nicho inteiramente ocupado por um grande espelho.

Dagmara deitou, mas não conseguia dormir; a conversa matinal com Eshenbach absorvia todos os seus pensamentos. De repente, um ruído parecido com o leve rangido de porta se abrindo obrigou-a a estremecer e levantar-se. Qual não foi o seu horror, quando o espelho do nicho abriu-se e dali saiu um homem seminu. O homem quase tropeçou na sua cama e, depois, pálido e mal contendo a respiração, encostou-se à parede. Naquele momento Dagmara reconheceu nele Desidério, que levava o uniforme na mão.

– O senhor enlouqueceu, barão Vallenrod, ousando entrar à noite no meu dormitório! Saia já daqui! – exclamou Dagmara, fora de si de indignação.

A jovem estava encantadora em seus trajes de dormir com larga gola de renda. Sua face ardia, os olhos faiscavam de irritação, e os vastos cabelos negros caíam nos ombros. Apesar da forte emoção que o fazia estremecer, Desidério olhou-a, e em seus olhos, acendeu-se uma fagulha de admiração.

– Sshh! – sussurrou ele, vestindo apressadamente o uniforme. – Pelos céus, condessa, fique quieta... Neste instante o duque bateu, de repente, na porta da esposa e se me pegasse com ela, seria o fim de ambos... E nem estou falando de mim, mas da honra e do destino da duquesa, que corre perigo de separação... Em nome da amizade que ela lhe dedica, salve-a!

– Sacrificando a própria honra? Nunca! Nada tenho a ver com o seu romance secreto. O senhor e a duquesa são culpados – e devem colher os frutos dos seus atos. Eu, de qualquer forma, vou justificar-me e mostrar ao duque o segredo desta porta. Agora repito, saia daqui por onde entrou! Não vou permitir que o senhor saia para o corredor de um dos meus quartos.

Naquele instante, do quarto contíguo da duquesa ouviu-se a sonora e irritada voz do duque:

– Você nega? Mas eu lhe digo que vi na cortina a sombra de um homem. Não descansarei enquanto não examinar cuidadosamente todos os armários e quartos vizinhos!

Ele gritava tão alto que se ouvia nitidamente cada palavra.

– Ah! Os aposentos ao lado são da condessa Helfenberg? É difícil que ela esteja com algum cavalheiro, mas não importa!... Qual dama de companhia está de plantão? Condessa Vern? Perfeito! Sua idade e situação permitem-lhe entrar imediatamente no quarto da jovem. – Minha senhora, vá lá e veja se tem algum homem com a condessa Helfenberg!...

– Meu Deus! – exclamou Dagmara, pondo as mãos na cabeça. – Que vergonha cairá sobre mim pela sua desonestidade! Mas não vou suportar isso, vou explicar...

– Dagmara! Nenhuma vergonha cairá sobre você. Você será a minha esposa... Não nos entregue! – murmurou, implorando, Desidério, agarrando a mão da jovem.

Ela o afastou com nojo. Mas essa emoção somada à do dia anterior foi demais para ela. Tudo começou a rodopiar; ela viu o rosto desfigurado pelo medo do oficial, como através de uma névoa e, em seguida, perdeu os sentidos...

Logo, na porta da alcova apareceu a condessa Vern com uma vela na mão. Ao ver Dagmara deitada inconsciente e Desidério em pé, ao lado da cama, um sorriso venenoso passou pelos seus lábios. Ela era famosa pela língua ferina e odiava Dagmara por ter tomado o lugar de dama da corte que planejava para sua filha. Recuando, ela disse zombeteira e friamente:

– Ah! É o senhor, barão Vallenrod! – Sua Alteza, provavelmente, ordenará que compareça ao seu gabinete, assim que o senhor sair deste quarto.

O duque, irritadíssimo, andava sombrio pelo *boudoir* da duquesa, que, pálida e emocionada, estava inerte no sofá. Quando chegou a condessa Vern e informou o que viu, o rosto do duque ficou deformado por um arrepio. Seu olhar, cheio de ódio e desprezo, passou pela duquesa, que se aprumou e soltou um suspiro de alívio.

– Você mesmo percebe, Franz, o que provoca o seu ciúme insano! Sem qualquer motivo provocou um escândalo desses!... exclamou com irritação a duquesa e, notando o olhar irado do marido, calou-se imediatamente.

– Digam a Vallenrod que o estou esperando no meu gabinete – disse surdamente o duque, dirigindo-se à porta.

Assim que ele saiu, a duquesa pulou do sofá e, fora de si de raiva, começou a andar pelo quarto.

– Deixe-me só, condessa! Depois desta horrível cena, quero ficar só – exclamou ela e desandou a chorar.

Quando a condessa Vern saiu, a duquesa trancou a porta à chave e continuou a soluçar tão alto, que se podia imaginar que estivesse tendo um ataque de nervos. Mas, assim que a porta do quarto vizinho fechou-se, a condessa correu para a passagem secreta, apertou uma alavanca e entrou apressadamente no quarto de Dagmara. Esta ainda estava desmaiada, e a própria duquesa começou a cuidar dela.

– Vá para a sala de visitas, Vallenrod, e aguarde-me lá! Devo conversar com Dagmara, assim que ela voltar a si.

Sem dizer palavra, Desidério foi para a pequena sala de visitas dos aposentos de Dagmara e jogou-se numa poltrona. Sentia-se arrasado. A impensada intriga que criou poderia terminar muito mal se Dagmara não concordasse em assumir todas as consequências daquele ato.

Vallenrod levantou, aproximou-se da porta e começou a espiar pelo vão da cortina. À luz da vela acesa sobre a mesa, viu que a pálida Dagmara, já vestida com penhoar, estava encostada à mesa enquanto a duquesa, de joelhos, implorava-lhe que a salvasse e casasse com Desidério.

— Vossa Alteza, como pode exigir que eu assuma esta vergonha não merecida, sacrifique a minha honra e felicidade para encobrir esta... exclamou Dagmara, toda trêmula.

A sua voz falhou e, em altos soluços, ela cobriu o rosto com as mãos.

A duquesa levantou-se vagarosamente.

— Então, nada me resta a não ser o suicídio. O duque não me perdoará, e a vergonha que me espera como esposa e mãe é pior que a morte.

Dagmara estremeceu e levantou a cabeça. Seus olhares se encontraram. No rosto mortalmente pálido da duquesa lia-se um medo tão desesperado, que a generosa jovem sentiu por ela uma profunda compaixão. Luíza-Adelaide, percebendo isso, caiu novamente de joelhos diante dela e implorou, com voz abafada:

— Dagmara! Seja bondosa! O casamento com Vallenrod vai trazer-lhe felicidade. Deus irá abençoar este seu ato generoso e serei eternamente sua devedora!

O choro convulsivo impediu-a de prosseguir e ela, com um gemido abafado, encostou a cabeça na poltrona.

A grande luta interna pela qual Dagmara estava passando refletia-se até no seu rosto. Por fim, a compaixão e um caos de sentimentos que ela própria não conseguia entender triunfaram sobre a sua legítima ira. Inclinando-se para a duquesa, tocou-a levemente no ombro e murmurou com voz abatida:

— Levante, Vossa Alteza! Vou salvar não a sua "dignidade", mas a esposa e a mãe, da vergonha do divórcio. Aceito o seu amante para meu marido. Agora, saia. Preciso ficar sozinha. Vou mudar-me imediatamente da corte aonde vim parar para própria desgraça.

A duquesa rapidamente pôs-se de pé.

— Oh! Eu agradeço muito! – exclamou ela, e correu para a sala de visitas, onde estava Desidério, muito pálido e taciturno.

– Vallenrod! Estamos salvos graças ao sacrifício da generosa moça. Vá agora mesmo ver o duque.

Sem dizer uma palavra, o barão saiu dos aposentos de Dagmara. Parecia-lhe ter-se livrado de um nó de forca. Estava salvo e, mesmo que lhe fosse impossível implorar pela própria salvação, o acontecido devolveu-lhe a costumeira pose. Apesar da palidez, ele estava calmo e portava-se com dignidade ao entrar no gabinete do duque. Este, sentado diante de uma mesa abarrotada de papéis, não estava trabalhando, e seus olhos fixaram-se no jovem oficial parado diante dele numa pose respeitosa mas de autoconfiança. Aliás, essa confiança durou até Desidério encontrar o olhar sombrio e de ódio, e compreender que Franz-Erich não fora vítima da comédia montada diante dele.

– O senhor passa bem as suas noites, barão Vallenrod, seduzindo as damas da corte e transformando o meu palácio em casa de tolerância – disse o duque com voz rouca e severa. – Mas, já pensou nas consequências de tais aventuras?

– Sim, Vossa Alteza! A condessa Helfenberg é minha noiva e nós logo casaremos.

– Verdade? Muito bom. E o senhor deveria fazer isso, caso, é claro, a condessa Dagmara não tenha motivos ocultos para não rejeitar tal desculpa da visita... que, por acaso, apareceu em seus aposentos.

– Estou falando isto com o consentimento da condessa – respondeu Desidério, empalidecendo.

– Neste caso, resta saber o que o senhor quer dizer com "logo"? Para mim isso significa "duas semanas". O casamento será realizado na capela do palácio, na minha presença e de toda a corte. Isso será um sinal de minha generosidade e profundo respeito pela condessa Helfenberg. O senhor entendeu, Vallenrod? Agora, vá! Concedo-lhe um mês de férias para os preparativos e a lua-de-mel.

Desidério saiu do gabinete completamente tonto e deixou o palácio. Mas, em vez de ir diretamente para casa, passou na casa de Saint-André. Este estivera trabalhando até tarde da noite, preparava-se para dormir e ficou extremamente surpreso com a inesperada visita do companheiro a uma hora tão imprópria. A palidez e o nervosismo do companheiro espantaram-no.

– O que aconteceu, Desidério? Você está com a aparência de quem foi condenado à morte – perguntou o conde, vendo o visitante desabar na poltrona e cobrir o rosto com as mãos.

– É quase isto! – Aconteceu algo que poderia acabar em forca – respondeu Desidério e, com a voz embargada de emoção, contou tudo.

– Mas é desonesto da parte da duquesa desvencilhar-se da desgraça desta forma. Como você pôde concordar com isso?– exclamou Saint-André, enrubescendo.

– Queria ver você no meu lugar! Nem consegui raciocinar. E como poderia saber para onde ela estava me empurrando? Pensei que fosse um armário – contestou Desidério, irritado. – Imagine a minha situação quando, de repente, vi-me diante da cama da condessa! Mas isso foi muito fortuito, pois ela concordou em abafar esta história, porque o duque desconfia da verdade. Também é verdade que a duquesa teve de implorar-lhe de joelhos!

– E foi pouco! Pobre Dagmara! E você, Desidério, é um sujeito de sorte. Ganhou uma mulher como ela sem mexer uma palha para conquistá-la! Pelo menos, faça-a feliz, já que o destino os uniu de forma tão estranha.

– E por que você não casou com ela, já que duvida da minha capacidade de ser um bom marido? – perguntou Vallenrod, zombeteiro.

– Apesar de toda a minha atração por ela e na certeza de que ela me aceitaria como marido, não podia fazer isto, sabendo que ela está ligada por laços invisíveis...

E Saint-André calou-se de repente.

– Ela está ligada a mim – terminou a frase Desidério, pondo a mão no ombro do conde, que ficou pálido e recuou.

– Como?... Então, você sabe!... Você leu a carta de Detinguen antes do prazo? Você sabe que isto é...

– Calma! Não diga aquilo do que pode arrepender-se mais tarde. Sim, eu li, mas por um infeliz acaso. Nunca abusei da descoberta deste segredo, e você mesmo percebe que o destino nos empurra um ao outro.

– Sim, um destino "fatal" – disse sombriamente Saint-André. – Mas será que você irá amá-la como ela merece? Já parou para pensar sobre a "nova vida" que inicia e da necessidade de acabar com o passado, as intrigas amorosas e aventuras escandalosas? Já pensou, seu pândego, que você deve acostumar-se à vida familiar?

Desidério permanecia calado e, jogando a cabeça para trás, fechou os olhos. Sim, ele já pensara em tudo isso e parecia-lhe que sobre seus ombros caía todo o peso do fardo do casamento que lhe despertava irritação e amargura.

– Meu Deus, como você é aborrecido, Phillip. Você é capaz de fazer-me um sermão inteiro sobre o idílio familiar; e isso – na nossa época! Não é nada disso! Não serei um trouxa para ficar grudado à saia da esposa quando surgir uma oportunidade de divertir-me sem o risco de cair numa armadilha como hoje – pensou Desidério, mas respondeu: – Está tudo certo! Sei que devo agora começar uma outra vida. Aliás, amo Dagmara, apesar de sua excessiva bondade e outras ideias que Detinguen lhe incutiu. Mas, como todos os maridos educam à sua maneira as próprias esposas, também irei reeducar a minha.

– Cuidado! Você pode estragá-la. Considero muito boa a educação de Detinguen. Ou, será que você pretende depravar Dagmara?

– Que nada! Vou guardar rigidamente a benfeitora na minha casa, considerando-a como um purgatório no qual poderei purificar-me, como com água benta, dos pecados mundanos – respondeu Desidério, rindo.

Ignorando o gesto de desaprovação do conde, ele deitou no sofá e acrescentou:

– Posso passar a noite aqui? Não gostaria de voltar agora para casa.

Na manhã seguinte, Vallenrod já estava absolutamente calmo e tendo pensado em tudo. Estava feliz e agradecia a Deus por ter-se livrado daquela perigosa aventura. Precisava agora contar tudo à mãe, conversar com Dagmara e discutir com ela todos os detalhes necessários. Com esse objetivo, ele dirigiu-se ao palácio, mas lá soube que a jovem já tinha ido embora para a sua vila. Desidério, então, enviou-lhe um bilhete através de mensageiro e recebeu a resposta que ela o estaria esperando às seis horas da tarde.

O dia transcorreu extremamente monótono. Perto das dezessete horas, Dagmara vestiu-se, desceu para a sala de visitas e, depois de andar pelo quarto, debruçou-se na janela, olhando a estrada pela qual devia chegar Desidério. Com torturante nitidez, lembrou a época quando ficava ali o aguardando e sonhava com a felicidade de tornar-se sua noiva. Agora, quando isso virou fato consumado, a esperada felicidade transformou-se em sofrimento, como se a sua alma fosse ferida por uma flecha envenenada.

Dagmara deu um profundo suspiro e apertou a mão junto ao coração, que batia de forma doentia. Como será o seu destino com um homem que mal saiu dos abraços de outra mulher e entrou, por acaso, no seu quarto? Será que ele irá casar com ela para salvar a "honra" daquela mulher e a sua carreira?... Naquele instante ela notou na estrada duas luzes que se aproximavam rapidamente; eram as lanternas da carruagem de Desidério. Ela se apressou em baixar a cortina e sentou-se à mesa onde o criado havia acabado de colocar uma lâmpada. Todo o sangue do corpo correu para o coração, que passou a bater até quase doer.

Passaram-se alguns minutos de angustiosa espera. Dagmara ouviu quando a carruagem parou junto ao portão, e depois, os passos, que ela conhecia tão bem, aproximaram-se da sala de visitas cuja porta foi aberta pelo criado.

Desidério estava pálido e um pouco acabrunhado. Dirigiu um olhar indeciso ao rosto abalado e alterado de Dagmara, cujo traje preto destacava sobremaneira a sua mortal palidez. Mesmo assim, ele se aproximou e quis beijar-lhe a mão, mas ela pareceu não notar esse gesto e somente acenou com a cabeça, indicando a cadeira.

– Que infantilidade, Dagmara! – disse o barão, enrubescendo. – Daqui a duas semanas você me dará a mão para toda a vida, e agora nega um simples cumprimento.

– Parece-me, barão, que a necessidade que nos uniu não nos obriga a desempenhar esta comédia quando estamos a sós.

Desidério endireitou-se.

– Você se engana! Não considero, em absoluto, o nosso casamento como uma comédia, mas uma sólida união que aceito com todos os direitos e obrigações.

Dagmara enrubesceu diante do olhar apaixonado de Desidério, mas, levantando com energia a linda cabeça, disse friamente:

– Compreendo, barão. Mas suas palavras me obrigam a explicar-me melhor e impor as minhas condições. Encaro o nosso casamento como uma formalidade que deve ser cumprida para salvar a duquesa das merecidas consequências de suas aventuras amorosas. Penso que este sacrifício é suficiente e não desejo ocupar o lugar de "legítima" na longa lista de suas amantes passageiras. Vamos viver juntos sob o mesmo teto, mas somente como bons conhecidos – e isso é tudo.

– Com que direito, condessa, impõe-me tais condições, que declino desde já? – respondeu Desidério, franzindo a testa.

– O senhor irá aceitá-las, pois este casamento salva também o seu futuro, talvez até a vida e também a situação da duquesa retrucou calmamente Dagmara. – Ambos estariam mal se me negasse a aceitar isso. Para liquidar a ambos e recuperar a liberdade, basta-me conversar uns dez minutos com o duque, revelar-lhe o segredo da porta secreta e mostrar o bilhetinho que o senhor perdeu certa vez e que poderia ter sido achado por alguém menos discreto do que eu. Então o senhor percebe que é melhor continuarmos amigos. Agora quero a sua palavra de honra que irá respeitar o nosso acordo e concordar com os direitos fictícios.

O barão mordeu os lábios.

"Mas que ingenuidade! Ela imagina que uma palavra de honra arrancada em tal situação tem qualquer valor. Mas, aguarde-me! Quando voltarmos da igreja, eu ditarei as minhas regras" – pensou ele furioso, mas respondeu num tom ofendido.

– Nunca insisto com uma mulher, mesmo que seja minha esposa, se ela rejeita o meu amor. Entretanto, estou muito surpreso com a sua franqueza e... e praticidade.

– O que está em jogo é o meu futuro e não posso sacrificá-lo por excesso de discrição – respondeu Dagmara.

Seu rosto enrubesceu, e ela mediu Desidério com olhar sombrio.

– Então, sobre este assunto, estamos conversados. Agora me permita acertar com a senhorita alguns outros detalhes. Primeiramente, quero pedir-lhe os documentos que devo levar imediatamente ao padre para as proclamações na igreja, pois o duque marcou o nosso casamento para daqui a duas semanas. Em seguida, gostaria de receber suas indicações quanto à nossa futura moradia e sobre como a senhorita gostaria de dispor das minhas férias. Talvez queira fazer uma viagem de núpcias?

– Oh, não! – exclamou Dagmara, nitidamente embaraçada. – Não estou disposta a viajar. Quanto à moradia, penso que é melhor morarmos aqui. O senhor irá ocupar os aposentos de Detinguen, e eu permaneço nos meus. Mas chega de falar de negócios! O senhor desejaria uma xícara de chá?

Desidério aquiesceu e, seguindo a jovem com o olhar enquanto ela ia chamar o criado, pensou com maldade:

"Aguarde-me! Vou ensiná-la a me tratar como um homem."

O chá foi servido à inglesa, com carne fria, que substituiu completamente o jantar, e Desidério não se fez de rogado. Aparentemente ele havia recuperado a boa disposição de espírito e conversava despreocupado. A causa disso era que, apesar da falsa situação, da insatisfação e ira de Dagmara, a sua presença, como ele percebeu, provocou nela uma ação benéfica. A palidez anterior alterou-se para uma cor delicadamente rósea, os olhos brilhavam como antes e, no geral, o rosto encantador de Dagmara refletia certo bem-estar.

"Graças a Detinguen, sou para você o mesmo que o ímã para o ferro. Aguarde-me! Vou dar um jeito nas suas manhas" – pensou, com um sorriso diabólico.

Ele encheu a sua taça com vinho e, brindando com a jovem anfitriã, disse alegremente:

– À sua saúde, minha cruel noiva!

– À nossa futura boa relação – respondeu Dagmara, mal esboçando um sorriso.

Ela também percebia aquela influência benéfica e sentia como o seu corpo se enchia de um fluxo de calor revigorante. Esta nova prova do estranho e poderoso poder de Desidério despertou em seu espírito um sentimento amargo de perigo e descontentamento.

Capítulo XIII

A notícia do noivado de Dagmara com o barão Vallenrod espalhou-se pela cidade, provocando intermináveis críticas e fofocas. O boato sobre o escândalo noturno no palácio chegou à sociedade e, mesmo que a leviandade da duquesa não fosse segredo para ninguém, apareceram algumas pessoas que lhe davam razão e despejavam sobre Dagmara baldes de indignações e críticas.

A maior fonte dessas maledicências era a baronesa Vallenrod, que ficou possessa ao saber do noivado do filho. Cega pela fúria e ódio, ela não percebia que Dagmara, casando com seu filho, salvava a carreira deste, sensivelmente abalada pela tresloucada aventura, e que a jovem era vítima de pecados de terceiros. A baronesa, entretanto, não encontrava expressões suficientemente fortes para envergonhar a pobre moça e sujá-la.

A todos que vinham cumprimentá-la, ela respondia com frieza e, em lágrimas, que agora só lhe restava chorar por aquele rapaz incauto. Ele, impensadamente, iniciara intrigas de amor com moças tão depravadas que recebiam admiradores à noite em seus quartos. Dizia estar desesperada, mas a honra obrigava seu filho a casar com aquela pessoa suspeita, cuja mãe também fora uma mulher bem depravada.

As fofoqueiras da cidade não hesitaram em espalhar aquelas notícias interessantes, vindas diretamente da mãe do noivo e, logo, começaram a correr as mais incríveis histórias. Diziam que o romance de Dagmara com Vallenrod começara ainda durante a doença deste último e a moça, para evitar suspeitas, provocara habilmente o ciúme do duque. Diziam também que Detinguen era para Dagmara mais do que pai adotivo e queria livrar-se dela, fazendo-a casar com alguém; outros afirmavam que Detinguen seduzira a sua ex-esposa e, em seguida, reconhecera a criança que o conde Helfenberg não queria reconhecer como sua. Em suma, a imaginação das damas corria a todo vapor, mas tudo – às escondidas, pois a permanente benevolência e respeito do casal real por Dagmara mantinham fechadas as bocas das notórias linguarudas. Muitos dos funcionários da corte até correram para visitar a noiva e cumprimentá-la calorosamente.

Dina foi uma das primeiras a visitar Dagmara. Ela estava feliz com o noivado da amiga com Desidério. Isso a livrava de um pesadelo: que a escolha de Dagmara recaísse sobre Reiguern, pois a sua paixão pelo médico já estava no apogeu.

As amigas conversavam abertamente na pequena sala de visitas, diante da lareira acesa. Os olhos de Dagmara estavam vermelhos de chorar, e lágrimas brilhavam nos seus longos cílios quando ela terminou de contar sobre a horrível noite que decidiu o seu futuro.

– Nem precisei que você me contasse tudo, para desconfiar da verdade – disse Dina emocionada. – A ligação da duquesa com Vallenrod era ostensiva. Todos na sociedade, inclusive aqueles que não querem confessar, sabem que o barão entrou no seu quarto por acaso, e que o casamento de vocês é para salvar a situação. Só não consigo entender uma coisa: como o barão conseguiu sair do quarto da duquesa? Mas isso não importa agora! É melhor você me contar como pretende viver com o marido que lhe apareceu de forma tão inesperada. Você não o ama, e já o rejeitou uma vez. A circunstância que os uniu também não pode despertar amor, e sem afeto, o matrimônio é particularmente difícil. E mesmo com afeto, não é nada fácil.

Dagmara suspirou.

– Isto já acertei com o barão Vallenrod. Eu lhe disse que o nosso matrimônio é uma simples formalidade, que a nada nos obriga, principalmente a mim, é óbvio.

– E você pensa que ele irá se submeter a tais condições?

– Ele as aceitou e me deu sua palavra de honra de respeitar a minha liberdade pessoal.

– Humm! – pronunciou Dina, balançando a cabeça, mas depois soltou uma gargalhada: – Como você é ingênua, Dagmara! Agora percebo que você não conhece os homens, particularmente aqueles "minotauros", que se chamam "maridos". Eles estão prontos a lhe prometer qualquer coisa e nada cumprirão do que acharem que é manha de virgem.

– Você acha que ele é capaz de não manter a palavra de honra? – perguntou Dagmara, empalidecendo.

– Não vou afirmar, mas conheço por experiência própria a esperteza dos homens e a tirania da lei, que nos entrega à vontade deles. A mulher não poderia ter um carrasco mais cruel, refinado e impiedoso do que o homem que se apóia no direito do matrimônio ao amor. Ai de nós se além de tudo o amarmos! Para nós é uma desgraça se não acariciarmos a sua vaidade, não nos tornarmos suas escravas e não satisfizermos as suas grosseiras vontades! E isto porque a mulher não tem nenhum direito sobre o homem. Os direitos que a igreja parece conceder às mulheres são pura ficção, que o homem descarta no momento que lhe der vontade. Pensa que o meu marido não me fazia sentir todo o peso do seu "legítimo" poder? Ele ainda o faz diariamente, não se obrigando a nenhuma fidelidade para comigo. Desde o primeiro ano de nosso casamento ele já me enganava e, apesar dos seus cinquenta anos, mantém até hoje uma tal de senhora Guirshelmin, esposa de um dos seus engenheiros. É uma judia bastante interessante e um ano atrás não se destacava pelo luxo. Agora, em compensação, ela tem diamantes e rivaliza comigo nas roupas que usa. E eu só tenho o que consigo obter pela esperteza. Para isso minto, lisonjeio e engano meu marido. Meu digníssimo esposo sempre se irrita quando lhe peço dinheiro e me acusa de esbanjadora. Deixo-o gritar o quanto quiser e, depois, tiro dele duas vezes mais do que é necessário, pois acho absurdo que a amante se enfeite enquanto eu me privo do necessário.

Dagmara olhou com um sorriso para o luxuoso traje de Dina e os magníficos brincos solitários que brilhavam nas suas orelhas.

– O seu "necessário" é bastante bom – observou maliciosamente ela.

– Só faltava que a legítima esposa andasse toda rasgada enquanto a amante veste plumas e paetês. Ah! Se as jovens moças que sonham com o "idílio marital" soubessem a cruel desilusão que as espera e como o amado, após a cerimônia, tira toda a sua brilhante plumagem. Se elas soubessem que as frases carinhosas e amabilidades são usadas somente fora de casa! Ah! Os próprios homens são culpados quando as esposas os traem, pois eles mesmos as empurram para a devassidão.

Dagmara balançou a cabeça.

– Não! Eu vou ignorar Vallenrod, sem dar-lhe a mínima atenção. Aliás, nem terei o direito de ocupar-me dele! Mas jamais me rebaixarei a uma vergonhosa ligação – acrescentou ela, com repulsa.

– Isto será muito confortável – "para ele". Ele poderá se divertir à vontade e abertamente, estando certo de que em casa está tudo normal – disse com ironia Dina. – Quanto a sua intenção de rejeitar o marido e não lhe prestar atenção, vamos ver se você consegue. Estes senhores não gostam muito da ousadia das esposas de não os notar e possuem um talento particular para lembrar de sua presença. Eles não descansarão enquanto não nos tirarem da nossa fria indiferença e, se necessário, armarão até um pequeno escândalo. Resumindo: "marido" é um objeto de luxo que só tendo um pode-se lhe dar o devido valor. Às vezes penso que, quando São João escreveu sobre a "besta do Apocalipse", referia-se exatamente a ele.

– Você só quer me assustar, Dina! Já lhe falei que o nosso matrimônio será mera formalidade. Mas mesmo assim, você acredita que Desidério já está tão decaído que não conseguirá se recuperar e gostar de uma vida regrada?

– Falando com franqueza – sim! Considero Vallenrod um frio devasso, estragado até os ossos. E mesmo que o coração dele não participe das suas aventuras, ele só se sente bem numa atmosfera de vício. Você pensa que ele vai largar as farras, desenfreadas bebedeiras e cada vez mais novas amantes, só porque vocês estarão ligados pela cerimônia sagrada, que ele vê como uma simples comédia? Claro que não! Ele continuará a viver a sua vida de solteiro, sem nenhum escrúpulo, rejeitando você em qualquer lugar onde você for atrapalhá-lo. Quanto às condições que você impôs, o futuro dirá se ele vai respeitá-las. Você é muito ingênua, Dagmara. É preciso uma arte especial para domar o cavalo xucro e desobediente que se chama "marido": saber segurar a tempo e, quando necessário, usar as esporas e se prevenir das mordidas, acariciando-o constantemente mas sem jamais confiar. O principal, lembre-se: nunca seja sincera com ele, nunca lhe diga tudo o que pensa e não acredite nas suas juras de amor. Não existe nada mais efêmero do que estas juras, que ele próprio esquece uma hora depois.

A visita de damas da corte interrompeu a sua conversa. Pouco depois, Dina Rambach despediu-se e convidou a amiga para almoçar na sua casa para conversarem sobre o enxoval e o vestido de noiva.

Mais tarde, após se despedir das visitas, Dagmara ficou sozinha, e um sentimento de indescritível tristeza e perigo invadiu-a. Até aquele momento ela se considerava forte e invulnerável em relação a Desidério, mas as palavras de Dina abalaram tal certeza. E se, a respeitosa polidez do oficial ocultava uma insolência? E se ele esquecer que moralmente não tem nenhum direito sobre ela e, com base no ritual sagrado fatal, começar a portar-se como o senhor da situação? Mas não, aquilo era impossível! A triste experiência de vida de Dina – mulher vulgar e sem princípios – não podia de modo algum ser aplicada àquele caso.

Afastando com energia aqueles pensamentos incômodos, Dagmara sentou-se à escrivaninha, decidida a cumprir uma triste obrigação: escrever a Reiguern e comunicar-lhe sobre a destruição de seus sonhos. Até agora ela não conseguia se decidir

BEM-AVENTURADOS OS POBRES DE ESPÍRITO

àquilo. Depois de contar os detalhes da horrível noite que tão abruptamente alterou o seu destino, Dagmara acrescentou:

"Acredite, Lotar, estou sofrendo tanto ou mais que você. Estará livre, enquanto para mim abre-se uma longa vida de permanente confronto com um homem que não posso amar e que fui obrigada a aceitar como marido para salvar a minha honra que, por mais inocente que seja, foi irrecuperavelmente manchada pela visita de Vallenrod ao meu quarto. Seria horrível para mim se você cobrisse com seu nome e honra o acontecimento escandaloso que nunca será o suficiente esclarecido para convencer a todos da minha inocência. A minha decisão foi provocada tanto pela preocupação com o seu bom nome, como pela vontade de salvar a honra da duquesa. Se pudesse ver o meu estado de espírito, teria pena de mim. Tente suportar este golpe com a sua costumeira energia e guarde para mim a sua amizade. Preciso dela mais do que nunca."

No mesmo dia, à tarde, chegou Desidério. Ele trouxe para a noiva um grande buquê de flores e um anel que colocou no dedo dela.

– É o sinal visível do nosso acordo – acrescentou, amável.

Dagmara foi de novo tomada por maus presságios. Ouvindo distraidamente o barão falar sobre os detalhes referentes à cerimônia, olhava-o com um sentimento de medo e desconfiança. Ela queria ler os pensamentos que se ocultavam sob aquela amável e desapaixonada aparência para certificar-se se Dina tinha razão e se, realmente, a hora passada na igreja seria o início de uma escravidão sem saída. Conseguiria ela captar no olhar tranquilo do barão algum indício de certeza no seu futuro poder sobre ela, ou qualquer sinal do que ele seria capaz ao se tornar seu marido?

Desidério parecia sentir os pensamentos de sua noiva e entendeu a tempestade de sentimentos de medo e indignação que se passava dentro dela. Ele a olhou diretamente, e um sorriso zombeteiro passou por seus lábios. Dagmara percebeu isso, e o sangue subiu à sua cabeça enquanto o coração encheu-se de ódio. Esse sorriso pareceu-lhe a pata do tigre que se estende à vítima para estraçalhá-la. Oh! Por que foi dar a ele o seu consentimento? Por que se ligou a ele e entregou-se ao seu poder? A tristeza e o horror apertaram o seu coração, e lágrimas jorraram dos seus olhos. Ela quis correr para os seus aposentos, mas Desidério, observando surpreso o que se passava no seu rosto, não a deixou passar.

– Dagmara, por que está fugindo? Para que estas lágrimas? Tenha pelo menos um pouco de confiança em mim! Precisamos tentar encontrar um acordo e o amor, e não nos desesperarmos pelo futuro antes que ele chegue.

– Deixe-me, barão! – disse ela, tentando livrar-se dele.

Dagmara olhava-o com medo e olhos cheios de lágrimas. O barão então a abraçou com mais força, e um sentimento estranho encheu o seu coração quando sentiu em seus braços o corpo formoso e esguio da moça. Lembrou-se do canário que tinha quando garoto e que ele gostava de segurar na mão; o canário se debatia e, para não deixá-lo escapar, era preciso segurá-lo com uma certa força e delicadeza para não sufocar a delicada criatura, que se defendia com coragem e bicava seus dedos. Naquele instante, Dagmara pareceu-lhe aquele canário. Ela também resistia, e ele sentia como, sob o seu braço, batia o coração dela; ela era corajosa e assustadiça como um pássaro. Mas também era muito diferente de todas as suas amigas, mulheres voluptuosas. Desidério percebia involuntariamente que, para viver com aquela criatura pura e franca, ele precisaria mudar muito a sua vida, para não rasurar aquela inocente alma, cujo odor estranho, parecido com uma brisa aromática de ar fresco, purificava a pesada e costumeira atmosfera do vício. Tomado por este novo e inesperado sentimento, Desidério beijou os lábios trêmulos de Dagmara e soltou-a. Ela, aproveitando a oportunidade, correu de imediato para o seu quarto.

Este acontecimento causou também uma profunda impressão em Dagmara e poderia provocar uma aproximação entre os nubentes, se as "boas" e "piedosas" almas não se esmerassem em lhe contar as inúmeras e ofensivas histórias que corriam sobre a sua pessoa. A certeza de que a sua honra estava irremediavelmente perdida indignava-a, e todo o peso de sua indignação recaía em Desidério como o causador de tudo. Ela começou a odiá-lo como a causa de sua desgraça. Além disso, estava deprimida por uma terrível sensação de solidão. Saint--André não apareceu para parabenizá-la, limitando-se a uma carta na qual informava, de passagem, que estava se ausentando para uma viagem de três meses. Quanto a Reiguern, este respondeu com uma missiva fria mas cheia de amargura e ciúme. O médico escreveu dizendo que ela não tinha nenhum direito de dispor de si, pois já tinha empenhado a sua palavra com outra pessoa; somente ele deveria julgar se ela estava comprometida ou não com o escândalo, cuja verdade todos conheciam bem demais. Por outro lado, ele entendia perfeitamente que a condessa Helfenberg preferisse tornar-se baronesa Vallenrod, em vez, de simplesmente, senhora Reiguern. Portanto, ele considerava o noivado dela com Desidério um acontecimento feliz e respeitosamente enviava os cumprimentos à futura baronesa.

Esta cruel e irônica carta obrigou Dagmara a chorar ainda mais e só aumentou a sua amargura. Todos os que a amavam abandonavam-na e, no momento da luta, ela ficou sozinha. E foi com esse espírito que ela recebeu uma carta do pastorado, que lhe causou profunda impressão.

Destacando a importância da cerimônia de casamento da igreja cristã, o pastor acrescentava: "Minha filha, neste momento, você está passando os dias mais felizes de sua vida. Está se preparando para unir-se ao homem que ama e que a ama, e o futuro lhe parece um sonho mágico, cheio de esperanças róseas. Mas, a realidade da vida está sempre longe dos sonhos, e a união de dois seres por toda a vida é algo de suma importância e serve de prólogo para muitas desilusões. Discussões e desentendimentos são inevitáveis na vida em comum e, principalmente, no casamento. Não sonhe e nem imagine que o seu marido é perfeito e sem pecado: ele é jovem, trabalha na corte, vive numa sociedade pervertida, cercado de inúmeras tentações e maus exemplos. Você deve mantê-lo na senda do bem e perdoár-lhe até nos casos quando o seu orgulho for ferido: pois o verdadeiro amor tudo suporta e perdoa. Mas, para ser capaz de tal abnegação, para tão poderoso e verdadeiro amor – reze, minha filha; reze, como o fazia quando criança, sem quaisquer sofismas científicos, somente com o puro ímpeto da alma e o seu Pai Celestial ouvirá e a ajudará!"

Dagmara, num gesto nervoso, amassou a carta e jogou-a na gaveta.

– Pobre tio Gothold! Ele pensa que ainda tenho ilusões... Se ele soubesse com quem vou casar!... Devo amar e perdoar?! Mas o que vou perdoar a este homem, que é um estranho para mim? Estou me ligando a ele por necessidade, e ele jamais ouvirá de mim nenhuma palavra sincera de carinho. Eu e ele teremos de nos preocupar com uma única coisa – atrapalhar o menos possível um ao outro.

Ela se encostou na mesa e pôs as mãos na cabeça.

Rezar!... Ah, se ela pudesse, como antigamente, dirigir uma fervorosa prece ao Pai Celestial! Mas, nesse momento de perturbação espiritual, nem saberia o que pedir aos céus. Pedir que Desidério se apaixonasse por ela?... Mas esse pensamento deu vazão a todo o seu orgulho. Mesmo diante de Deus, ela não queria ficar ruborizada e esmolar um amor que não conseguia de outra forma. Implorar ao Eterno Criador a abnegação e a humildade exigidas da esposa, mesmo quando esta ama e é amada? Nunca! Ela queria acertar as contas com Desidério, lutar com ele e conquistar a própria liberdade. Apenas a suposição de abnegada submissão já provocava nela um sorriso de desdém. Então o que pedir, e o que os céus poderiam dar-lhe?...

A cerimônia de casamento foi marcada para as sete horas da noite e às quatro horas Sibilla Eshmbach veio visitá-la. Somente ela teve permissão para estar presente ao vestir da noiva. Dagmara recusou a ajuda até de Dina, pois a barulhenta e inquieta mulher seria desagradável num dia tão difícil.

De manhã, Dagmara inspecionou pela última vez os quartos reformados de Detinguen, que agora estavam destinados a Desidério e ordenou que todos os objetos prediletos do falecido fossem colocados, parte nos seus aposentos e parte no quarto contíguo ao santuário. Terminada a inspeção, voltou para o seu quarto para mergulhar em sombrios pensamentos, interrompidos pela chegada de Sibilla.

A inocente garota, que adorava Dagmara, estava interessada em tudo. Examinou com curiosidade o luxuoso vestido de noiva, o véu e o buquê de flores. Depois, sentando perto da noiva, disse alegremente:

– Como a senhorita ficará maravilhosa neste luxuoso vestido de cauda tão grande. Ao vê-la, o barão ficará ofuscado. Vou rezar a Deus para que o seu marido a ame, pois a senhorita merece, e também para que vocês sejam completamente felizes. – Em seguida, seus olhos brilharam e ela acrescentou, séria: – Também vou rezar a Deus para que Ele lhes dê, em seguida, um filho. Assim vocês estarão completamente felizes, sem nada mais para desejar.

Dagmara estremeceu. – Filhos?... Ah, não, ela não teria filhos, e nem queria tê-los, pois não seriam lembranças de felicidade e amor, mas a ostensiva prova de sua submissão, da bruta vitória do forte sobre o fraco. E o pensamento de que Desidério poderia não manter a sua palavra, já despertava nela um terrível ódio. Por um momento teve vontade de fugir para esconder-se do futuro que a horrorizava, mas o medo de um grande escândalo refreava-a e, com um surdo suspiro, ela cobriu o rosto com as mãos.

Depois, abraçou Sibilla, deu a mão à camareira e retirou-se para o seu *boudoir*, fechando a porta à chave.

Na parede do *boudoir* havia um grande retrato de Detinguen. Dagmara aproximou-se dele e ajoelhou-se.

– Querido pai! – sussurrou, olhando com os olhos cheios de lágrimas para o seu fiel tutor. – Abençoe o caminho de pedras que estou pisando sozinha, abandonada e caluniada por todos! Que o seu espírito de amor e nobreza esteja comigo e me ajude!

Ela se levantou e beijou o retrato. Depois, pegou da mesa o magnífico buquê enviado àquela manhã por Desidério e saiu para a sala de visitas, onde a aguardava a baronesa Shpecht.

– Enfim apareceu, minha querida! – disse aquela, com a sua voz doce e azeda. – A senhorita está encantadora, mesmo um pouco pálida! Aliás, a palidez vai bem a uma noiva.

A baronesa abraçou Dagmara e, dizendo que já estavam atrasadas, saiu na frente para o saguão. Dagmara seguiu-a automaticamente, mas, de repente, ao descer os degraus da entrada veio-lhe a lembrança de sua chegada àquela casa pela primeira vez, da qual estava saindo agora livre, para voltar como "escrava".

Ela parou, tomada por uma indescritível tristeza e foi de novo dominada por um insano desejo de fugir e esconder-se do seu destino fatal. Nesse instante chegou até os seus ouvidos a voz da baronesa, que, sentada na carruagem, gritava:

– Venha, minha querida! Venha logo!

Esta voz fez com que voltasse à realidade. Ela sentou-se ao lado da baronesa Shpecht, encostou-se no espaldar do assento e fechou os olhos. Parecia-lhe que a veloz carruagem levava-a para um abismo indevassável...

Na capela do palácio estava reunida toda a corte: uma multidão de damas cobertas de diamantes e personalidades em uniformes bordados a ouro. Junto ao altar estava Desidério, cercado de companheiros militares e amigos; pálido, mas absolutamente calmo. Quanto à baronesa Vallenrod, ela não compareceu, alegando estar muito mal de saúde. Em compensação, Dina, apresentada alguns dias atrás à corte, atraía a atenção de todos com o seu ofuscante traje.

Dagmara sentia-se como num sonho. O barulho indistinto das vozes e a multidão multicolorida provocavam-lhe calafrios. Ela parou instintivamente diante do altar bem iluminado e, de repente, ouviu ao seu lado o tilintar das esporas e uma mão tão fria como a sua pegá-la pela mão e conduzi-la uns passos adiante. O som triunfal do órgão e a voz do pastor obrigaram-na a voltar a si, lembrando-lhe toda a importância da cerimônia em execução.

Não estaria ela jogando-se por vontade própria ao abismo que iria engoli-la? Que poder era aquele que a empurrava para aquela loucura que o seu bom senso não aprovava? Seria o amor a Desidério ou o destino cego?... Mas esses torturantes pensamentos foram de repente abafados por um único – agora é tarde demais!...

Com o sentimento de amargo escárnio, ela começou a prestar atenção às palavras do pastor, que falava sobre o amor em comum, fidelidade, tanto na alegria quanto na desgraça; ao marido, ele recomendava cumprir as obrigações de chefe de família e, à esposa, ser abnegada e obediente ao marido, para estar ligada somente àquele com quem se unirá no espírito e na carne...

Quando alguns minutos depois, Dagmara, de joelhos, voltou a ficar de pé, ela já era, sem volta, a baronesa von-Vallerod. A consciência do ato realizado fê-la recuperar a calma exterior, e apesar da palidez mortal notada por todos, ela aguentou firme todas as outras formalidades de costume.

Assim que a carruagem começou a andar, Dagmara soltou um suspiro de alívio. Por fim livrou-se de todos aqueles curiosos e maliciosamente maldosos olhares! Embrulhando-se bem na capa, ela se aconchegou no fundo da carruagem.

Desidério, calado, estava sentado ao lado e também não conseguia falar. Apesar da pose, o barão sentia-se ofendido pelo desespero de Dagmara e pela ostensiva repugnância que ela sentia, tornando-se sua esposa. De vez em quando, seu olhar voltava-se para Dagmara, mas a escuridão e o espesso véu impediam-no de ver a expressão do rosto da esposa.

Por fim chegaram à vila, cujas janelas estavam todas acesas e as portas enfeitadas por guirlandas de flores – uma surpresa preparada pela criadagem da casa.

Desidério ajudou a esposa a sair da carruagem e juntos dirigiram-se à sala onde estavam reunidos todos os criados para cumprimentar os noivos. Dagmara ordenou a Jenni para ajudá-la a tirar o véu e as flores, mas não trocou o vestido de noiva, pois o velho José informou que o chá estava servido e ela, com sorriso forçado, convidou o marido ao refeitório.

Raramente dois interlocutores tiveram tanta dificuldade para manter uma conversação. Dagmara nada comeu, respondendo às perguntas com dificuldade, enquanto Desidério falava de banalidades. Depois de tantas emoções do dia, ele estava faminto e, querendo eliminar o nervosismo do difícil papel que desempenhava, comeu com grande apetite e bebeu alguns copos de vinho. Quando recuperou o bom estado de espírito, puxou para perto do seu prato um grande bolo que estava no meio da mesa. E quando já se preparava para cortar um pedaço, sua atenção foi chamada pela decoração. Sobre o bolo havia um jardim, no meio do qual crescia uma grande árvore enrodilhada de flores com um enorme ninho cheio de ovos e um par de pombos.

– Se acreditarmos na realização de desejos, então este bolo deseja-nos uma grande prole. O que acha, Dagmara? – perguntou, rindo, Desidério, olhando com malícia para a esposa.

Mas ela não estava para brincadeiras.

– Meu Deus, como estas pessoas são imbecis! – disse Dagmara, dando de ombros e cerrando o cenho.

A jovem empurrou com irritação o prato que o barão lhe estendera com a parte do bolo que tinha a árvore mística, e um dos pombinhos caiu, quebrando o pescoço.

– Não gostei deste sinal de mau agouro – observou Desidério, com uma careta.

Dagmara levantou-se. Estava confusa e nervosa.

– Desculpe-me! Sinto-me muito cansada e vou me retirar – disse ela com leve reverência.

E, sem esperar resposta, saiu, quase correndo para os seus aposentos. Trocando o vestido por um roupão, ela dispensou a camareira e entrou no *boudoir*. Parou por instantes junto à porta, aparentemente em dúvida se a trancaria ou não.

–É claro que ele não ousará entrar – pensou Dagmara, mas, mesmo assim, fechou a chave. – Assim, é mais seguro – concluiu com um suspiro, sentando diante da lareira, que se apagava.

Relaxando na poltrona, Dagmara tentava pensar em outras coisas, mas a sensação de perigo impedia-a disso. Após alguns instantes levantou-se, pegou um livro, mas também não conseguia ler.

Passou-se mais de uma hora. De repente, o ouvido tenso de Dagmara percebeu um barulho na escada e passos que se aproximavam, e depois uma mão impaciente tentou abrir a porta. Dagmara empalideceu, pulou da poltrona e estancou.

– Abra, Dagmara! Precisamos conversar – disse Desidério, batendo na porta com mais força.

– Desculpe, mas não posso recebê-lo hoje. Estou indo dormir.

– Pelo amor de Deus, querida, não me deixe na porta! Você me coloca numa situação ridícula.

– Você pode falar comigo amanhã e, se precisar de algo, perto da sua cama existe uma campainha elétrica para chamar o criado.

– Eu quero ver você! Abra imediatamente a porta, estou ordenando!.. Senão vou arrombá-la... Você entendeu?

–Sim, entendi que você é um insolente! A porta permanecerá fechada e você não tem o direito de arrombá-la, nem fazer escândalo! – exclamou com raiva Dagmara.

O barão nada respondeu e, ouvindo seus passos distanciando-se, a jovem suspirou aliviada. Mas qual não foi o seu horror e indignação quando, quinze minutos depois, o marido voltou e, em instantes, a chave voou da fechadura, ouviu-se o ranger de uma ferramenta, um som de madeira quebrando e a porta abriu-se. Na entrada surgiu Vallenrod. Estava pálido, sombrio, e em seus olhos, havia algo cruel e mau.

Tudo aconteceu tão depressa que Dagmara, espantada, permaneceu parada em silêncio. Somente um pensamento passava em sua mente – o pensamento de que Desidério não desejava permanecer estranho para ela, e queria usufruir os direitos adquiridos algumas horas atrás – e, por fim, extravasou numa exclamação:

– Você é um patife! Você não está cumprindo a sua palavra!

Desidério aproximou-se dela e disse com voz baixa e surda – mais tarde ela percebeu que isso era sinal de máxima irritação:

–Vamos nos entender! Não quero deixá-la sem saber das minhas intenções. Eu nunca vou desempenhar nesta casa o papel ridículo de "inquilino"! É preciso ser alguém tão inexperiente na vida como você, para imaginar um plano tão idiota e ainda contar com a palavra concedida sob ameaça.

– Um homem honesto é escravo de sua palavra, não importa o motivo que o levou a dá-la e, principalmente, num casamento como o nosso em que o casal se une só para manter as aparências – contestou Dagmara, com olhar flamejante. – Imagino que seja suficiente eu ter sacrificado a própria liberdade e futuro para salvar você e uma mulher devassa. Não quero pertencer a um homem que, a partir deste instante, não consigo nem "respeitar". E se você não sair de imediato deste quarto para sempre eu me vingarei.

– Tente! Mas chega de palavras de baixo calão – riu secamente Desidério. – Bem, quanto à sua intenção de expor-me ao ridículo diante das pessoas, desista desde já. Quero viver como um bom cristão com a minha esposa e não desejo dar motivos para novos mexericos e calúnias. Portanto, deixe de criancice e vamos tentar ser amigos.

Desidério aproximou-se dela e quis abraçá-la, mas ela recuou, encostando-se na escrivaninha.

– Você é o merecido filho de sua mãe, e o roubo está em seu sangue – disse ela, com voz entrecortada e baixa. – Mas, já que você não cumpre a própria palavra – de nunca se impor a uma mulher que rejeita o seu amor – então talvez concorde em vender--me a minha liberdade?

– O que quer dizer com isso? – perguntou Desidério, exaltado.

Dagmara abriu a gaveta da mesa e retirou alguns papéis.

– Estas são cópias de documentos, cujos originais estão guardados em lugar seguro. Estes papéis provam com clareza que sua mãe cometeu um crime contra mim. Estou disposta a destruí-los se você garantir, desta vez formalmente, a minha independência pessoal.

Sem uma palavra, o barão arrancou os papéis de sua mão e, à medida que lia, uma palidez mortal se espalhava pelo seu rosto e, por um instante, ele baqueou e encostou-se na poltrona.

– Então, pelo preço do seu silêncio, você quer fechar esta porta para mim? – perguntou ele, após pensar um pouco.

– Sim! O segredo deste roubo jamais sairá destas paredes.

– Então, saiba que rejeito esta proposta. Aproveite o seu pleno direito e exija a sua fortuna. Já que não sou cúmplice do crime, o caso nada tem a ver comigo.

– Mas, como? Você quer que sua mãe seja levada ao banco dos réus? – murmurou Dagmara, olhando com horror no rosto vermelho de Desidério, em cujo olhar acendeu-se uma maldosa chama.

– Sim, quero – continuou ele, em voz baixa. – Saiba de uma vez por todas que não vou me intimidar. Aqui ou embaixo, onde quiser, mas nossos quartos não estarão separados! Se você desonrar, será o nome do seu "marido" e não de um fantoche...

Capítulo XIV

Passou-se uma semana do casamento de Dagmara, e a jovem vivia um pesadelo. Perdida na nova situação e sentindo-se ofendida em todos os seus sentimentos, já não sabia o que fazer. Desidério, conhecendo bem o caráter da esposa, apostou tudo na carta e ganhou a partida. Ele arrumou os aposentos do casal no andar de cima e, em relação à esposa, adotou um tom amável, educado e contido. Isso dava à sua vida familiar uma aparência de total harmonia e, apenas em certas ocasiões, fazia Dagmara sentir a sua presença, mostrando a ela, que possuía um senhor.

E ela, foi obrigada a manter uma luta domiciliar com um inimigo esperto, corajoso, armado com a experiência de vida devassa e dotado de um caráter persistente e maldoso. Desde os primeiros dias, ele implantou firmemente o seu poder, que esmagava e destruía Dagmara. Ela se tornou calada sob o frio e cruel olhar do seu feitor, cuja boa aparência e palavras de carinho escondiam garras que dilaceravam a sua alma.

Dagmara, entretanto, tinha um caráter demasiadamente enérgico e orgulhoso para não oferecer resistência. Ela ainda não sabia como se livrar do poder ao qual se submetera voluntariamente, pois, para cada plano que nascia em sua cabeça, aparecia a mesma assustadora hidra de cem cabeças: o escândalo público, calúnias e condenação geral, que sem dúvida a esperavam. Seu marido sempre encontraria "boas almas" prontas a justificá-lo, "boas damas" prontas a consolá-lo e amigos – seus semelhantes – para distraí-lo, enquanto que ela estaria sozinha contra a matilha de caluniadores. Por fim, compreendeu que era preciso ter paciência e olhar em volta para aprender a lutar, defender-se e revidar golpes com golpes.

Quando Dina a visitou, notou de imediato que o plano de vida imaginado por Dagmara não havia se realizado. Ela riu, sem nenhum escrúpulo, da desgraça da jovem, mas foi generosa em bons conselhos. Ao mesmo tempo, aproveitando a franqueza espiritual de Dagmara, obrigou-a a falar de Reiguern e soube, com surpresa, que ele já fora noivo dela e que, furioso com a suposta traição, escrevera-lhe uma carta ofensiva.

– Como ele poderia pensar que eu, por simples vaidade, preferi Vallenrod? Dina, quando chegar a vê-lo, explique-lhe como foi injusto comigo – observou Dagmara, com lágrimas nos olhos.

– Mas é claro! Esteja tranquila, eu vou explicar tudo – respondeu Dina.

A notícia dessa separação despertou em Dina certo ciúme, mas também a deixou muito satisfeita. O despeitado Lotar seria uma presa fácil, e ela decidiu possuí-lo a qualquer custo.

Passaram-se alguns meses. Dagmara levava uma vida extremamente enclausurada e muito pouco saía de casa, pois não queria ver ninguém. A inesperada notícia de que Saint-André havia largado o serviço militar e viajara para a Índia aumentou ainda mais a sua tristeza. Dagmara não se encontrou com a baronesa Vallenrod, porque esta inicialmente adoecera e, depois, evitava encontros com a nora. Desidério visitava a mãe, mas Dagmara não sabia quais eram as suas relações e se ele a informara dos papéis comprometedores que sua esposa guardava. Na verdade, ela nem sabia como o seu marido passava o tempo, pois Desidério não achava necessário informá-la sobre isso. Ela somente notava que o barão voltava para casa irado, irritado e com um ar de preocupação.

Por isso, Dagmara ficou muito surpresa quando, de repente, Desidério contou-lhe que pedira demissão e, no dia seguinte, apareceu vestido à paisana. Ela, todavia, estava por demais triste e indiferente para dar a isso maior importância. Já, na casa da mãe, o barão teve de suportar uma cena terrível. Ao saber que Desidério desistira da brilhante carreira, do uniforme e da posição de destaque na corte, a baronesa ficou fora de si, cobrindo o filho de palavrões e acusações.

O barão esperou passar o primeiro estouro e depois declarou com frieza que não podia mais viver com dinheiro roubado, ainda que tivesse sido roubado para ele. Em seguida, contou os detalhes do roubo, enumerando todos os documentos que Dagmara possuía e com os quais sempre poderia abrir um processo.

Esta "crise moral", aliás, não foi o único motivo que o levou a abandonar a carreira. A situação do barão perante o duque tornou-se difícil e periclitante. Desde a aventura noturna que decidira a sorte de Dagmara, Franz-Erik expressara, por diversas vezes, o seu ódio por Desidério, na forma de palavras ríspidas em público e ofensas premeditadas. Percebendo que, cedo ou tarde, teria de sair daquela situação insuportável, o barão decidiu-se e, assegurando para si um cargo de inspetor numa grande siderúrgica de fabricação de equipamento militar, pediu demissão. O cargo era muito bem remunerado e dava-lhe uma independência definitiva da ajuda da mãe, abrindo um vasto campo para suas gastanças. E tanto para a esposa, quanto para a mãe, Desidério explicou a demissão, alegando não poder mais viver com dinheiro roubado.

Ao saber que o crime fora descoberto e que sua fortuna e até a liberdade dependiam da vontade da nora, a baronesa Helena desmaiou e ficou de cama por alguns dias. Seu ódio por Dagmara cresceu ainda mais, e ela jurou fazer de tudo para criar todo tipo de discórdia entre o casal e até separá-los.

Mas, por mais que Dagmara permanecesse apática e indiferente, a vida de casada criava uma ligação demasiadamente forte para que não percebesse, com tristeza, a estranha mudança que se processou em alguns meses na vida e costumes de Desidério. O novo ambiente teve uma influência fatídica sobre ele. Seus colegas na diretoria não pareciam os aristocráticos janotas da Guarda Real, e eram de um ambiente diferente, com preferências pequeno-burguesas e frequentadores de casas noturnas suspeitas que proliferavam nos arredores da capital. Desidério antigamente evitava tais lugares, temendo manchar seu uniforme e atrair a atenção geral. Mas, vestido à paisana, em trajes parecidos com dominó de baile de máscaras, ninguém reconheceria nele um ex-oficial.

A vida de Dagmara tornou-se cada vez mais solitária e monótona. Ela evitava as recepções na corte, limitando-se a casos extremamente necessários; e seu marido não a levava ao ambiente que agora frequentava. Além disso, todas as novidades, tanto as aristocráticas, como as do mundo de negócios, chegavam-lhe através de Dina. Esta participava de ambas as esferas e comunicava à amiga todas as fofocas e intrigas que aconteciam além das paredes de sua pacífica vila.

Depois de um difícil e triste inverno, chegou a brilhante e alegre primavera. O despertar da natureza, entretanto, não teve em Dagmara o efeito dos anos passados: ela esfriou até para os passeios a cavalo, de que tanto gostava. Por dias inteiros ficava sentada junto à janela aberta do seu *boudoir*, sombria e indiferente. A estranha doença que sofria antes de casar e que já não a incomodava havia alguns meses, voltou com novas forças. Sua cabeça queimava de febre, o pulso disparava, e uma sensação de perigo torturava o seu coração; o mínimo ruído de fora a fazia estremecer. Esse mal-estar aumentava à medida que as escapadas de Desidério tornavam-se mais frequentes e prolongadas. Enquanto isso, só a simples presença do marido já a aliviava; parecia que provinha dele uma corrente de vida e calor que a aliviavam. A jovem mulher percebia esta força misteriosa, mas não conseguia explicá-la.

– Não dá para acreditar que isto seja amor! Se tal sentimento existisse, como poderia ele resistir a tantas ofensas e ao imperdoável comportamento de Desidério? – pensava ela com raiva e desespero.

Certa vez, após o almoço, Dagmara sentou-se como de costume junto à janela aberta, triste e nervosa, quando, de repente, chegou Dina.

– Você está só? – perguntou ela, beijando a amiga.

– Como sempre! Acho que você já deveria saber disso – respondeu Dagmara, com irritação e amargura.

– E sabe onde ele está?

– Não, não sei. Ele saiu pela manhã, levando consigo a sua "armadura", e não tenho a menor ideia por onde ele anda. Talvez, você que sabe tudo sobre as diversões de Brandemburgo, pudesse me dizer.

Dina jogou-se contra o espaldar da poltrona e soltou uma gargalhada.

– Então você batizou o fraque de "armadura"? Isto é engraçadíssimo!... Bem, não posso dizer com certeza onde ele está exatamente, com toda aquela armadura, combatendo os filisteus ou filistéias. Mas, desconfio que a maior parte das noites ele passa no Templo das Artes.

– Que Templo das Artes? Nunca ouvi falar disso!

– E daí? O que você sabe sobre estes assuntos? O Templo foi construído numa casa noturna fora da capital, chamada Monte da Trindade.

– Que nome estranho!

– Ele se originou porque lá, no centro de uma sala, existe um monumento de mármore representando abraçados Baco, Vênus e Terpsícore. Naquele local se reúne a mais fechada sociedade e não se admitem estranhos; somente os membros comprovados têm o direito de introduzir neófitos. Como o templo de Jano de outrora, também este possui duas faces: uma está voltada aos profanos e tem uma fisionomia honesta e pacífica a serviço de Terpsícore, Melpômene e outras musas. A outra face aparece somente com a saída dos profanos, quando entram em cena Baco e Vênus. Dizem que os integrantes do círculo íntimo sofrem de terrível sede e, após saciá-la, seguem a indicação bíblica, agindo de forma que a mão direita não saiba o que faz a mão esquerda. Como "mão direita", subentendem-se as pessoas incômodas que se chamam "maridos" ou "esposas" e que devem ficar em casa para não constranger as "mãos esquerdas", quando Vênus se diverte, unindo-os na sorte.

– Meu Deus! Que indecência! – exclamou Dagmara, com repugnância.

– Não seja boba! As mulheres devem meter o nariz em todos os lugares e saber o que faz o marido. Aliás, cheguei aqui para levar você comigo. Vamos passear pelo jardim de um restaurante famoso, onde eu espero mostrar-lhe algumas coisas muito interessantes.

–Não, deixe-me em paz! O que eu iria fazer em tal cabaré e o que pensarão as pessoas vendo-me ali?

– Nada de preconceitos! Vista um chapéu escuro e um véu espesso – e ninguém reconhecerá numa dama discreta a bondosa baronesa Vallenrod.

Dagmara finalmente cedeu à insistência da amiga. A timidez e a curiosidade ainda lutavam dentro dela quando, apoiada no braço da amiga, ambas entraram num jardim cheio de gente, acompanhadas de um jovem engenheiro junto à senhora Rambach. Realmente, no meio desse burburinho de pessoas, ruído de vozes e música, ninguém prestou atenção às duas damas discretamente vestidas e cujos rostos estavam ocultos por espesso véu. Mesmo assim, Dagmara tremia e parecia-lhe que todos a observavam. Por fim, chegaram ao restaurante, cujo amplo terraço estava lotado de mesinhas postas e cheio de gente.

– Veja! – disse Dina, parando à sombra das árvores. – Ali! Ali!... A terceira mesa à esquerda... Lá está o seu senhor, bem acompanhado.

Na mesa indicada, estavam sentados dois homens na companhia de duas "damas" de aparência duvidosa. O paletó de Desidério estava desabotoado e o chapéu deslocado para a nuca. Ele conversava, alegre; ria alto e, aparentemente, havia bebido muito, pois estava pálido e seu olhar tinha uma expressão descarada e animal que Dagmara nunca tinha observado nele.

– Vamos sair daqui! Para mim, chega – murmurou Dagmara, puxando a amiga.

– Vamos, vamos! Mas não se preocupe. Veja, será que dá para ter ciúmes de mulheres daquele tipo?

Dagmara nada respondeu, e elas voltaram em silêncio para casa. Dagmara ordenou que servissem o chá em seu gabinete e tentou conversar sobre outras coisas, mas a palidez do rosto e o tremor das mãos mostravam o seu nervosismo.

– Ouça, eu estou com pena de você! – disse Dina, quando elas ficaram a sós. – Será que precisa ficar assim irritada com a revelação de um fato que o simples bom senso já deveria tê-la convencido!? Não me diga que você acreditava seriamente que a constante ausência do seu marido era provocada pelo serviço, sem nenhuma outra causa mais picante? Se for assim, então você é muito ingênua! Aprenda de uma vez por todas a realidade da vida e pare de ver as pessoas através de lentes róseas, fabricadas pela sua imaginação. Só mesmo entre estas paredes e no mundo de magia e ideais que a cercam, ainda vivem heróis de romances. Já os nossos "heróis" deste fim de século são quase todos do mesmo tipo e confessam o mesmo credo: não há Deus, não há dor de consciência e deve-se obter de qualquer jeito cada vez mais ouro e prazeres. Nisto se resume o seu ideal de vida.

– Meu Deus! Ele estava com uma aparência horrível! – murmurou Dagmara.

– Que aparência? A aparência de um bêbado e mais nada, e você fica desesperada com isso! É claro que Vallenrod ficaria furioso se soubesse que você o viu nessa situação de descalabro moral; os homens não gostam de aparecer desse jeito diante das esposas. Mas, você ficar irritada assim, é fazer muito barulho por nada. Repito: não se deve ter ciúmes daquelas criaturas. Elas também precisam viver! Em todos os tempos, minha querida, lado a lado com as matronas benfeitoras, existiram as bacantes, que até eram preferidas, pois cultuavam o vício e apelavam para as mais baixas paixões. Então deixe este ar de tristeza e vamos falar de roupas; por pior que seja a desgraça, é preciso sempre estar bem-vestida.

Dagmara sorriu e tentou manter a alegre conversa da amiga, mas esta, percebendo o grande esforço que isto lhe custava, acabou indo logo para casa.

Quando se viu sozinha, Dagmara voltou a ficar preocupada. Pensamentos tristes zumbiam em sua cabeça, e seu coração encheu-se de um sombrio desespero, ao pensar na vida insuportável e na situação sem saída. Mas seria de fato uma situação sem saída? Febrilmente ela montava e descartava mil projetos: em alguns – ela queria se livrar do marido, em outros – vingar-se dele. Será que ela era pior do que aquelas vadias que Desidério preferia?

Cansada de tanto pensar, tentou distrair-se lendo. Mas sentiu-se incapaz de uma leitura séria, e foi ao gabinete do marido para escolher algum novo livro de romances que lotavam a biblioteca dele. Procurando as chaves da estante de livros, ela enganchou por acaso o bordado do vestido na caixa sobre a mesa e esta caiu ao chão.

Com a queda, a tampa da caixa abriu-se, e o seu conteúdo espalhou-se. Dagmara curvou-se e, com profunda repugnância, começou a juntar os objetos para recolocá-los no lugar. Havia entre eles maços de bilhetes perfumados, fotografias de mulheres com rostos suspeitos e poses audaciosas, fitas de cabelo, luvas dos mais diversos tamanhos, uma meia de seda e até sapatos, de tamanho respeitável, de alguma dançarina. Mas qual não foi a surpresa de Dagmara quando viu – entre aquele monte de troféus de conquistas fáceis – um grande envelope sobrescrito com a caligrafia solta e característica de Detinguen.

Com profundo respeito, que sempre lhe provocava qualquer lembrança do falecido, Dagmara pegou o envelope, aproximou-o da luz da vela – e estremeceu. A carta estava endereçada a Desidério. O que teria escrito a ele o velho sábio? Colocando a caixa sobre a mesa, ela examinou o envelope: estava rasgado; dentro dele havia uma grande folha de papel, e a data indicava que a carta fora escrita somente duas semanas antes da morte de Detinguen.

Ela ficou curiosíssima. A carta, abandonada entre as lembranças de amores e orgias, não poderia conter qualquer segredo.

Sem vacilar um instante, abriu-a. Mas, à medida que lia, foi empalidecendo, e um suor frio cobriu sua testa. Os olhos bem abertos fixaram-se nas linhas que revelavam o segredo dos laços que a prendiam a Desidério.

Somente agora ela compreendia que fora sacrificada sobre o "altar da ciência". Fora transformada em escrava pela transfusão, por algum método incompreensível, do seu fluido vital para o organismo moribundo do homem que atualmente a tratava como um ser inútil e descartável. Agora ela entendia a duplicidade dos seus sentimentos, oscilando eternamente entre a indignação e a atração. Nenhum orgulho ou força de vontade poderia livrá-la da terrível força que reivindicava os seus direitos e que criou aquelas circunstâncias estranhas para juntá-los. Desidério sabia que ela lhe pertencia, como um objeto inanimado, como um átomo dependente do seu sopro!...

Um surdo suspiro escapou do peito de Dagmara. A consciência de que fora Detinguen, seu mais querido e venerado ideal, pelo qual ela sacrificaria a própria vida e a quem se confiou sem restrições, justamente ele, feriu-a mais profundamente do que um punhal. Sem qualquer misericórdia e com fanatismo científico, que não admite direitos do indivíduo e não conhece compaixão, sacrificou-a para a sua ciência secreta...

As palavras da carta fatal dançavam diante do seu olhar embaçado, e o coração contraía-se como se ferido por um ferro em brasa. Dagmara repetia automaticamente as últimas linhas da carta de Detinguen:

"A responsabilidade será do senhor, se este ato de alta magia que lhe salvou a vida, algum dia transformar-se em ato diabólico."

Cambaleando, Dagmara deu, inconsciente, alguns passos e, sentindo-se tonta, desabou no tapete...

Os primeiros raios da manhã já começavam a penetrar nas janelas do gabinete quando, no quarto contíguo, ouviram-se os passos pesados de Desidério. Cansado do excesso de prazeres da noite passada, ele entrou no gabinete escuro com cuidado e respirando pesadamente. De repente, tropeçou em algo no chão. Desidério abaixou-se e, reconhecendo Dagmara, estremeceu e ficou sóbrio. Acendeu a vela e viu a esposa desacordada no chão, segurando na mão uma folha de papel, que ele reconheceu imediatamente. Vociferando baixinho, ele tirou a carta da mão da esposa, colocou-a no próprio bolso, levantou a mulher e levou-a ao dormitório. Um sentimento de compaixão e arrependimento despertaram de repente no seu coração, e Desidério aplicou o tratamento que Detinguen havia receitado para situações como aquela. Ele friccionou suas têmporas e mãos e colocou os lábios quentes sobre o local do coração, cujas batidas mal se percebiam. Logo a poderosa influência da respiração animal fez-se notar. As batidas do coração ficaram mais nítidas, a face recuperou o tom róseo, e os braços e pernas perderam a rigidez. Dagmara abriu os olhos, mas, encontrando o olhar do marido, fechou-os novamente.

– Como se sente, querida? O que aconteceu? – perguntou com carinho Desidério.

– Senti-me tonta e desmaiei, mas agora estou bem melhor – murmurou ela com dificuldade.

Dagmara não queria revelar o verdadeiro motivo do seu desmaio, e Desidério preferiu também não tocar naquela questão periclitante.

– Graças a Deus! Se soubesse como fiquei assustado, ao encontrá-la assim desmaiada! Agora, beba um pouco.

Com estas palavras, ele serviu-a de um cálice de vinho. Assim que ela tomou alguns goles, ele acrescentou:

– Durma, querida! Isto irá acalmá-la e revigorá-la.

Ele beijou carinhosamente Dagmara e deitou-se. Minutos após, sua respiração pesada indicava que ele havia adormecido.

Dagmara estremeceu do beijo do marido, do contato dos seus lábios que beijavam outra mulher, a "escolhida", com a qual ele passava dias e noites.

Nunca antes ela havia sentido uma tempestade tão forte como a que se desencadeava em seu íntimo. Ao sofrimento quase físico do orgulho ferido, juntou-se a indignação do "estupro científico" de que ela fora vítima. Que motivos levaram Detinguen a sacrificar ao primeiro desconhecido justamente ela, que ele dizia amar? Tinha tantos remédios maravilhosos! E quem era Desidério para Detinguen? Um desconhecido qualquer! Ah, não! Precisava ler aquela carta com mais atenção! Talvez contivesse algumas indicações que ela não percebera no momento, devido à grande emoção da revelação.

Dagmara levantou-se, vestiu o penhoar e começou a procurar a carta. Vendo-a aparecendo do bolso da jaqueta de Desidério, imediatamente pegou-a e levou ao seu *boudoir*. Lá, à luz do dia e com concentrada atenção e olhar atento, leu e releu a estranha missiva, a sua sentença. Não havia mais dúvidas: a ciência a que Detinguen servia era uma divindade cruel, que não admitia compaixão nem perdão no que tange ao cumprimento da lei da iniciação. Para o triunfo dessa ciência secreta foi necessário manter a vida daquele esbanjador – e ela foi sacrificada!

Ela, que gostava desta ciência! Que colocou nela esperança e fé e cegamente estendeu as mãos para serem amarradas! Ah, com que crueldade Detinguen obrigou-a a pagar por seu pão e tutela! Mas, não estaria ela cega de boa vontade? Como não enxergava os exemplos tanto do passado, como do presente? Não seria ela uma vítima da ciência secreta, como a pitonisa de Delfos que o sacerdote torturador fazia sentar no tripé e, enquanto os estertores reviravam a infeliz, ele arrancava dela as premonições sobre a morte ou triunfo de pessoas que vinham consultar o oráculo? Com que direito eles usavam a energia vital delas para satisfazer a curiosidade de terceiros? E os pobres sonâmbulos mostrados ao público por hipnotizadores que abusam indiscriminadamente de suas forças e os rebaixam ao nível de objetos insensíveis e inanimados, somente para a diversão e curiosidade da turba!...

Com ar sombrio, e cenho franzido, Dagmara debruçou-se sobre a mesa e pôs as mãos na cabeça. Naquele instante, ela sentia desmoronar um mundo inteiro de objetivos e crenças e toda aquela harmonia pura que a sustentava.

– Onde está a verdade? Onde está o Pai celestial que permite abusarem de seus filhos? – murmurava ela com lábios trêmulos. – Será que somos apenas um conjunto de átomos racionais que servem somente de matéria-prima para uma terrível máquina que estraçalha, tritura e envia esta massa sangrenta para uma distante e desconhecida perfeição?...

Ela se levantou e começou a andar pelo quarto. Lembrou-se então do sonho profético e da inscrição na entrada do templo da ciência: "Não existe retorno para quem entrar por esta porta"! Naquele instante, olhou para o grande retrato de Detinguen, e lhe pareceu que os olhos claros e pacíficos do falecido olhavam-na com expressão de zombaria e cruel satisfação. Ela chamou o criado e ordenou-lhe tirar o retrato da parede e levá-lo ao laboratório. Depois, retirou da escrivaninha e das caixas todos os outros retratos e objetos ligados à memória do pai adotivo e levou-os ao santuário, cuja porta trancou a chave, decidida a nunca mais entrar lá.

Durante o seu desjejum, apareceu Desidério, olhando desconfiado o rosto frio e calmo da esposa, que, como de hábito, serviu-lhe café e ofereceu um pedaço de carne fria.

– Você me assustou ontem à noite. Como está se sentindo? – perguntou, beijando a mão de Dagmara.

– Aquilo foi um mal passageiro. Exagerei um pouco nas experiências ocultas e lamento tê-lo incomodado – respondeu ela, com indiferença.

Depois a conversa passou para outros assuntos. Ambos sabiam do malfadado segredo que os unia, mas preferiram não falar sobre isso.

Por alguns dias o barão pareceu redimir-se: passou mais tempo em casa, tentou divertir a esposa e lia-lhe livros. Mas as constantes cartas e convites começaram novamente a atraí-lo para fora e, aos poucos, voltou ao antigo modo de vida. Mais uma vez, ele caiu de cabeça no redemoinho da vadiagem insana que destruía seu corpo e alma.

No fim do outono, Desidério, alegando necessidade de tratamento médico, saiu para uma viagem de dois meses. Dagmara ouviu distraidamente as explicações do marido, convencida de que ele estava mentindo. Além do mais, a sua indiferença e desprezo por ele aumentavam a cada dia.

Passado mais de um mês de viagem do barão, Dagmara não recebeu dele nenhuma notícia e sofria, acumulando dentro de si nuvens de maus pensamentos, mesmo acostumada a tais faltas de consideração do marido, demonstrando abertamente que ela não tinha a menor importância para ele. E foi com este estado de espírito que ela recebeu a visita de Dina, que parecia muito animada e um pouco preocupada.

– Têm notícias do seu marido? Sabe por onde ele anda?

Essas foram as primeiras palavras de Dina.

– Não sei e nem estou interessada nisso – respondeu Dagmara, ficando taciturna.

– Pare com esta raiva! Tenho um plano para dar uma lição em seu querido Desidério. Se me prometer ficar calma, então venha tomar uma xícara de café lá em casa amanhã e terá uma bela surpresa.

Apesar de tudo, a curiosidade preocupada e doentia incitou Dagmara a aceitar o convite da amiga, mesmo que, de inicio, pensasse em recusar.

No dia seguinte, na hora combinada, ela chegou à casa de Dina, onde encontrou um grande grupo de pessoas.

Um pouco mais tarde, apareceu um rapaz muito esbelto, que Dina apresentou como engenheiro Zelten; Dagmara surpreendeu-se com a atitude de Dina que, ao apresentá-la ao engenheiro, murmurou tão rápida e incompreensivelmente seu sobrenome que o recém-chegado certamente não entendeu direito.

Aliás, a anfitriã nem lhe deu tempo para comentários; ela falava e ria sem parar, dirigindo-se de preferência ao senhor Zelten, que recebera um cargo na fábrica dirigida pelo seu marido e chegara somente havia alguns dias a Brandemburgo.

Sem se fazer de rogado, o engenheiro contou que aquela nomeação fora para ele uma agradável surpresa, apesar de ter reduzido o seu período de férias, que passava na praia perto da casa dos seus pais.

– Esta praia recebe muitos visitantes ou só é frequentada por moradores locais? – perguntou Dina, com a maior inocência, servindo uma xícara de café ao convidado.

– É um lugar adorável! A nossa pequena cidade ainda não fica superlotada com a afluência de turistas e banhistas, mas, mesmo assim, recebe todos os anos um público muito selecionado que lá encontra paz e diversão, para passar prazerosamente algumas semanas.

– Verdade?

– Podem acreditar. Eu, por exemplo, conheci recentemente um casal muito simpático: o barão Desidério Vallenrod e sua esposa. Fiquei muito feliz em conhecê-los, pois soube que o barão também reside em Brandemburgo. E, por isso, não deixarei de – no mais curto prazo – levar os meus respeitos à baronesa e seu marido.

Enquanto falava, os presentes começaram a se entreolhar, e os seus rostos refletiam nítido embaraço. Dagmara enrubesceu, enquanto Dina continuava sorrindo. Lançando um olhar malicioso aos presentes, ela observou alegremente:

– O senhor nos conta algo totalmente inesperado! Nós nem desconfiávamos que o barão pertencia à seita mórmon e sempre o considerávamos como um simples cristão.

– O barão Vallenrod é mórmon?! Não estou entendendo – disse o rapaz, intrigado.

– Mas como poderia ser diferente? Eis aqui, em pessoa, a própria baronesa Dagmara Vallenrod, a única legítima esposa do barão Desidério. Já que todos nós, aqui presentes, estivemos no seu casamento, então podemos presumir que a dama que o senhor encontrou junto com o barão só pode ser a sua esposa mórmon.

Foi impossível descrever o embaraço do jovem engenheiro. Bastou-lhe ver os rostos confusos dos outros convidados, para entender o grande equívoco que cometera. Ficando vermelho, ele murmurou uma mistura de desculpas e conjeturas de que com certeza havia se enganado e tomado por esposa a irmã ou prima do barão, ou aquele era um outro Vallenrod.

O desespero do infeliz contador de histórias foi tão engraçado e triste que até Dagmara sentiu pena dele e apressou-se em dar outro rumo à conversa; todos respiraram aliviados, e a festa continuou. Mas o pobre engenheiro não conseguia se recompor e, alegando problemas de serviço, despediu-se rapidamente. Os outros convidados seguiram seu exemplo, talvez, com pressa para rir desse periclitante acontecimento e aproveitar para espalhá-lo pela cidade.

Dagmara também resolveu ir para casa. Apesar da sua calma aparente, ela fervia por dentro. Não era ciúme, por mais legítimo que isso fosse; fervia a indignação e raiva do patife imoral que ousou ofendê-la, usando o seu bom nome para acobertar uma vadia qualquer.

Após três semanas, quando Desidério voltou, Dagmara já havia recuperado todo o seu sangue-frio e recebeu o marido com a delicadeza de costume, sem perguntar onde esteve, e nem o que fez.

E a vida prosseguia da mesma forma, com Desidério como sempre se divertindo longe do lar, enquanto Dagmara continuava na monotonia e solidão. Perto do ano-novo, aos problemas já existentes veio somar-se mais um: ela percebeu que estava grávida e, com a sua disposição de espírito, um filho parecia-lhe mais uma carga insuportável.

Desidério recebeu a novidade com aparente satisfação, mas não mudou em nada o seu modo de vida, deixando a esposa doente e irritada sozinha com as suas ideias perigosas.

No fim de maio, Desidério informou, feliz, à esposa que a empresa enviaria alguns funcionários a Paris para visitar uma exposição industrial e estudar diversos aperfeiçoamentos na fabricação de armas.

A antecipação dos prazeres que o esperavam em Paris transparecia nitidamente no rosto de Desidério, que, aparentemente, não sentia nenhum remorso por deixar a jovem esposa sozinha e inexperiente no estado em que se encontrava. Dagmara não disse uma única palavra, mas chorou com amargura quando ficou só. Ela, doente, estava sendo abandonada num dos momentos mais difíceis de sua vida, como um cachorro. De repente, uma nova ideia veio consolá-la naquele desespero.

– Vou para a casa do pastor! Lá onde cresci e onde todos me amam, pelo menos ficarei em paz. Se for a vontade do Senhor levar-me, então, pelo menos os meus últimos dias passarei cercada de cuidados e amor.

Ela não contou a ninguém sobre este seu plano, que pensava em realizar assim que o marido viajasse.

Finalmente, chegou o dia da partida, e os cônjuges despediram-se friamente. Desidério estava envolvido com os próprios preparativos, mas mesmo assim, recomendou à esposa cuidar-se e prometeu voltar para a época do nascimento. Dagmara permaneceu calada e, no mesmo dia, começou a preparar a sua viagem.

No dia seguinte, visitou o tabelião Eshenbach e, sob sua orientação, redigiu um testamento. Em caso de morte, ela deixava todos os seus bens, inclusive o direito de receber os duzentos mil marcos roubados pela baronesa, para uma instituição de caridade que deveria fundar um asilo de velhos e órfãos. Parte dos seus bens e o uso vitalício dos lucros de outros capitais ela deixava ao seu filho, na condição de que sua educação deveria ser realizada exclusivamente pelo pastor Reiguern e sua esposa; a Vila Egípcia, com tudo que lá existisse, seria posta à venda.

No dia seguinte, partiu. A camareira Jenny, a única que sabia para onde ia Dagmara, deveria juntar os seus pertences e partir no trem seguinte.

Cerca das sete horas da noite, Dagmara desembarcou na pequena estação, e uma carruagem de aluguel levou-a até a cidadezinha, que distava meia-hora a pé do pastorado. Apesar da escuridão que se aproximava, do forte vento e nuvens ameaçando chover, Dagmara decidiu percorrer essa distância a pé.

Seu coração disparou, e lágrimas encheram-lhe os olhos quando se aproximou da casinha do pastor. Naquele instante, sentiu uma tontura e encostou-se a uma pequena coluna emaranhada por vinhedo selvagem. Os bons velhinhos nem desconfiavam que a sua pequena Dagmara estava tão próxima! O que diriam se vissem o desespero e a indignação que fervilhavam na alma de sua pupila?

Dagmara puxou convulsivamente a campainha. Ouviu-se um arrastar de chinelos, o som do ferrolho se abrindo e à porta apareceu Brigitte, a velha criada do pastor, com uma vela na mão. Ela não reconheceu Dagmara e olhava-a desconfiada, mas quando aquela lhe perguntou, emocionada, se ela a esquecera completamente, a boa velhinha soltou um grito de alegria e deixou cair a vela.

O barulho chamou a atenção da esposa do pastor, que saiu para ver o que estava acontecendo.

– Santo Deus! Vejam quem chegou! A nossa pequena Dagmara! – exclamou Brigitte.

Sem dar tempo para a senhora Reiguern se recuperar da surpresa, Dagmara correu para abraçá-la.

– Titia! Querida! Vim para cá à procura de amor e paz. Por favor, me aceite como antigamente – murmurou ela.

Com profunda emoção, a tia conduziu-a ao quarto vizinho que ela tão bem conhecia, onde brincava quando criança e onde tinha sonhos quando mocinha. Somente depois de instalá-la, sua tia beijou-a carinhosamente. No mesmo instante, a porta do gabinete se abriu e apareceu o pastor, de robe e solidéu preto. Ele também abriu os braços em boas-vindas àquela que considerava sua própria filha e, após, dando um passo para trás, começou a examiná-la.

– Como você mudou! Temo que voltou para cá com a alma doente – disse ele, após um momento de reflexão.

– Sim, tio Gothold! Ofendida, doente, sem fé nem esperança, vim para cá para morrer entre as pessoas que me amam – respondeu Dagmara, com os lábios tremendo.

Mas a emoção foi demais para ela; deixou-se cair numa cadeira e perdeu os sentidos.

Os velhos, assustados, correram para acudi-la, mas Dagmara logo abriu os olhos. Matilda, preocupada, ordenou que servissem chá e ela própria foi preparar o quarto onde a recém-chegada outrora morara. Naquele momento, Dagmara conversava com o pastor, que entendeu logo a situação geral, e, quando a jovem quis contar-lhe os problemas de sua vida, a discórdia em seu espírito e a desintegração de sua fé, o bondoso velhinho disse:

– Vamos deixar esta conversa para depois, minha querida criança. Você está fatigada e precisa descansar. Daqui a alguns dias nós conversaremos sobre tudo isso.

O pastor tentou distraí-la, contando pequenas peripécias de sua vida modesta, sobre os lavradores conhecidos e sobre as mudanças que aconteceram por lá. Sua conversa realmente ajudou, pois os pensamentos de Dagmara tomaram outro rumo, e seu espírito encheu-se de uma paz, que não sentia havia muito tempo. Ao se despedir para dormir, o pastor colocou a mão sobre sua cabeça, como sempre costumava fazer, e disse com fervor:

– Vá dormir em paz! Que Nosso Senhor Jesus Cristo lhe conceda a fé e a paz que você outrora possuía sob este humilde teto!

Por instantes pareceu a Dagmara que ela voltara a ser aquela criança, e que a profunda fé que soava na voz do velho ressuscitara parcialmente o sentimento que estava apagado dentro dela. Naquele lugar ainda consideravam Deus como Pai misericordioso e sentiam a Sua proximidade...

Havia muito tempo que Dagmara não dormia tão bem como naquela noite, numa cama simples, com as cortinas de "cretone" que a escondiam nos melhores anos de sua vida. Acordou mais alegre e calma; e depois, vestindo-se sozinha, sem ajuda da criada, desceu para o pequeno refeitório onde a cafeteira já fervia alegremente.

Ela contou sobre suas aulas com Detinguen, a sua iniciação nas ciências ocultas e os fenômenos que testemunhou. Depois descreveu ao pastor a ação das desconhecidas mas terríveis forças da magia branca e negra, que aprendeu a controlar em parte. Entusiasmando-se cada vez mais, descreveu a seu perplexo ouvinte a imagem do quadro do universo visível e invisível, onde interagem as forças ocultas nas plantas, animais e no homem e esconde-se uma população especial, surpreendentemente confusa.

– A mente embaça e o coração dispara quando a pessoa atravessa a terrível passagem e, às cegas, anda por uma estreita trilha beirando o abismo criado pela nossa parca consciência. De cada lado do abismo, a pessoa vê seres que a chamam. Alguns são seres iluminados e puros, com a palma da vitória nas mãos, que indicam o objetivo distante para onde conduz o aperfeiçoamento e onde nos espera a paz e o amor; outros – são monstros repugnantes e com garras afiadas – que horrorizam e ameaçam, mas falam num idioma que as pessoas entendem: o idioma do ódio e das paixões humanas. Digo que as pessoas "entendem", pois a alma ferida anseia em pagar o mal com o mal, tenta conhecer o motivo das injustiças e dos sofrimentos que torturam os seres vivos em todos os mundos e em todas as esferas. Mas o triste lamento do sofrido espírito humano permanece sem resposta... E sobre este caos desordenado, paira Deus, como uma lei inicial que dirige o infinito criado por Ele na base de imutáveis leis. Ele é Perfeito, proclama o "amor" e a "igualdade", anuncia a "justiça", o "bem" e a "bondade". Enquanto isso, aos Seus pés estão caídas Suas míseras criaturas, corroídas por todos os vícios, dilacerando um ao outro e sempre o mais forte vence o mais fraco e o mau vence o justo. E as pessoas enlouquecidas clamam: "Quem és Tu, indescritível e Todo-Poderoso Ser que nos criou como somos? Será que não consegues ouvir a nossa luta, a nossa discórdia e desespero?"– Mas, como a esfinge continua calada, e o mistério permanece insolúvel, cada um começa a explicá-lo à sua própria maneira. Uns negam a existência do Ser Supremo, dizendo que tudo é fruto do "acaso" e seu fim é a destruição; outros rezam, reverenciam, batendo a cabeça no chão, erigem templos e oferecem sacrifícios na esperança de amenizar a suposta ira do terrível juiz que os castiga e tortura, implorando-lhe a Sua bondade e misericórdia. Esta é a conclusão a que cheguei... E o que o senhor, titio, pode me dizer para dissuadir as minhas dúvidas, devolver-me aquela confiança na bondade divina que os fatos desmentem a cada instante?

Dagmara calou-se, pois a emoção impediu-a de falar, e o pastor, lívido, ouvira tudo em silêncio, com os dentes cerrados. As palavras de Dagmara perturbaram terrivelmente a sua simples e religiosa alma.

– Ah, Detinguen! O que você fez com a alma que lhe foi confiada? Como irá se justificar no dia do juízo? Você, minha filha, abrindo para mim esse terrível e invisível mundo, somente confirmou as palavras do Apocalipse, de que o livro da ciência deve ser fechado com sete selos, e que o ser humano deve evitar penetrar com o seu olhar naquele abismo onde vive o dragão de língua flamejante e garras afiadas, com as quais dilacera qualquer um que dele se aproxime. Você entrou pela porta que você mesma chama de terrível, viu os seres diabólicos, condenados por suas maldades a permanecer na escuridão do inferno e a terra desapareceu sob seus pés. Você pergunta: o que é Deus? Oh, como deve estar embaraçada a sua alma, como deve estar a sua mente obscurecida com trechos da ciência proibida para fazer uma pergunta tão sacrílega! Você duvida da justiça divina porque ela não castiga o culpado como deveria fazer conforme o seu fraco entendimento humano? Você duvida da infinita misericórdia de Deus enquanto Ele lhe envia provações? Oh, como o Salvador estava certo ao dizer: "Bem-aventurados os pobres de espírito, pois deles é o reino dos céus".

Dagmara, de repente, foi tomada por um amargo sentimento de indignação. "Para que lhe servem estes lugares-comuns, frases banais de um servidor da palavra que, cercando-se de uma fé restrita, imagina que está em relações amigáveis com Deus e se satisfaz com explicações que não aguentariam uma crítica mais séria? Quando a mentira vence – é uma "provação", e quando o acaso evita alguma infelicidade do cotidiano – é "graça de Deus". E este homem, com a sua fé cega, consegue encontrar em tudo a bondade e a justiça Divina, apesar de todas as evidências em contrário."

– Mas existem algumas "provações" bastante estranhas e dificilmente explicáveis – exclamou Dagmara, entregando ao pastor a carta de Detinguen. – Leia isto, tio Gothold, e depois, se puder, explique-me se o que aconteceu comigo foi um ato Divino ou artimanha diabólica!

Com o coração disparado e sem acreditar nos próprios olhos, o pastor leu a estranha carta, que descrevia a operação mágica de transferência da energia vital e que parecia confirmar as convicções de Dagmara.

– Entende agora, titio, por que duvido de Deus, que permitiu tal injustiça e entregou-me como vítima a um homem que não me ama, que me ofende e, com o poder que lhe foi concedido, ainda me tortura? Mas, uma coisa que você não poderá entender é a duplicidade que me aflige. Se por um lado existe a indignação, desprezo e amor-próprio ferido, por outro – esta escravidão física, que me obriga a desejar a presença do barão, porque "necessito" do maldito sopro de sua vitalidade; parece-me que fico sem ar, quando ele está longe, e começo a murchar.

Reiguern olhou com profunda piedade para o rosto desfigurado de Dagmara e para seus olhos, que brilhavam febris. O velho pastor era uma pessoa com uma inteligência superior e, se por princípio, evitava penetrar no campo da ciência hermética, mesmo assim acreditava nas forças ocultas da natureza e na vida após a morte sob todas as formas. O que ele soubera agora somente reforçou sua convicção de que não se deve abrir a cortina do invisível e usar as forças ocultas, cujo mecanismo deve permanecer em segredo. Por um instante, fez uma profunda e fervorosa oração, implorando ao Senhor inspirá-lo. Depois, pondo a mão sobre a cabeça de Dagmara, disse com devoção:

– Minha mente fraca, educada na simples fé pela palavra do Evangelho, não encontra respostas para essas terríveis perguntas. Sempre evitei aprofundar-me no labirinto das ciências ocultas e pesquisar o que está escondido dos meus olhos. O que você me revelou somente me convence o quanto se deve ser forte para entrar ileso neste mundo invisível e que se deve estar completamente livre de quaisquer interesses materiais para utilizar as forças pesquisadas, sem fazer mau uso delas. Na minha opinião, o crime de Detinguen resume-se ao fato de ele ter colocado você numa luta para a qual não está preparada, por ser muito jovem e cheia de vida. Seu infeliz casamento com um homem cruel e devasso foi o último golpe que a empurrou ao abismo da indignação, dúvida e renúncia. Certamente, o Senhor enviou-lhe uma severa provação; mas Ele sabe de algo que nem o nosso coração constrangido e nem a nossa pobre mente conseguem entender. Renuncie ao seu conhecimento incompleto, apague dentro de si a impotente indignação, entregue-se totalmente ao Senhor, seu criador, e "reze". A prece é uma força que a ciência reconhece, tanto quanto a nossa fé; a prece é a ajuda do fraco, a espada que afasta os demônios e o contato vivo com o nosso Pai celestial. Sou simplesmente um cego, um simples portador da palavra sagrada, mas por centenas de vezes, senti o efeito benfazejo da prece e vi em outras pessoas o efeito do seu poder misterioso. Reze, então, com toda a sua alma, e o bálsamo curador escorrerá sobre as suas feridas. Você recuperará a fé, armar-se-á de humildade e paciência, não tentará entender tudo e passará a ter fé de que a divina bondade e justiça alcançarão também a você.

A profunda fé e o fervoroso amor que soavam na voz do pastor sensibilizaram profundamente a doente e emocionada alma de Dagmara. Ela sentiu, de repente, uma incontrolável necessidade de fé, de esperança na ajuda dos céus. Caiu em prantos nos braços do pastor e balbuciou com voz entrecortada:

– Oh, titio! Se eu pudesse rezar! ..

Talvez pela forte emoção por que passou, somada à gravidez, ou por causa das forças ocultas, a partir daquele dia, a saúde de Dagmara começou a piorar rapidamente. Ela começou a ficar cada vez mais pálida, magra e passou a ser acometida de fraqueza incompreensível e desmaios repentinos. A sua fraqueza chegou a tal ponto que, por vezes, parecia estar em estado letárgico. O pastor, muito preocupado, mandou chamar o médico da cidade vizinha, mas logo se convenceu de que aquele nada entendia do estado da paciente. Então, seguindo o conselho da esposa, Reiguern enviou uma carta à Dina, descrevendo o estado estranho e perigoso de Dagmara e pedindo-lhe enviar algum especialista naquele tipo de doença.

Quando a senhora Rambach recebeu a carta, Lotar estava justamente visitando-a. Com a sua costumeira prontidão, Dina deixou-o ler a carta e pediu para indicar algum de seus colegas para ir ao pastorado.

Ao saber da doença de Dagmara, o médico empalideceu, e o antigo amor despertou nele com novo ímpeto. Ele sentiu-se profundamente solidário com a infeliz jovem que morria, abandonada por quem devia protegê-la e ajudá-la. Reiguern despediu-se de Dina e dirigiu-se direto para o palácio, onde teve uma curta audiência com o duque. Voltando para casa, colocou rapidamente as suas coisas numa pequena mala e pegou o primeiro trem para o pastorado paterno.

Com alegria, mas um tremor interior, Lotar, na noite do mesmo dia, bateu à porta da casa paterna. A velha Brigitte não o reconheceu e lhe perguntou o que desejava. O médico nada respondeu e, passando por ela, dirigiu-se ao gabinete do pastor e abriu em silêncio a porta. A visão do velho grisalho e encurvado, sentado triste e pensativo à mesa de trabalho, emocionou-o profundamente. Quando o pastor voltou-se e levantou, reconhecendo-o, ele balbuciou:

– Pai! Perdoe-me!...

Em seguida, caiu de joelhos e estendeu as mãos ao velho.

Ficaram por muito tempo abraçados em silêncio. Depois, o pastor chamou a esposa, que quase morreu de felicidade ao ver o exilado que retornava. Após os primeiros cumprimentos, os três sentaram-se no divã e, enquanto os dois velhos olhavam o filho com orgulho e amor, ele contou-lhes, em poucas palavras, a sua vida, o noivado com Dagmara, o acontecimento fatal que os separou e o sentimento de solidariedade e piedade que o motivaram a realizar o que ele queria havia muito tempo – fazer as pazes com eles.

Depois, a mãe levou-o ao quarto da paciente, que continuava deitada, num estado de ausência letárgica. Quando Reiguern debruçou-se sobre ela e pegou na sua mão, o seu olhar ardente e amoroso pareceu reanimar Dagmara. A paciente estremeceu, abriu os olhos e uma expressão de agradável surpresa passou por seu pálido rosto.

– Você veio, Lotar?– balbuciou ela.

– Sim, Dagmara! Vim para cuidar de você e espero curá-la. Quero que tudo o que nos separou seja esquecido. Estou sob este teto como seu irmão.

Capítulo XV

Cansado, e com os nervos à flor da pele, após as aventuras parisienses, numa certa manhã Desidério voltou à vila. A repentina fraqueza que passou a sentir nos últimos tempos e que atribuía às inúmeras farras, apressou a sua volta para casa. Mas, ao chegar lá, ficou surpreso e extremamente irritado pela ausência de Dagmara, que viajara, sem dizer para onde e sem deixar qualquer recado.

Como a criadagem não podia lhe dar nenhuma pista, o barão foi de imediato para a cidade à procura de informações e soube, por acaso, que o doutor Reiguern também desaparecera e ninguém sabia do seu paradeiro. Aquilo o deixou furioso. Sua mulher não somente ousara abandonar a sua casa, mas, aparentemente, fugira com o amante.

Conhecedor de toda a crônica escandalosa da cidade, ele sabia da ligação da senhora Rambach com o belo doutor, e imaginou que Dina, traída como ele, poderia ter, por ciúme, seguido a trilha do seu amante e da amiga traidora.

Dina Rambach não estava em casa, mas como o mordomo informou que voltaria logo, Vallenrod disse que esperaria e dirigiu-se para o pequeno *boudoir* decorado com cetim laranja, lugar preferido da anfitriã.

Ardendo de impaciência e raiva disfarçada, o barão olhou o álbum de fotografias, os livros e, depois, começou a andar pelo quarto. Passando pela escrivaninha e, ao parar para examinar o novo retrato de Dina, percebeu a ponta de uma carta que saía da gaveta e onde aparecia o nome de Dagmara. Não resistindo à curiosidade, pegou a carta enfiada negligentemente no envelope, e a sua atenção foi chamada pela assinatura: Lotar Reiguern.

Esquecendo a lisura, que proíbe ler cartas de terceiros, e, tomado somente pelo desejo de saber algo sobre Dagmara, Desidério abriu a carta e leu as seguintes linhas:

"Querida Dina, não posso ainda estabelecer a data do meu retorno. Como já lhe informei, o duque concedeu-me neste caso liberdade total e não vou deixar Dagmara até tudo terminar. Não fosse por ela, eu estaria completamente feliz aqui. A alegria dos meus pais de ter o filho perto de si e a vida calma neste ambiente aconchegante e familiar estão me fazendo muito bem. Somente o estado de saúde da minha querida amiga de infância é que envenena o bem-estar geral.

Alguns dias atrás, a pobrezinha deu à luz um menino – uma criança muito fraca, para a qual tivemos de contratar uma ama de leite. Mas, o estado delicado da paciente não é, de forma nenhuma, consequência do parto. É uma fraqueza estranha, como se a sua força vital se esvaísse de forma invisível; e todas as formas científicas de estancar esta vazão foram infrutíferas. Dagmara está apagando como uma lamparina sem óleo, como uma flor sem água, e a catástrofe final acontecerá provavelmente dentro de alguns dias.

É difícil descrever tudo o que passei e sofri junto ao leito de morte da minha querida noiva, que o destino fatal arrancou de mim e jogou nas mãos grosseiras que a mataram. Dina, minhas palavras não devem provocar ciúmes em você. Primeiramente, não seria digno ter ciúmes de uma mulher tão profundamente infeliz; em segundo lugar, o meu sentimento por ela nada tem a ver com o que nos une. Eu a amo como mulher, com um sentimento terreno, já o meu amor por Dagmara é por uma criatura espiritual. Junto com ela, vou sepultar todas as minhas melhores aspirações e as mais queridas lembranças.

Tenho mais um pedido! Eu lhe informarei por telegrama quando Dagmara falecer, e depois disso – mas somente depois disso – tome medidas para informar o barão e, principalmente, a sua querida mamãe sobre o feliz acontecimento que os livra desta carga inútil. Não gostaria que ele aparecesse antes e estragasse os seus últimos momentos, pois sei que a própria Dagmara não deseja ver o seu incomparável marido. Aqui ela está cercada de amor: cuidamos dela como membro da nossa família e queremos nós mesmos fechar os seus olhos."

Mordendo o lábio inferior, Desidério empalideceu e interrompeu a leitura. Uma nuvem negra cobriu a sua visão. Então, Dagmara não fugiu com o amante!.. Que estupidez supor algo parecido da parte dela. Ela foi esconder-se para morrer longe dele por falta de energia vital, pois Desidério colocou-a nessa dependência. Enquanto ele girava no redemoinho de farras e depravações, nascia o seu filho, parte do seu ser e portador do seu nome. E esse pequenino tem sobre ele direitos sagrados!.. Mãos estranhas receberam e abençoaram a criança, pessoas estranhas substituíram o pai junto ao leito da mãe doente. Enquanto isso, ele corria atrás de aventuras e festejava com as amantes...

Agarrando o envelope, Desidério anotou o nome da estação e da aldeia onde morava o pastor. Em seguida, enfiou a carta de volta na gaveta e saiu, dizendo ao mordomo que não podia mais esperar.

Duas horas mais tarde, ele já chegava à estação de trem, vindo diretamente do gabinete do seu chefe, que lhe concedera uma licença de duas semanas.

No pastorado, o dia passou muito agitado. Desde a manhã, o estado de Dagmara piorara repentinamente. Ela sofrera ataques de sufocação; o pulso e a respiração estavam praticamente imperceptíveis, e somente os calafrios que agitavam o corpo indicavam que a vida ainda não a abandonara.

Lotar, pálido e abatido, não saía de perto da cabeceira da cama. A criança fora retirada do quarto e colocada junto com a ama de leite no andar de baixo. O pastor e esposa não paravam de chorar e rezar no quarto da paciente.

Perto da hora do almoço, Dagmara ficou muito agitada, abriu os olhos e balbuciou fracamente:

– Ele está vindo para cá!... Não quero vê-lo... Ele não me deixará morrer!

Sem compreender o sentido dessas palavras, Lotar atribuiu--as a um delírio e administrou a Dagmara um calmante, fazendo-a cair de novo no esquecimento. Mas, às seis horas da tarde, ela agitou-se. O pulso disparou, os olhos abriram-se e o olhar dirigido para o vazio parecia ver algo repugnante, pois ela tentava repelir alguma coisa invisível com as mãos e repetia com tristeza:

– Não quero que ele venha... Ele não me deixará morrer!...

– Isso, sem dúvida, é o fim. Ela não passará desta noite – disse baixinho Lotar ao pai.

– Neste caso, vou administrar-lhe a extrema-unção. A sua pobre e confusa alma, mais do que nunca, precisa de forças para a grande viagem.

Um sorriso amargo passou pelo rosto do médico.

– Tenho minhas dúvidas sobre a onipotência dos céus. Aliás, nesta hora, duvido também da minha ciência. Talvez Detinguen pudesse ajudar com uma de suas poções mágicas! Lá, onde os céus e a ciência foram derrotados, é possível que triunfe o inferno.

O pastor balançou a cabeça.

– É melhor admitir que a ciência, pela qual você trocou Deus, é cega e limitada – disse o pastor, num tom solene. – Não negue o poder do Senhor e não embarace com pensamentos impuros o sacramento que irá acontecer, a última graça, a última ajuda que o Pai Celestial concede à sua criatura que vai para a eternidade.

Lotar baixou a cabeça em silêncio e sentou-se perto do leito.

Um quarto de hora depois, estava tudo pronto para a extrema--unção. O velho pastor, cheio de fé, levantou com devoção o cálice sobre a cabeça de Dagmara.

– Nosso Senhor Jesus Cristo, nosso misericordioso Salvador,

WERA KRIJANOWSKAIA DITADO POR *J.W. Rochester*

entrego em Tuas mãos a alma da paciente que se prepara para receber a comunhão com o Teu sangue e corpo. Tem piedade dos seus sofrimentos, não a julgues por seus pecados, e que seja feita a vontade do nosso Pai Celestial! Seus caminhos são insondáveis. – Ele poderá prolongar-lhe a vida ou chamá-la para si. – Conduze-a, Senhor, na morada da paz eterna.

A voz clara e humilde do ancião pareceu reanimar Dagmara. A esposa do pastor levantou-a; ela abriu os olhos e olhou com uma indescritível expressão para dentro do cálice que o pastor levava aos seus lábios. Mas, logo, entrou em coma e somente a fraca respiração indicava que ainda vivia.

A noite se arrastava pesadamente. Na casa ninguém dormia, e a tensão geral era tão grande que ninguém prestou atenção ao barulho da carruagem parando diante da casa. Nesse instante, Dagmara começou a balbuciar algo, e Lotar só entendeu as seguintes palavras:

– É ele!... Não o deixem entrar!...

A senhora Reiguern desceu por instantes para ver como estava a criança, quando, de repente, Brigitte abriu a porta e chamou-a, dizendo que chegara um senhor procurando por ela. A esposa do pastor, surpresa, saiu para o saguão e encontrou um homem alto, luxuosamente vestido, que a cumprimentou com cordialidade. Quando o desconhecido se apresentou, ela recuou com um gesto involuntário de horror e murmurou:

– Oh! Então é o senhor Vallenrod?

– Em pessoa, minha senhora! Vim visitar a minha esposa e agradecer-lhes por todos os cuidados que lhe prestaram – disse, enrubescendo, Desidério. – Como está Dagmara? – Posso vê-la?

– Ela está muito mal, senhor barão! Meu marido acabou de administrar-lhe a extrema-unção. Tenha a bondade de aguardar um pouco: vou avisar o meu filho, que está cuidando da baronesa. Enquanto isso, o senhor não gostaria de entrar aqui e ver seu filho? Já faz uma semana que ele aguarda o beijo e a bênção do pai.

Desidério seguiu atrás da anfitriã e entrou em um pequeno quarto, fracamente iluminado por uma lâmpada com abajur azul. Lá havia um berço – simples e antigo – no qual um dia dormiram

BEM-AVENTURADOS OS POBRES DE ESPÍRITO

os filhos do pastor. A ama de leite levantou a criança e entregou-a ao barão. Uma estranha sensação tomou conta de Desidério, quando pegou nos braços o pequeno embrulho de panos, que era o seu filho. O coração bateu tristemente, quando ele beijou a pequenina testa e a face da criança.

Naquele momento Lotar entrou no quarto. Vallenrod e o médico mediram-se com olhar hostil e trocaram frios cumprimentos. No espírito do jovem Reiguern, fervia um indescritível ódio ao insensível esbanjador da vida, que lhe roubara a mulher amada, e aniquilando-a sem piedade.

– Peço-lhe que me acompanhe, senhor barão – disse por fim Lotar, com grande esforço. – Mas devo avisá-lo de que a baronesa está morrendo e, provavelmente, viverá apenas mais algumas horas. A ciência não consegue salvá-la!

Alguns minutos depois, o barão debruçou-se sobre Dagmara e estremeceu de horror diante da terrível mudança que ocorrera na aparência de sua jovem esposa. Agora ela era somente a sombra da antiga Dagmara. Mortalmente pálida, os olhos afundados nas órbitas, jazia como morta; mas quando Desidério pegou na sua mão, ela suspirou.

– Agora, doutor, peço-lhe que me deixe a sós com a minha esposa. Eu mesmo vou cuidar dela – disse Vallenrod, num tom respeitoso, dirigindo-se a Reiguern, que ficou taciturno.

– A baronesa precisa de repouso absoluto.

– Eu sei. Não me diga que o senhor acha que pretendo fazer aqui uma cena à minha esposa, por ter abandonado de forma tão impensada a própria casa? Esta não seria a hora apropriada para isso – e um sorriso sarcástico passou pelos lábios do barão. – Ou teme simplesmente deixar-me a sós com ela? Isto seria um erro. Não acabou de dizer que ela está morrendo e que a ciência não pode ajudar? Consequentemente, a sua missão acabou, e eu assumo os meus direitos legais. Quero ficar a sós com a minha esposa, não importa qual seja o resultado final desta noite.

Sem responder palavra, Lotar saiu do quarto. Descendo a escada, encontrou o pastor, que subia.

– Vamos, pai! Lá em cima nós seremos demais. O assassino

que acabou de chegar invocou os seus direitos de marido e mandou-me sair do quarto da moribunda, como se eu fosse um estranho.

O velho olhou com tristeza e preocupação o rosto abatido e desfigurado do filho.

– Venha para o meu gabinete! Lá você me contará o que aconteceu – disse, com calma.

– Aconteceu que este patife, tentando reparar qualquer dívida, arma-se de seus "legítimos" direitos para me colocar para fora do quarto! Eu, que tratei e cuidei dela, como da própria irmã! E este assassino ainda diz ter o incontestável direito de tratar de sua vítima. Ele, provavelmente, quer se deliciar com a agonia da moribunda e imaginar qual das amantes irá ocupar o lugar dela. Pobre Dagmara! Agora entendo a sua frase! "Ele está chegando!... Ele atrapalhará a minha morte"... A sua alma atormentada pressentia a aproximação do seu perseguidor.

Triste e cabisbaixo, o pastor ouvia o discurso irado do filho.

– Eu acho que Dagmara irá sobreviver, e – por mais desagradável que isto seja – a presença deste patife é que a fará voltar à vida – disse o pastor, à meia voz.

Lotar não se conteve e deu um pulo.

– Pai! Nunca imaginei ouvir de você tal absurdo. Como ela pode amar Vallenrod, após todas as ofensas que ele despejou sobre ela?

O pastor, sem nada dizer, abriu a gaveta da escrivaninha e retirou uma folha de papel dobrado, entregando-a ao filho.

– Leia esta carta do falecido Detinguen e surpreenda-se tanto quanto eu. Minha mente não consegue entender o terrível mistério que revela esta missiva. Pode ser que você, um homem da ciência, possa compreendê-lo!

Lotar praticamente arrancou a carta das mãos do pai e, encostando-se à mesa, começou a lê-la. À medida que o seu olhar febril passava por aquelas linhas, seu rosto foi ficando cada vez mais pálido, e um suor frio cobriu sua testa. Depois, jogando a carta longe, encostou-se no espaldar da poltrona e observou, com voz contida:

BEM-AVENTURADOS OS POBRES DE ESPÍRITO

– Se isto for verdade, então é um ato diabólico! A recuperação de Dagmara será a prova da existência desta terrível força. Então, se for assim, que significado tem toda a nossa ciência?

Ficando a sós com Dagmara, Desidério ajoelhou-se e abriu a sua camisola. Em seguida, apertou os seus lábios no local do coração, que batia fracamente e apertou em suas mãos as mãos da paciente. Mal os seus lábios tocaram a pele fria de Dagmara, ela estremeceu como se levasse um choque elétrico. Seus olhos abriram-se, e o cansado e sofrido olhar parecia procurar algo; mas ao ver o marido, uma expressão de ira e desprezo passou pelo seu rosto emagrecido. Fazendo um esforço para empurrá-lo para longe, ela murmurou:

– Deixe-me morrer em paz! Estou cansada desta maldita vida.

Entretanto, estava fraca demais, para livrar-se dele, e, com um rouco suspiro, voltou a cair nos travesseiros.

Desidério não prestou nenhuma atenção à resistência da esposa e continuou a pressionar os lábios contra o seu peito. Dagmara jazia com os olhos abertos, sem poder mexer nem os braços nem as pernas e apenas sentia uma corrente quente circulando por suas veias e aquecendo o sangue já frio. Logo seu corpo começou a suar abundantemente, seguindo-se um bem-estar geral e uma agradável languidez. Dagmara fechou os olhos e adormeceu num profundo e pesado sono.

Vallenrod endireitou-se e, sentando à cabeceira da paciente, continuou a segurar as suas mãos, que já estavam quentes e macias. Ele, por sua vez, estava pálido e, sentindo-se fraco, encostou-se na cama e também adormeceu...

Passaram-se algumas horas – longas e difíceis para Lotar, que andava preocupado pelo quarto.

Os raios do sol nascente despertaram Desidério. Sua primeira reação foi debruçar-se sobre Dagmara para constatar que continuava dormindo. Com um suspiro de alívio e triunfo, ele levantou, espreguiçou-se e murmurou:

–Vou provar àquele médico idiota que consigo fazer milagres, sem os seus remédios.

Desidério lavou-se, bebeu um copo de vinho que encontrou

na mesa e depois, saindo em silencio do quarto, perguntou ao médico:

– Senhor Reiguern, não poderia subir para ver a minha esposa? Ela ainda está dormindo, mas eu gostaria de saber como está agora o seu estado de saúde.

Lotar correu para o quarto de Dagmara. Percebeu de imediato a incrível mudança que ocorrera no estado da paciente. Não acreditando na primeira impressão, ele auscultou o coração, verificou o pulso e certificou-se de que o organismo de Dagmara funcionava de forma absolutamente normal. Ainda havia a fraqueza, mas nenhum sinal de agonia. Aquele homem, sem qualquer conhecimento nem remédio, e usando somente o seu sopro animal, realizara um milagre. Ele dera ao corpo moribundo aquilo que a ciência não podia dar: uma nova força vital.

O médico levantou-se. Estava pálido e taciturno.

– Barão, o senhor é um grande sábio, pois venceu a morte! Eu, com a minha ciência, sinto-me um cego e ignorante – disse Lotar a Vallenrod, que entrava no quarto.

Sem esperar resposta, saiu do dormitório e trancou-se em seu quarto.

Uma tormenta rugia no espírito de Lotar. Seu conhecimento, construído por anos de intenso trabalho, estava trincando e ameaçava desmoronar ao se defrontar com leis desconhecidas, cuja existência indubitável ele acabava de comprovar. Na sua cabeça, persistia a ideia de que um ignorante, uma pessoa devassa e superficial, salvou a vida que ele, com todo o seu conhecimento, sentenciava à morte. Depois disso, que valor tinha esta sua ciência, o estudo trabalhoso da máquina humana e do seu complicado mecanismo? Não seria esta ciência simplesmente letra morta comparada à corrente revigorante que penetrava na raiz da doença? A pureza da ciência experimental, que somente reconhecia como verdade o que os olhos veem e o bisturi puder pesquisar, desmoronava como um edifício sem fundações. Diante dele erguia-se um mundo invisível com seus segredos, que ele negava ou desdenhava, somente porque tal mundo não era perceptível à visão nem ao tato.

Ele zombava do magnetismo terapêutico e das sugestões hipnóticas, considerando-os charlatanismo; dava de ombros quando ouvia falar dos testes de De-Roche sobre a exteriorização da sensibilidade, chamando-os de pura imaginação e indignos da atenção de um "cientista". Agora, de repente, um trovão arrasou o seu orgulho, provando quão pouco ele sabia.

A carta de Detinguen tirou definitivamente a venda de seus olhos, cegando-o com uma luz brilhante; o velho também falava de transmissão da corrente vital, das ainda desconhecidas leis da eletricidade, do poderoso pigmento que alimenta os corpos astral e material, das substâncias invisíveis, da capacidade dos corpos de comunicarem-se entre si através de meios invisíveis ao olho despreparado. Tudo isso estava escondido no éter transparente e era imperceptível aos cinco sentidos.

De repente, no cérebro do materialista convicto, surgiu mais um pensamento estarrecedor: e se, em algum lugar, nos infinitos abismos do desconhecido e, tão real como o fluido invisível que preencheu e ressuscitou o jovem organismo moribundo, existir Deus – o Ser primário e Todo-Poderoso? E, sendo tão imperceptível aos grosseiros sentidos, só puder ser percebido por suas ações e não por Sua presença visível?

O olhar indeciso do médico parou sobre o grande Crucifixo pendurado na parede. Será possível que seu pai tinha razão na sua simples e irremovível fé e, realmente, neste mundo são "bem-aventurados os pobres de espírito", aos quais pertence o reino dos céus?

Lotar foi embora do pastorado no dia seguinte ao da milagrosa cura de Dagmara. Desidério ficou e, quando terminou a sua licença, levou a esposa com o filho para a vila. Triste e ainda com uma palidez doentia, Dagmara voltou para a casa que não esperava mais ver. A vida solitária e monótona que a aguardava acenava-lhe com tristeza e desespero; mas à medida que suas forças voltavam, voltava também a sua energia natural. Para preencher o vazio espiritual, ela passou a ler e trabalhar com entusiasmo.

Certo dia, ela destrancou o santuário e começou a folhear o grande arquivo das ciências ocultas. Aquele livro destruiu-a e talvez pudesse salvá-la. Dagmara tentou invocar Detinguen e pedir explicações sobre o horrível atentado que cometera; mas a invocação não surtiu efeito – Detinguen não apareceu. Surpresa e inconformada, Dagmara concluiu que ainda estava demasiadamente nervosa e, para que a experiência desse certo, ela precisaria primeiramente acalmar-se. Mas aquilo era fácil de compreender, mas difícil de fazer e, quanto mais infrutíferas eram as suas tentativas, mais aumentava o seu nervosismo.

Após estudar cuidadosamente o livro de invocações, ela decidiu realizar a grande e solene invocação com todas as regras do ritual.

Faltando pouco para a meia-noite, Dagmara entrou no santuário e executou todos os preparativos. Acendeu as sete velas do candelabro que ficava sobre o altar, encheu de água o recipiente de cristal e jogou ervas aromáticas sobre os carvões em brasa dos tripés. Em seguida, pronunciou em voz alta as invocações prescritas. Enquanto folheava o livro de invocações, seu olhar parou repentinamente sobre a seguinte frase: "Os grandes e puros espíritos só podem ser invocados com a alma em paz e coração livre de ódio e ira. Em caso contrário, a mesa do banquete será cercada por vagabundos, bandidos e impuros que dominarão o anfitrião".

Dagmara estremeceu, percebendo que não se sentia nada tranquila e que seu coração estava cheio de raiva. Um medo obscuro dominou-a e ela quis desistir da experiência; mas das paredes e dos móveis já se ouviam batidas e ruídos; à sua volta começaram a girar manchas fosforescentes e o quarto esfriou de repente. Em seguida, ela percebeu que seus pés e mãos ficaram pesados e na testa surgiu um suor frio. Sem poder se mover, ela caiu contra o espaldar da poltrona e, apesar da paralisia do corpo, sua mente estava clara, e os sentidos adquiriram uma extraordinária agudez. Ela ouvia ruídos estranhos, aromas estonteantes sufocavam-na e o espaço à sua volta foi preenchido por seres bizarros e horríveis, que pareciam sair de uma nuvem espessa e escura, atravessada por relâmpagos, que cercou o altar e o tripé.

Algumas das criaturas pareciam esferas fosforescentes transpassadas por algo semelhante a flechas; outras pareciam serpentes aladas e pássaros com caras de cães ou chacais, e alguns com rostos humanos. Todas essas repugnantes criaturas aglomeravam-se em volta do recipiente de cristal para beber água, que fervia ao seu toque. Um gigantesco morcego que pairava sobre o altar elevou-se de repente e, voando pesadamente, dirigiu-se em direção a Dagmara, aterrissando diante dela sobre o volumoso livro aberto. Os grandes e verdes olhos do monstro olhavam para Dagmara com expressão de maléfica zombaria, e a pressão daquele olhar fê-la ficar em pânico; quis correr, gritar, mas não podia mover-se e, com crescente horror, assistiu à estranha transformação do morcego. O corpo dele encheu-se, esticou-se e tomou a forma de um homem jovem extraordinariamente fino e esbelto, vestindo uma túnica estreita e vaporosa, que parecia ser feita de uma teia de prata. Todo ele, inclusive o rosto, manteve a cor cinza do morcego; sobre a testa, por entre os cabelos encaracolados, viam-se pequenos chifres e, nas costas, havia enormes asas dentadas.

Inclinando-se para Dagmara, que estremeceu com o frio que dele emanava, disse com voz sonora.

– Eu vim a seu chamado. Sou a personificação dos sentimentos que a atormentam. O outro não virá. Ele gosta de vítimas entusiasmadas que se sentiriam felizes sob os golpes do machado; mas eu – sou um dos corpos que sofreu, proferiu maldições e acabou "mal", como se costuma dizer. Agora, desencantado, tanto da justiça divina como da humana, divirto-me à minha maneira, observando a eterna comédia do mal premiado e do bem perseguido. Será que você ainda não se convenceu de que, quanto mais fizer o bem, tanto mais a odiarão para livrar-se da gratidão que devem a você, e que nisso se resume exatamente a explicação da maior parte dos seus desgostos? O louco que realizou a sua iniciação também acreditava na força do bem e trouxe-a em sacrifício a esta utopia, de um modo que ninguém pode salvá-la. Isso porque aquele a quem você está ligada pertence ao "nosso" meio. Fiquei com pena de você e vim para dar-lhe um conselho que vai salvá-la: procure tentações, ame o calor no sangue que atordoa a alma cansada, abuse de amores proibidos com todos os detalhes ardentes – e você não mais será estranha a todos com aquela sua mísera bondade e estúpido peso na consciência; você não estará sozinha, ninguém mais a odiará e não vão tratá-la como a um cão. Quem vive com lobos deve uivar como lobo! Por que você odeia o vício? Ele é poderoso e dirige tudo! Aprenda a usá-lo. Lisonjeie a baixeza humana, submeta-se à insolência, sufoque o próprio orgulho e dignidade, finja onde lhe for lucrativo, seja insistente quando quiser atingir um objetivo, feche os olhos para as feridas das pessoas e – o principal – minta! Minta sempre. Minta aos outros e para si própria! Tudo, tudo o que lhe parecer errado, cubra com a mentira, e esta mentira prestativa irá justificar e desculpar você e lhe fará esquecer a própria queda. Você quer se livrar da corrente invisível que a amarra a seu marido? Para livrar-se destes odiosos grilhões existe um remédio que aqueles outros não indicarão, mas eu vou revelar a você. Comece a agir como ele. Quando todo o seu ser ficar inteiramente tomado pela corrente animal do vício e, só então, esta ligação começará a enfraquecer. Quando as suas secreções fluídicas forem do mesmo tipo, a troca mútua irá interromper-se e, finalmente, a corrente desaparecerá por si própria. Mas, isso subentende que você terá de se esforçar e pecar bastante para atingir este objetivo.

– Quem é você, ser maléfico, que me dá conselhos tão satânicos?– perguntou Dagmara, horrorizada.

Um sorriso esperto passou pelos lábios do estranho conselheiro.

– Eu já lhe disse, sou um amigo que se apiedou de sua juventude, e das lágrimas e desgostos que lhe machucam a alma. Ao tropeçar no caminho da fé, você já não é mais a iluminada sacerdotisa do êxtase ofuscante e está perdida entre o céu e o inferno, culpando um e recuando diante do outro. Não é na solidão que você poderá curar-se! Misture-se na multidão humana: a respiração envenenada dela é contagiosa, e circulando entre as pessoas, você irá querer seus vícios e desejará embriagar-se com os prazeres estonteantes. Experimente acotovelar-se entre eles, e o "pecado", que é bem menos repugnante do que o silêncio de uma noite solitária, alcançará você sob as mais variadas formas. Enfeite-se não com a bondade, mas com seda, veludo, flores e joias; excite os sentidos; ouça as carinhosas palavras de amor – e você aprenderá a deliciar-se com os prazeres da vida material.

Dagmara tentou levantar. Parecia-lhe que os terríveis olhos esverdeados queimavam e sufocavam-na. Seu esforço foi inútil e ela, com a mão trêmula, tentou apalpar a cruzinha de ouro que trazia no peito.

– Ele não a salvará, pois não tem mais sobre você o poder de antigamente – sussurrou o ser misterioso, com uma sonora gargalhada. – A cruz não protege aqueles que só se escondem atrás dela; ela é invencível somente nas mãos da pessoa que se crucifica na cruz. Mas você, infeliz, que está irremediavelmente morrendo aqui à toa, vou salvá-la contra a sua vontade!

A visão começou a desvanecer-se, diluiu-se numa massa negra e desapareceu. Dagmara sentiu tudo girar e lhe parecia cair num sombrio abismo.

Quando voltou a si e, fatigada, levantou da poltrona, o santuário estava com a aparência habitual: as velas continuavam acesas e a fumaça da defumação formara uma leve nuvem que pairava no teto.

– Que pesadelo horrível! – murmurou Dagmara, com tremor na voz, colocando em ordem as coisas que usara. Ela meditou longamente sobre o pesadelo surpreendentemente horrível que teve no santuário e cujos detalhes lembrava com incrível nitidez. Parecia-lhe ainda ver os olhos verdes e ardentes do conselheiro demoníaco, ouvir a sua sonora voz e o assobio estridente.

Na tarde do mesmo dia, recebeu a visita da baronesa Shpecht, que veio trazer um convite da duquesa para um grande baile de máscaras no palácio. Além disso, a baronesa também a convidou para a festa de noivado de uma de suas filhas, que seria realizada na sua casa com a presença de importantes personalidades.

O primeiro desejo de Dagmara foi declinar o convite, mas quase de imediato surgiu-lhe outra ideia. Para que ficar trancada numa casa vazia, onde se sentia estranha e inútil? Para que se condenar à eterna solidão? Não. Ela precisava divertir-se, sair desse seu monótono e solitário lar e procurar diversão entre as pessoas.

Dagmara não falou ao marido sobre a visita da baronesa Shpecht nem sobre a sua intenção de participar daquelas festas.

WERA KRIJANOWSKAIA DITADO POR *G.W. Rochester*

Já havia transcorrido um ano que Dagmara desaparecera do cenário mundano e, por isso, a sua volta provocou grande sensação. Todos a olhavam com curiosidade, achando que crescera e ficara mais bela, apesar da expressão amarga e de desdém na boca e do sombrio brilho dos olhos, resquícios dos sofrimentos espirituais passados.

Por estranha coincidência, naquele dia, Desidério, devido a uma forte dor de cabeça, voltou para casa mais cedo e surpreendeu-se com a ausência da esposa. Estava tão acostumado à vida solitária dela, que ficou irado com essa saída, sobre a qual não havia sido informado. Ele se acalmou, imaginando que ela teria ido visitar Dina. Mas, quando o relógio bateu meia-noite e depois uma hora e Dagmara não voltava, ele começou a ficar furioso. Como não sabia aonde ela tinha ido, nada podia fazer, a não ser armar-se de paciência e esperar. Foi ver como estava a criança e depois voltou ao dormitório. Quando já se preparava para dormir, ouviu o som da carruagem que parava diante da casa. Desidério ficou aguardando, mas como Dagmara demorava a aparecer, ele próprio foi ao *boudoir*, abriu a porta e estancou.

Diante do grande e bem-iluminado espelho, Dagmara, num vestido de baile, tirava as luvas. O vestido rosa, enfeitado de rendas e as flores nos cabelos, presos por uma presilha de brilhantes, iam-lhe muito bem, destacando a sua delicada e original beleza.

– Mas o que é isso? De onde vem você vestida desse jeito, se não for segredo? – perguntou o barão, com voz surda, sinal de grande irritação.

Dagmara voltou-se, e seus claros olhos brilharam, mas, em seguida, um frio olhar passou pelo marido.

– Estou voltando do baile da baronesa Shpecht.

O sangue subiu à cabeça de Desidério. Ele sabia que, no baile, deveria haver muita gente, e o aparecimento de sua mulher sozinha iria, obviamente, provocar muitos comentários e fofocas.

– Parece-me que você poderia ter-me comunicado sobre este convite. Eu acreditava que você tivesse mais tato e nunca imaginei que iria sozinha a um baile, quando o bom-tom exige que você se apresente na sociedade acompanhada do seu marido.

– Eu achei que você não teria tempo para ir comigo, e nem pensei que isso iria interessá-lo; além do mais, você disse que iria a um torneio de hipismo. Todos, já há muito tempo, estão acostumados a me ver sozinha. E não tenho a mínima intenção de declinar todos os convites dos amigos: não sou freira e não frequento o meio que você frequenta.

O olhar de Desidério fulminou-a com raiva, mas ele nada disse e voltou para a cama.

Capítulo XVI

A partir daquele dia, Desidério ficou furioso com maior frequência, pois Dagmara, aparentemente, voltou a interessar-se pela vida mundana e passou a sair com maior assiduidade. Ia ao teatro, à casa de Dina ou da baronesa Shpecht, ou visitava uma das duquesas. Escolhendo de preferência os dias em que o marido não estava em casa, ela recebia a visita de Domberg, Reiguern e outros amigos. Isso também desgostava profundamente o barão, mas a sua própria forma de vida não lhe permitia proibir a esposa de sair ou de receber visitas. Dagmara parecia gostar da admiração que a cercava.

Mas como era uma mulher atenta, percebia que em todos aqueles olhares exaltados, aquela atenção cavalheiresca e conversas maliciosas não havia "amor", mas a lama da devassidão. Ela sabia que cada um dos seus admiradores estava somente aguardando um momento seu de irritação e fraqueza para levá-la à degradação. Entretanto, a sua pura e honesta alma recuava com horror diante desses métodos de "consolo" de muitos matrimônios infelizes. Apesar dos problemas de sua vida de casada, a degradação ainda a assustava, mas a ira e a indignação passaram a dominá-la cada vez mais, e o orgulho ferido incitava o forte desejo de vingança.

Dagmara se preparava com cuidado para o baile no palácio. Ansiava agora pela atenção que lhe negava o marido, e, por isso, queria ficar bela e causar impacto. Desidério não recebeu o convite e, provavelmente, não sabia e nem queria perguntar se a esposa iria ou não ao baile. Saindo do serviço, ele foi direto à casa de Varesi; eles resolveram almoçar juntos e, à noite, divertirem-se num restaurante fora da cidade.

Dagmara, como de costume, não foi saber onde e como o marido pretendia passar o tempo, mas a indiferença e a desatenção da parte dele mais uma vez agitaram em seu interior aquele amargo desgosto contra Desidério. Com tal estado de espírito ela começou a se vestir para o baile, e o espelho lhe mostrava que ela nunca estivera tão bela como naquele instante.

A jovem mulher provocou enorme impacto não só pela aparência, mas também pela extraordinária animação. Nunca a haviam visto tão alegre e coquete, e, ao mesmo tempo, tão mordaz e maldosamente zombeteira.

Dagmara nem imaginava que, desde a sua chegada, alguém a observava de longe e, imiscuído na multidão de convidados, não tirava os olhos dela. Este discreto observador era Saint-André, que havia voltado do Oriente somente à véspera do baile. Assim que soubera por um amigo que Dagmara estaria no baile, conseguiu, através de antigos contatos, um convite ao baile do palácio. Este mesmo amigo lhe contou os detalhes do seu infeliz casamento e, assim que a viu, ele percebeu que aquilo era verdade. Conhecendo-a bem, percebeu imediatamente que a alegria de Dagmara era artificial e que, em sua animação febril, soava uma completa instabilidade espiritual.

Após dançar, cansada, Dagmara pediu ao seu acompanhante para levá-la ao jardim de inverno, que naquele momento estava quase vazio e onde havia um agradável frescor.

– A senhora está pálida, baronesa, e parece cansada. Permita-me permanecer ao seu lado enquanto descansa – disse Friedrich Domberg, conduzindo a sua dama ao divã de musgo artificial.

– Se o senhor não enjoar de ficar sentado aqui comigo em vez de dançar, então fique – respondeu Dagmara negligentemente.

Os olhos de Domberg brilharam de paixão.

– A senhora está sendo cruel, baronesa, fingindo não saber que onde estiver, lá estará a minha felicidade.

Um sorriso de desdém passou pelos lábios de Dagmara.

– O senhor é muito amável, barão! Estou cercada de tantos admiradores e lisonjeadores que vou acabar ficando vaidosa. Antes de casar, ainda moça, nunca tive tantos admiradores e amigos dedicados; sinceramente, eu nem suspeitava que tinha tanto encanto.

Um forte rubor cobriu o rosto do jovem oficial.

– Eu entendo, baronesa – respondeu ele com animação. – Infelizmente, existem muitos homens levianos que veem na senhora apenas uma esposa enganada e abandonada, e encaram-na como caça. Mas ao rotulá-los com o seu desprezo, a senhora deveria abrir uma exceção para aqueles que a amavam de forma sincera e honesta, ainda antes do seu casamento. Existe alguém cujos sentimentos pela senhora nunca mudaram. Diga uma palavra e este alguém colocará aos seus pés a sua mão e o coração. Aliás, para que falar por indiretas? Meus sentimentos já lhe são conhecidos. Aceite o meu amor e o meu nome, e vamos iniciar uma nova vida. Com a ajuda do príncipe Otton-Friedrich me incumbo de conseguir a sua separação do homem que não a merece.

E Domberg, inclinando-se, olhava de forma ardente e apaixonada nos olhos constrangidos de Dagmara. Mas ela não teve tempo de responder, pois, naquele instante, detrás de um grupo de laranjeiras, surgiu a figura alta de um homem que se aproximou dela e lhe fez profunda reverência.

– Conde Saint-André! O senhor aqui?– exclamou ela, levantando-se e estendendo-lhe ambas as mãos.

A palidez e a sombria expressão do olhar do conde indicavam que ele ouvira a conversa; mas a alegria na voz dela e o gesto com que o recebeu fizeram imediatamente seu rosto mudar de aspecto.

– Sim, sou eu! Cheguei somente ontem – respondeu o conde, beijando calorosamente as mãos estendidas para ele.

BEM-AVENTURADOS OS POBRES DE ESPÍRITO

Ambos estavam felicíssimos. Ele – por encontrar novamente a pessoa com quem sonhava dia e noite; ela – por ter novamente ao seu lado um verdadeiro amigo que conhecia seu segredo fatal, um homem nobre e bondoso que se afastou quando soube que ela pertencia a outro. Ah! Se não fosse o ato criminoso de Detinguen, ela poderia ter sido a amada e respeitada esposa de Saint-André.

Quando ambos dominaram a emoção e a consternação provocada pelo encontro inesperado, viram que estavam sós. Domberg desapareceu com o coração cheio de raiva. Ele não precisou de resposta para entender que, se um dia Dagmara se separasse de Desidério, iria escolher para marido o conde, e não a ele.

Saint-André sentou perto e examinou Dagmara com um olhar tão estranho, que ela ficou ruborizada e perguntou:

– Parece que eu mudei, já que o senhor está me olhando desta forma!

– Infelizmente, sim! A senhora está muito mudada. Não consigo ver aquele seu olhar alegre, o sorriso malicioso e a antiga alegria de viver. Não vejo felicidade nos seus olhos, baronesa!

– Felicidade? Esta palavra já não existe para mim, e da antiga Dagmara que o senhor conheceu nada restou. Mas aqui não é lugar para estas conversas. Venha visitar-me amanhã. Acredite, estou felicíssima de encontrá-lo de novo! O senhor me lembrou do passado feliz e irreversivelmente morto.

A aproximação de outras pessoas pôs fim a esse diálogo, e eles se dirigiram para o salão de baile. Saint-André também tomou parte na diversão geral e até dançou, o que era inusitado para ele. Deve-se acrescentar que dançou mais com Dagmara.

Naquela noite, uma surda irritação atormentava Desidério, e ele voltou para casa mais cedo. A notícia de que a esposa fora ao baile não podia obviamente tranquilizá-lo, e ele andava pelo *boudoir*, irado como um tigre na jaula, quando por fim chegou Dagmara.

– Que novidades são estas? Que costume é esse de sair por aí sem minha autorização? – perguntou ele irado. – De onde você vem tão tarde da noite?

Dagmara, que naquele instante tirava o colar e os brincos, voltou-se e mediu o marido com um frio olhar de desprezo.

— Cheguei do baile do palácio e costumo visitar amigos, pois não sou obrigada a guardar paredes vazias. Você não sai sozinho? Enfim, há muito que todos sabem que você pouco se interessa por mim e me dá plena liberdade para fazer o que quiser.

— Você não acha que está exagerando na sua liberdade? A minha condescendência nunca se estendeu à renúncia dos meus direitos ou à sua libertação das obrigações em relação a mim.

— Não me diga! Que estranha condescendência! — disse Dagmara num tom zombeteiro. — Em todo caso, parece-me que chegou o momento de nós conversarmos com franqueza e acertarmos as contas. Espero que você me deixe falar primeiro e fazer um resumo de todas as ofensas e mágoas com que me presenteou. Você criou para si uma vida que me excluía completamente e nunca teve tempo para mim; as suas traições ostensivas não são segredo para ninguém, e o fato de você passar dias e noites com suas amantes é um "segredo de polichinelo". Sem a mínima vergonha, você leva estas "damas" consigo para bebedeiras e festas onde qualquer um pode vê-lo. E, provavelmente, para mostrar-me as suas "conquistas", você espalha pela casa a sua correspondência secreta. Estou pronta a reconhecer a minha nulidade aos seus olhos, mas não quero fazer você passar vergonha diante do seu harém e companheiros de copo pelo mau gosto que teve ao se casar comigo. Não exijo a sua presença nos lugares que frequento, para livrá-lo da sensação desagradável de aparecer em público com uma esposa digna de pena como eu, incapaz de elevar o amor-próprio do brilhante cavalheiro, que tem sucesso somente porque o destino lhe concedeu uma aparência atraente, mas enganadora, por trás da qual se esconde um espírito miserável. Você não é capaz de um verdadeiro amor, e o seu coração responde somente ao sussurro da lisonja ou atração animal. E somente por eu não possuir armas tão poderosas para acariciar suficientemente a sua vaidade, você me cobre de desprezo. Mas não pense que o meu silêncio é estupidez ou ignorância dos seus feitos: eu sei de tudo e entendo o seu comportamento para comigo. Você se engana cruelmente se imagina que eu, partindo de um falso amor-próprio, vou tentar esconder de todos a minha infeliz vida familiar. Não! Que a sociedade julgue por si mesma! Estou cansada da eterna solidão e clausura e quero, como todos, viver entre as pessoas do meu meio. Você não pode me proibir isso, pois transgredindo as suas obrigações para com a esposa, perdeu qualquer direito à minha pessoa. Se ainda lhe sou fiel, é somente porque até agora não gostei de nenhum dos homens que me consideram um "objeto sem dono" que pertencerá por direito a quem conseguir pegá-lo.

Desidério empalideceu e ouvia em silêncio esse inesperado sermão. Pela própria leviandade, nunca pensou na indecência do seu comportamento; mas tudo o que ele ouviu – era a amarga verdade. Cada palavra da esposa doía-lhe como chicotada, e ele nada podia responder. Então, virou-se e saiu rapidamente para o dormitório.

No dia seguinte, Saint-André apareceu na vila e Dagmara recebeu-o sozinha, pois o marido, como sempre, estava ausente. A anfitriã e o convidado sentaram-se no *boudoir* e começaram a conversar como amigo.

– Leio em seus olhos que a senhora sofreu demais e me culpo amargamente por tê-la deixado sozinha, quando a minha respeitosa amizade poderia ser-lhe útil – observou o conde, com um suspiro.

– É verdade! Mas tanto naquela época, como agora, continuo tão só como somente um ser humano consegue ficar. A solidão do deserto é menos terrível que a solidão na própria casa – disse Dagmara, e seus olhos encheram-se de lágrimas.

– E a senhora não tentou procurar apoio na ciência, naqueles mistérios que nos deixou o nosso respeitável mestre?

– Não! – respondeu Dagmara rispidamente, com um brilho no olhar e enrubescendo. – Não! Odeio a maldita ciência que me condenou e renuncio a ela. Nem quero lembrar do mestre que foi o meu carrasco! Ele próprio destruiu todo o bem que realizou na nefasta hora quando roubou de mim a força vital, acorrentando-me a um homem que me pisa e colocando a minha vida a seu bel-prazer.

– Mas como? Como sabe disso? Que insensatez da parte de Desidério de contar-lhe isto! – exclamou Saint-André, empalidecendo.

WERA KRIJANOWSKAIA DITADO POR *J.W. Rochester*

– O senhor se engana. Encontrei por acaso a carta de Detinguen que me condenava à mais baixa escravidão que poderia imaginar a magia negra. A carta estava num monte de "troféus", bilhetes amorosos, retratos de amantes e contas de restaurantes – respondeu Dagmara, rindo nervosamente.

– Mas se a senhora encara assim os laços que a prendem a Desidério, então, – a senhora não o ama, como eu supunha? – murmurou Saint-André.

O ciúme causara muitos sofrimentos ao conde, e agora ele sentia que um grande peso saía do seu coração.

– Sim, houve um tempo em que eu o amava, quando a ideia de me tornar sua esposa parecia-me a maior felicidade e eu ansiava viver somente para ele; mas ele sufocou todos estes sentimentos com as próprias mãos. E sabe o senhor – ela inclinou-se para o conde com os olhos brilhando e lábios trêmulos – quando aprendi a odiá-lo? Nas longas noites, doente, passando sozinha angustiantes e insones horas, enquanto ele, naquele momento, vivia em festas e bebedeiras, participava de orgias, andava com mulheres vadias e voltava para casa somente ao amanhecer.

– Pare! Não se enerve assim! Lembre-se de que a senhora é mãe e procure consolo e apoio no próprio filho. O sorriso inocente da criança irá aliviar os sofrimentos que este indigno lhe causou – disse o conde, segurando a mão trêmula de Dagmara.

Seu coração batia fortemente, cheio de felicidade, compaixão e esperança.

– Não! – disse Dagmara, balançando tristemente a cabeça. – A criança não me consola. Ao olhar para ela, lembro todo o inferno que passei antes do seu nascimento, quando doente, inexperiente e sofrendo, ficava sempre sozinha, abandonada aos cuidados dos criados. Ah! Que ideias passavam pela minha cabeça quando percebia que ele não tinha tempo de cuidar de mim grávida e que para mim tudo era demais. Enquanto ele farreava em Paris, eu viajei para a casa do meu antigo educador, o pastor Reiguern; lá nasceu a criança, e aquelas bondosas pessoas cuidaram de mim, como se fosse a própria filha. Mesmo assim, eu estava morrendo e faltavam algumas poucas horas para a liberdade, mas naquele momento, infelizmente, o barão voltou. Ele não quis largar a sua diversão e o seu fluido diabólico devolveu-me a vida... Uma vida vazia e sem sentido, numa casa onde não existe um lar e que mais parece um hotel onde o marido aparece só para dormir e às vezes almoçar, quando não tiver nada melhor para fazer, ou passar a noite para recuperar energias para, no dia seguinte, reiniciar a sua vida devassa. Nestas condições, o que pode significar para mim esta criança?...

Ela se calou por falta de voz, e as doentias batidas do coração não a deixavam respirar. O conde beijava em silêncio as mãos frias de Dagmara e serviu-lhe um copo d'água, pedindo para se acalmar.

A partir desse momento, entre eles estabeleceu-se uma relação completamente nova, cheia de confiança mútua e amizade sincera. Ele se tornou um assíduo visitante da Vila Egípcia, e sua presença provocava uma sensação desagradável em Desidério, o que, aliás, era mútuo.

Assim passaram-se alguns meses. Saint-André visitava a Vila Egípcia todos os dias. Os jovens ficavam sempre a sós e se apegavam cada vez mais um ao outro. A paixão do conde atingiu o auge, e Dagmara, quase inconscientemente, correspondia aos seus sentimentos. No deserto que a cercava, o ardente amor do conde enchia de vida a sua alma atormentada. Ela confiava nele, sentindo-se muito bem em sua companhia e as horas até a sua chegada passaram a transcorrer lentamente; em compensação a ausência de Desidério trazia-lhe um verdadeiro alívio. Esse era o estado das coisas. Essa situação, é obvio, não podia continuar indefinidamente e uma declaração definitiva era inevitável.

Certa noite, os jovens tomaram seu chá e dirigiram-se ao *boudoir*. Contrariando o costume, não conseguiam estabelecer uma conversa; o conde estava aparentemente nervoso e andava pelo quarto, enquanto Dagmara reclinou-se na poltrona e fechou os olhos. De repente um beijo ardente na mão fê-la estremecer. Ela endireitou-se e encontrou o olhar de Saint-André, fitando-a, pela primeira vez, com indisfarçada paixão. Sem prestar atenção ao embaraço da jovem mulher, ele puxou uma poltrona, sentou-se e, sem largar a mão dela, disse com voz embargada:

– Dagmara! Não posso mais ficar calado, vendo a vida solitária e o sofrimento espiritual acabarem com você. Eu a amo com todas as forças da minha alma e quero arrancá-la deste inferno!

– O que você está dizendo? E os laços fatais que me ligam ao...

Ela calou-se e passou a mão pelo rosto pálido.

– Eu sei. Mas o segredo fatal não me deterá. Estudei cuidadosamente os tratados de ocultismo sobre as estranhas leis de transferência de fluido vital e sobre as mágicas relações entre os seres vivos. Cheguei à conclusão de que, se entre você e ele se interpuser um grande amor, a poderosa influência deste amor agirá sobre a ligação invisível, como uma espada afiada, e tomando conta de todo o seu ser, absorverá o que agora, com base naquela lei, sente necessidade de Desidério. Se você, por sua vez, entregar toda a sua alma a esta pessoa, então estarão lutando como dois fiéis parceiros contra estes laços fatais e sairão vencedores, quebrando-os. O benigno e terapêutico fluido do amor mútuo curará os ferimentos invisíveis causados por este rompimento. Li a descrição de um caso parecido num antigo livro sobre magia e estou pondo aos seus pés este sentimento de amor sem limites nem barreiras. Eu a amo, Dagmara, como somente pode-se amar a uma mulher, mas quero ter sobre você direitos legais para chamá-la de minha, diante de Deus e das pessoas! Penso que Desidério não se oporá à sua libertação, para continuar a vida devassa sem qualquer empecilho; talvez ele até case com alguma de suas vadias com as quais está se divertindo neste minuto. Ele não dá nenhum valor aos laços que unem vocês e não a ama, provando isso com cada um dos seus atos e, por isso, não pode dar valor à esposa, que rebaixa diante de todos. Assim, posso exigir que ele me ceda a pessoa que despreza e não quer amar. Mas, para ter esta conversa decisiva com ele, preciso de sua permissão. Dagmara, você quer ser minha esposa? Permite-me, com a ajuda do meu amor e conhecimento, apagar todas as nossas mágoas do passado?

Ela ouvia, por vezes pálida, por vezes ruborizada. Os tons sinceros de sua voz e do nobre e amoroso olhar faziam Dagmara renascer. Parecia-lhe estar despertando de um horrível pesadelo, e o seu fino rosto começou a refletir o amanhecer de uma nova vida. Levantando para o conde os seus puros olhos, que ardiam com a fé e esperança, ela disse com sinceridade:

– Sim, eu quero amá-lo, Phillip e quero pertencer a você! Eu lhe imploro, liberte-me!

Nesse instante o conde abraçou-a, apertou-a contra o seu peito e cobriu de beijos ardentes seus lábios e olhos. O amor dele, por tanto tempo reprimido, finalmente libertou-se. Dagmara, feliz, encostou a cabeça em seu ombro e, pela primeira vez, sentiu a felicidade do verdadeiro amor, esquecendo completamente que entre ela e Saint-André se interpunham os direitos de Desidério. Mas teria ele ainda direitos sobre ela? Não, não tinha, pois ele próprio recusou-os...

Naquele dia, Vallenrod decidiu voltar mais cedo para casa e descansar bem para o dia seguinte.

A notícia de que o conde estava com a sua esposa deu-lhe a ideia de ouvir a conversa deles. Ele se esgueirou até a porta do *boudoir* e testemunhou a declaração de amor e de toda a cena seguinte.

Quando viu Dagmara nos braços do conde, que a cobria de beijos, e a esposa feliz com o olhar cheio de amor aceitando os carinhos, ficou possesso. Sua mão agarrou a cortina e cada veia do seu corpo tremia como em febre; mesmo assim, não correu para os apaixonados e nem lhes gritou: "Eu me porei entre vocês armado dos meus direitos legais e impedirei o seu caminho para a planejada felicidade". O que atrapalhou foi o medo de passar por marido ciumento e ser ridicularizado por Varezi, o que foi mais forte que a ira. Desidério saiu silenciosamente e trancou-se no quarto. Como um tigre, começou a andar de um lado para outro, fervendo por dentro. Havia chegado a hora que pressentia e que nebulosamente temia; no seu caminho aparecera um outro que exigia dele a esposa, que ele negligenciava.

– Entregá-la? Nunca! – murmurou Desidério, fechando os punhos e jogando-se no divã.

Aos poucos, seus agitados pensamentos acalmaram-se, e a ira esfriou, deixando em seu lugar um sentimento agudo e amargo que ele, debalde, tentava espantar. Uma voz que havia muito estava calada, sussurrava-lhe: "Alguma vez você deu o devido valor à mulher, que largava por dias e semanas inteiras, sem jamais imaginar que um outro poderia tomar o seu lugar? Você sempre a deixou sozinha e nunca se interessou em saber o que ela fazia e como passava os longos e solitários dias e noites. Você sempre a tratou com grosseira e cruel indiferença. Você próprio destruiu em Dagmara o respeito, a confiança e o amor por você. Que direito tem você agora para indignar-se, quando nela despertou finalmente um sentimento humano e ela indignou-se contra o homem que zombou dos mais sagrados direitos? Ela quer cair nos braços daquele que lhe promete amor e tutela e que falou com ela a linguagem da paixão, o que ela nunca ouviu de você. A carícia falsa e mentirosa não engana o instinto do coração..."

Um pesado suspiro escapou do peito de Vallenrod. A condenação de sua consciência deixava-o desesperado, e amanhã viria Saint-André e diria: "Entregue-me Dagmara! Você não lhe dá o mínimo valor, e a partida dela não trará nenhum vazio na sua vida. Você não a ama, porque ninguém maltrata o ser amado, como você está fazendo." Mas ele não queria entregar Dagmara; ele acostumou-se à ideia de que Dagmara era sua incontestável propriedade e que neste tranquilo aconchego, com ela sempre contida e humilde, ele encontraria paz quando se cansasse da vida devassa, do barulho e das orgias. Estava claro que não seriam as suas amantes – chacais noturnos, às quais entregava a saúde e a bolsa – que cuidariam dele; elas precisavam dele somente como fonte de ouro e delícias. E, de repente, ele lembrou dos misteriosos laços criados por Detinguen. Se aqueles laços romperem-se, como disse Saint-André, não estaria ele ameaçado de morte, devido à falta de força vital e o corpo e a alma, destruídos, negarem-se lhe servir? ... Um frio suor cobriu sua testa e ele, em raivoso desespero, enterrou a cabeça nos travesseiros.

Assim que o conde saiu, Dagmara também se sentiu mal e estava desconfortável consigo mesma. Parecia-lhe ter-se desviado do caminho do dever e da honra. Ela não lamentava ter aceitado o amor de Saint-André e concordou que ele a libertasse, pois achava isso seu incontestável direito. Mas não devia ter-se deixado levar por aquele instante e aceitar os beijos de Phillip, enquanto a lei não cortasse os laços que a uniam a Desidério. Como toda alma pura e correta, ela se culpava pelos beijos do conde e lhe parecia que havia manchado toda a tortura que suportara até então e que, agora, ela não poderia olhar para o marido com a costumeira coragem e desprezo.

Torturada pela tristeza e inquietação interior, ela dirigiu-se ao dormitório e já se preparava para deitar quando, de repente, estremeceu e quase gritou. A cortina levantou-se e, na porta, apareceu Desidério, de robe e com uma vela na mão. Dagmara ficou assustada como se tivesse visto um fantasma e, tremendo por dentro, olhava para o marido. Ela não percebeu a palidez do barão, nem o tom surdo de sua voz, quando ele perguntou com disfarçada calma:

— O que você tem? Parece que você não está bem!

— Não, estou bem. Simplesmente, sinto-me muito cansada — respondeu Dagmara com voz baixa, sem olhar para o marido.

Desidério mediu-a com um longo e fulminante olhar.

"Mesmo que eu nada tivesse visto, só a aparência dela demonstraria que ela sente-se culpada. A ingênua criatura ainda sofre por causa dos beijos de Saint-André. Entretanto, provavelmente logo irá se entregar a ele por inteiro" — pensou ele.

De repente, um sentimento novo: um misto de piedade, amargura e paixão despertaram em seu espírito. Aquela mulher delicada, pudica e contida, que ele negligenciava e ofendia de todos os modos, num instante adquiriu aos seus olhos o valor que tinha para o conde. Agora, quando ele deveria entregar Dagmara e quando, por sua própria culpa, um outro conquistara o coração, que deveria pertencer-lhe, ele novamente queria tê-la, afeiçoá-la a ele e despertar nela a paixão.

Desidério dirigiu-se rapidamente para ela e, puxando-a para si, quis beijá-la, mas Dagmara estremeceu e tentou repeli-lo. Naquele momento ela se achava tão criminosa, que não tinha o direito de receber um beijo do marido, que a considerava irrepreensível; e o fato de ela ter falado de amor com outra pessoa parecia-lhe monstruoso, e ela quis gritar: "Deixe-me! Eu lhe paguei na mesma moeda, e meus lábios ardem ainda dos beijos de outra pessoa!" Mas ela sentia-se sufocada e somente conseguia repetir:

– Deixe-me!... Deixe-me!...

O choro convulsivo impediu-a de continuar. De repente, um novo horror obrigou-a a esquecer tudo. Seu olhar encontrou o rosto vermelho do marido, cujos olhos ardiam de paixão e, pareciam fulminá-la. Dagmara viu-o, pela primeira vez, como "amante", do modo como ele aparecia às suas "damas", violento, incontido, tomado por um instinto animal. Mas os nervos dela estavam demasiado tensos para suportar essa nova comoção moral e um profundo desmaio mergulhou-a num benigno esquecimento.

Assustado com a explosão da própria paixão, o barão debruçou-se sobre a esposa, lívida como a gola do seu penhoar. Ele percebeu a luta moral refletida em seu rosto, no qual parecia ter-se congelado uma expressão de indescritível sofrimento. E, mais uma vez, aquele sentimento agudo e amargo de ira e compaixão apertou o coração de Desidério. Naquele instante ele amava e odiava Dagmara; amava como um ser que lhe pertencia, e que ele tanto havia torturado; e odiava por ela estar se entregando a outro, permanecendo surda à sua paixão.

Sombrio e taciturno ele colocou a jovem mulher na cama e saiu.

Capítulo XVII

Desidério chegou por último ao local de reunião dos caçadores e, antes de tudo, começou a procurar Saint-André com os olhos. Este estava numa roda de oficiais e conversava alegremente. Um tremor raivoso passou pelo corpo do barão. Ele, entretanto, não conseguiu conversar a sós com o conde – as outras pessoas sempre atrapalhavam. A impaciência de Desidério e a sua excitação febril cresciam cada vez mais. Por fim, depois do toque de recolher, quando os caçadores dirigiram-se ao pavilhão, onde seria servido o jantar, Saint-André ficou um pouco para trás dos outros caçadores e Desidério aproveitou a oportunidade. Levando seu cavalo para perto do conde, soprou-lhe no ouvido:

– Vamos virar por este atalho! Eu preciso lhe falar.

O conde olhou-o com leve surpresa e, sem nada dizer, virou o cavalo para uma trilha que levava a uma pequena clareira. Lá, parou e, medindo com um olhar frio o rosto desfigurado do seu acompanhante, perguntou com rispidez:

– O que você quer?

– Eu gostaria de perguntar desde quando você começou a

seduzir as esposas dos outros? – disse surdamente Desidério, com os dentes cerrados.

O rosto do conde corou, mas nos seus olhos acendeu-se uma sombria chama.

– Pare!... Nem mais uma palavra!... – exclamou ele, levantando a mão. – Não ouse jogar lama em mim e na esposa que você fez infeliz! Você não pode julgar, pois o seu comportamento e desprezo ao dever superam em muito os pecados dos outros. Sim, eu amo Dagmara! E como você não lhe dá valor e a considera um peso morto, então lhe peço que a liberte, concedendo-me o direito de casar com ela.

– Se ela é um peso ou não para mim, não é da sua conta – contestou Desidério, com os lábios tremendo e os olhos em fogo. – Saiba somente uma coisa: eu não a libertarei! Não porque comecei a lhe dar valor, após vê-la em seus braços, mas porque você apareceu na minha casa com o objetivo de seduzir a mulher que leva o meu nome.

– Você não tem o direito de agir assim! Ela é um ser vivo que o Senhor e a lei confiaram a você para amar e proteger, e não para torturar e destruir. Você perdeu o seu direito sobre ela!

– Isso nós ainda vamos ver! Em todo caso, antes de voltar para cá, você deveria ter escrito uma carta para mim e aguardado a minha decisão. Mas, para castigá-los pela traição escondida, saiba que eu nunca vou entregá-la a você!

– Neste caso, você é um patife! – exclamou Saint-André, fora de si.

Num ímpeto de ira, e com os olhos injetados de sangue, Desidério, virando rispidamente o cavalo, que empinou, sacou do bolso um revólver e apontou a arma para o conde, que também sacou o seu revólver. Espumando pela boca, e fora de si, atiraram um contra o outro e, quase ao mesmo tempo, ouviram-se dois tiros. Saint-André, abrindo os braços, começou a balançar na sela e caiu sobre o corpo do cavalo, que deu um salto e jogou o cavaleiro nos arbustos.

Desidério ficou mortalmente pálido, e a arma caiu de sua mão. Com os olhos esbugalhados, como um autômato, ele desceu do cavalo e deu alguns passos na direção de Saint-André. A névoa sangrenta que ofuscava sua mente dissipou-se, e ele quis certificar-se se não cometera um assassinato, mas, nesse instante, sentiu uma tontura, uma dor aguda transpassou o seu peito e ele foi inundado por um sopro de calor. Pareceu-lhe estar caindo num escuro abismo, e Desidério desabou na areia.

O aparecimento de dois cavalos sem cavaleiros, e a sela de um deles manchada de sangue, provocaram uma confusão geral, ainda mais que a ausência de Saint-André e Vallenrod já havia sido notada. Os caçadores saíram ruidosamente do pavilhão e começaram a procurar os ausentes. Uma hora depois, em volta dos dois corpos caídos em poças de sangue, juntou-se uma exaltada multidão.

Entre os convidados estavam o doutor Reiguern e também o médico militar. Os dois examinaram e constataram que o conde estava morto, e que o estado de Vallenrod, era praticamente sem esperanças.

Os caçadores montaram rapidamente padiolas de galhos de árvores e conduziram os corpos do morto e do ferido ao pavilhão, de onde, nas carruagens do príncipe, eles foram levados à cidade. O jantar interrompido foi cancelado, e os caçadores dirigiram-se rapidamente para suas casas, impressionados com o infeliz acontecimento.

Voltando a si após o desmaio, Dagmara percebeu que estava sozinha. Sentindo um mal-estar e cansaço, ela ficou na cama mais que o habitual e, quando por fim levantou, Jenny informou-a de que o barão fora caçar.

O dia passava tristemente. Atormentada por um nebuloso medo, ela não conseguia encontrar um lugar para si e andava pelos quartos sempre pensando sobre a declaração de amor de Saint-André e a cena noturna com o marido, que despertou nela ira e repugnância. Dagmara ansiava por paz, vida familiar e um amor caloroso e verdadeiro, e não tinha dúvidas de que Desidério lhe devolveria a liberdade. Mas, depois da inesperada cena de paixão do marido, começou a temer que obter a anuência do barão não seria tão fácil.

À medida que o tempo passava, sua excitação febril aumentava, e ela não conseguia explicar o motivo da nebulosa tristeza e pressentimento de algo terrível que lhe apertava o coração. Naquele dia ela não esperava a visita de Saint-André, e a ausência de Desidério era-lhe indiferente, havia muito tempo.

Quando começou a escurecer, Dagmara deitou no sofá do seu *boudoir* e tentou dormir, tomando previamente gotas calmantes que lhe proporcionavam algumas horas de sono. Dessa vez o remédio não funcionou, e ela ficou deitada, virando de um lado para outro. De repente, o seu ouvido excitado percebeu o som de carruagem chegando, barulho de vozes e correria no saguão. Dagmara levantou-se e desceu para a sala de visitas.

A porta de entrada estava aberta, e ela ouviu nitidamente lá embaixo passos medidos e pesados de alguns homens que pareciam carregar algo volumoso, e a voz preocupada do velho José, dizendo:

– Por favor, senhores, levem para cima! A baronesa está nos seus aposentos, e o dormitório do barão fica lá.

Com a mão trêmula, Dagmara, agarrou uma vela e correu para o saguão. Lá ela viu três homens desconhecidos subindo pela escada. O primeiro ela reconheceu imediatamente pela aparência animal – era Varezi, considerado por ela o gênio mau do seu marido.

– Baronesa, desculpe aparecer aqui com más notícias. Tenha coragem. Seu marido sofreu um acidente durante a caçada e trago-o aqui gravemente ferido.

– Onde e como aconteceu este acidente com o barão, dando-me o prazer de sua presença?

Apesar de toda a pose e costumeira insolência, Varezi ficou vermelho com o tom da pergunta.

– A caçada do príncipe teve um duplo acidente e Vallenrod não foi à única vítima deste dia fatídico. Nós encontramos o barão gravemente ferido, caído a alguns passos do corpo do conde Saint-André, que foi morto com um tiro no coração.

Dagmara estancou. O teto parecia desabar sobre sua cabeça, o candelabro que segurava ficou muito pesado, e uma nuvem negra escureceu tudo ao seu redor. Phillip morreu!... E com ele morria o seu futuro e perdido para sempre o pacífico aconchego de amor onde esperava esconder-se... Ela balançou e teria caído no chão se Varezi não a segurasse.

Naquele instante apareceram os carregadores, trazendo o ferido, acompanhado por Lotar.

Vendo que Dagmara desmaiara, o médico correu para ela, ajudando Varezi a levá-la à sala de visitas e colocá-la no sofá, para depois ir cuidar da instalação do ferido.

Meia hora depois, Varezi e seu dois companheiros foram embora.

Quando Dagmara voltou a si, seu primeiro olhar encontrou Lotar debruçado sobre ela. Agora ela só tinha um único pensamento e, levantando-se do sofá, apertou convulsivamente a mão do doutor.

– É verdade que Saint-André morreu?– perguntou ela, preocupada.

Lotar empalideceu e ficou taciturno: a primeira pergunta de Dagmara fora sobre o conde e não sobre Desidério.

– Sim, ele morreu. Mas não vai me perguntar sobre o estado do seu marido?

Dagmara baixou a cabeça.

– Ele vai morrer? – perguntou ela, após um instante de silêncio.

– É difícil responder. Seu estado é muito grave, mas a natureza às vezes encontra meios desconhecidos. Quer que eu trate do seu marido? Pelo menos, perto de você estará seu dedicado irmão.

– Muito obrigada! Vou ficar muito feliz, sabendo que você está comigo – murmurou Dagmara, estendendo-lhe ambas as mãos, que ele levou aos lábios.

– Neste caso, venha comigo! Você me ajudará a colocar as compressas frias na cabeça e no ferimento. Não tema, ele já foi enfaixado. Eu vou embora agora e mando para cá uma enfermeira. De manhã estarei de volta.

Ela levantou como num sonho e seguiu o doutor.

Desidério parecia em coma. Lotar escutou a sua pulsação e passou a Dagmara algumas instruções e, em seguida, despediu-se, prometendo retornar o mais rápido possível.

Ficando só, Dagmara, sentou-se sem forças na poltrona à cabeceira do paciente e começou a olhar o pálido e deformado rosto do marido, fracamente iluminado pela lâmpada sob o abajur azul. Na sua mente começou a fervilhar um caos de tenebrosos e desesperados pensamentos.

O gemido do ferido interrompeu-os, e ela debruçou-se sobre ele. Agora Desidério tinha febre: seu rosto ardia, e os olhos queimavam como brasas de carvão. Ele não reconhecia a esposa; de seus lábios saíam palavras desconexas, e aos poucos, passou a delirar.

Começou um tempo difícil. O jovem e resistente organismo do paciente lutava tenazmente contra a destruição, mas o estado dele melhorava e piorava, e a sua morte era esperada a qualquer momento.

Dagmara raramente aparecia junto ao leito do marido, pois lá estava de plantão a baronesa; mas Reiguern lhe contava tudo o que acontecia e acompanhava atentamente as fases da luta entre a vida e a morte.

Numa de suas conversas francas, Reiguern confessou a Dagmara que sabia sobre o segredo fatal de sua vida, e começou a perguntar sobre os misteriosos laços criados por Detinguen; Dagmara, sem vacilar, contava-lhe tudo o que sabia com um triste sorriso no rosto.

– Mas o pior de tudo isso – acrescentou ela – é que eu sinto a corrente que emana dele e, às vezes, a sua vida desregrada reflete em mim. Assim, muitas vezes eu sei quando ele está bêbado. Nessa hora entro num estado estranho que não consigo explicar; não estou acordada, nem estou sonhando, é uma paralisia, durante a qual parece que estou inspirando vapores de vinho, e esse repugnante odor me sufoca e provoca taquicardia. Além disso, esse estado é acompanhado por estranhas visões: ou é o rosto pálido de Desidério que me persegue como num pesadelo, ou me aparecem lugares desconhecidos e ajuntamentos de pessoas desconhecidas, cujo comportamento imoral causa-me nojo. Vejo tudo isso com tão incrível nitidez que até nas ruas encontro e reconheço algumas pessoas que vi nessas visões. Parece que a vida desregrada de Desidério reflete-se em mim através desses profundos desmaios e, ao mesmo tempo, sua corrente vital mantém-me viva...

– Que surpreendente e terrível mistério! Maldita seja a hora em que foi realizado este negro ato! – murmurou Lotar, cerrando os punhos involuntariamente.

Nas longas horas de silêncio e solidão, quando nada interrompia os sombrios pensamentos de Dagmara, ela passou a pensar muito sobre o futuro que a esperava e decidiu que se Desidério morresse, ela iria viver somente para o filho e continuar, bem ou mal, a própria infeliz existência. Mas, se ele sarasse, ela deveria desaparecer.

Certo dia, Lotar comunicou a Dagmara que a vida triunfara e que Desidério estava fora de qualquer perigo. A jovem mulher ficou cabisbaixa. O restabelecimento do marido significava a volta da monótona, solitária e vazia existência, envenenada pela amargura e orgulho ferido. Não, ela não queria mais isso.

– O destino decidiu – pensou ela – quem deve desaparecer: sou eu... Tenho muito menos a perder do que ele...

Após tomar tal decisão Dagmara acalmou-se e, com incrível sangue frio, começou a executar os preparativos que julgava necessários. Não desejando deixar atrás de si qualquer coisa relacionada à ciência secreta, começou a destruir sistematicamente tudo o que fora reunido no laboratório e biblioteca de Detinguen. A cada noite ela queimava no quarto do seu *boudoir*, em partes, ervas secas, pós e manuscritos, observando friamente como ardiam em fogo multicolorido os preciosos remédios e antigos papiros.

Por fim, chegou o dia que Dagmara estabelecera para o seu desaparecimento. Ela sabia que ninguém iria atrapalhá-la, pois Desidério, após o almoço, ia a um alegre piquenique fora da cidade que, conforme disse, os amigos organizaram para comemorar a sua recuperação.

De manhã, ela escreveu duas cartas: uma – a Eshenbach, com as últimas instruções; a outra – ao pastor e sua esposa, na qual pedia para que rezassem por sua alma sofredora.

"Se existe a justiça Divina e um Juiz imparcial – assim terminava a carta– então, confio na Sua misericórdia. Ele não me condenará por voltar antes de ser chamada. Morro, porque não posso mais viver".

Escrevendo mais algumas palavras ao marido, Dagmara foi para o seu quarto. Lá, começou a pôr em ordem suas joias, objetos, e contas. A fria decisão não enfraquecia em nenhum instante, e quando Desidério veio despedir-se dela, como de costume, nada percebeu de anormal.

À noite, Dagmara trancou-se no dormitório e vestiu um branco e bordado penhoar; o branco – era a cor dos magos e da inocência, e ela tinha direito a isso. Parou por um instante diante da cômoda e, com sombrio olhar, mirou-se no espelho. Seria possível que aquela pálida visão, que a morte já parecia ter marcado com o selo agourento, era realmente ela?...

Então, agarrou o frasco com o veneno e, apertando-o convulsivamente na mão, saiu do quarto, fechou a porta atrás de si e dirigiu-se para o quarto do filho.

Lá tudo estava quieto; somente ouvia-se a respiração sonora da babá, que dormia no quarto vizinho. Dagmara aproximou-se em silencio do berço e, afastando a cortina de renda, inclinou-se sobre o pequenino, que dormia. Era uma criança linda – delicada e esbelta, como a mãe; naquele instante a sua face um pouco pálida ficou mais rósea do sono; as sobrancelhas cheias destacavam os olhinhos fechados, e os cabelos encaracolados espalhavam-se pelo travesseiro; em sua despreocupada e graciosa pose, o garotinho estava encantador. Dagmara olhou longamente para o filho, como se querendo gravar para sempre na memória cada traço do rosto da criança de quem se despedia; seu coração batia febrilmente, e lágrimas quentes correram pela face. O amor maternal, reprimido durante tanto tempo no espírito doente de Dagmara pela infeliz junção de circunstâncias, despertou poderosamente no momento de despedida. Mas, até esse sentimento puro e sagrado coloriu-se imediatamente com a bile que transbordava de todo o seu ser.

– Será que devo deixá-lo aqui, meu adorado anjo, para ser ignorado como a mãe, para que o pai o envenene moralmente com seu exemplo contagioso? – pensava ela. – Vou deixar você para servir de brinquedo para alguma mulher decaída que irá ocupar o meu lugar, ou para ser educado pelo meu impiedoso inimigo que lhe ensinará a odiar a minha memória e estragá-lo tanto quanto a todos eles?...

Dagmara estremeceu, e um pensamento monstruoso passou-lhe pela mente. Ela ajoelhou-se e apertou o rosto úmido contra o berço. Mas essa fraqueza não durou mais de um minuto. Estava toda trêmula e pálida, quando se levantou com ar decidido e olhou a criança com um olhar de fogo agourento.

– Mas, é verdade! Por que devo deixá-lo? Morra comigo! Não devo deixar nada para ele. Isso seria um crime? Oh, não! Livrar você de uma vida assim será um ato de suprema misericórdia. Não o amei tanto quanto deveria, a tal ponto estavam reprimidos e destruídos meus sentimentos; mas, neste momento, pago a minha dívida de amor, matando-o, "meu filho" – eu que nunca matei nem uma mosca e sempre amei e respeitei em cada ser vivo o sopro Divino.

Rapidamente, como se temendo arrepender-se, Dagmara aproximou-se da mesa, pegou uma colher de leite e colocou nela algumas gotas de veneno; em seguida, voltou ao berço e levantou com cuidado a cabecinha da criança. Por instantes ainda vacilou, tremendo como em febre, e a mão fria recusando-se a obedecer; mas recuperou o autocontrole e introduziu a colher na boquinha do pequenino. Este abriu os olhos, sorriu e, reconhecendo a mãe, engoliu obediente o líquido mortal.

Deixando cair a colher, Dagmara inclinou-se e deixou um longo e quente beijo na rosada testa do filho, que condenou à morte. Em seguida, endireitou-se e saiu do quarto com passo firme.

Dagmara foi quase correndo para o santuário e começou a preparar-se para a grande invocação. Junto ao seu leito de morte, ela queria reunir todos os seres do outro mundo que, tanto no bem como no mal, entraram em sua vida.

Acendeu o candelabro de sete velas e cobriu com ervas sagradas as brasas dos tripés e, quando as nuvens aromáticas encheram o quarto, despejou o veneno no cálice das cerimônias sagradas e mágicas, diluiu com vinho e esvaziou-o num gole.

Pálida como uma sombra e com os olhos em fogo, ela inclinou-se sobre o último livro mágico que guardou para aquele momento e, com voz sonora, começou a pronunciar os encantamentos, enquanto a mão fria apertava convulsivamente o cordão do sino pendurado no teto. Detinguen dizia que aquele sino fora executado por um processo especial e terrível, de diversos metais, fundidos à noite sob uma constelação especial. No momento certo do ritual, ela puxou o cordão, e o misterioso sino soou com um som tremido, agudo e lamentoso como o pranto humano.

De repente, Dagmara balançou, e, em seus olhos, tudo escureceu. Com um surdo gemido, deixou-se cair na poltrona onde morreu Detinguen, e um frio paralisou o seu corpo. Mas, a escuridão à sua volta dissipou-se rapidamente, e ela viu o santuário iluminado por uma luz vermelha como sangue. O sino continuava a tocar e, ao seu chamado, apareciam de todos os lados, das paredes e do teto, seres repugnantes, semi-animais, semi-homens, que Dagmara já tinha visto uma vez; junto com eles veio também o morcego de olhos verdes – o traiçoeiro conselheiro do mal.

O ser demoníaco parou diante de Dagmara e, inclinando-se sobre ela, olhou-a com um olhar que respirava maldade e cruel zombaria.

– Bem, cheguei para cumprimentá-la – sacerdotisa da ciência iluminada e das utopias celestiais – pelo brilhante cumprimento de sua missão. Esta missão era, sem dúvida, atraente e grandiosa. Pense só: vencer todos os seus sentimentos humanos, até os mais básicos, e salvar a alma que, entretanto, ah, ah, ah! – não quer ser salva de jeito nenhum.

Uma aguda dor atravessou a cabeça de Dagmara e, diante dela, abriu-se, uma negra cortina, mostrando quadros sentimentais de um passado distante. Naquele instante ela compreendeu o mistério de sua vida – a provação que deveria saldar os erros do passado e libertá-la. Ela, entretanto, não suportou a provação e aumentou a sua culpa com o assassinato da criança... Tudo isso significava que Detinguen fora simplesmente um instrumento colocado no seu caminho de vida, e ela o amaldiçoou e rejeitou seus ensinamentos que deveriam iluminá-la para aliviar a provação...

Um profundo arrependimento e amargo desespero atormentavam a sua alma. Oh! Por que não percebeu isto a tempo?...

– "Bem-aventurados os pobres de espírito!" – insultava a voz de demônio com escárnio. – Quem não consegue carregar a "cruz" não deve colocá-la nos ombros!

O demônio e a sua matilha satânica caíram sobre Dagmara e começaram a sufocá-la com a sua respiração fria e malcheirosa.

Naquele instante, brilhou uma luz ofuscante e surgiu uma segunda procissão – de seres iluminados, cobertos por uma névoa prateada e com rostos puros e pacíficos. Na frente vinha Detinguen com uma expressão triste, vestindo uma túnica cinza coberta de manchas vermelhas e trazendo no peito a estrela dos iniciados. A seu lado, num traje branco ofuscante, vinha o desconhecido – seu misterioso mestre. A guarda iluminada também se aproximou de Dagmara, e ela sentiu que estava se separando do seu corpo frio. Percebeu então que duas forças terríveis iriam disputar a sua confusa e sofredora alma, como a uma presa. As forças do bem atacaram as forças do mal; o reino da luz chocou-se com o abismo da escuridão com um ruído sinistro, como contra uma parede sólida, e o ar encheu-se de relâmpagos de luz. De repente Dagmara ouviu a voz de Detinguen gritando-lhe:

– Ajude-nos com o ímpeto de sua fé a salvá-la! Você ainda acredita no bem, ou admite somente o mal como a força dirigente?

Uma terrível dor atormentava a mente de Dagmara. Ela mal estava em condições de formular qualquer pensamento, mas, ouvindo o chamado do pai adotivo, foi tomada por um desejo desenfreado de retornar ao bem e conseguir o perdão de suas fraquezas. Junto com isso, em sua alma despertou o enorme desejo de saber, desvendar o irritante mistério da existência, expulsar o inimigo de sua paz – a "dúvida" – que a atormentava com a doentia tristeza da indecisão que encobria a compreensão de Deus.

De repente teve a impressão de que o santuário abrira-se e as paredes desapareceram na névoa distante, no fundo da qual apareceu, aos poucos, uma gigantesca cúpula azul incrustada de estrelas. Diante dela estendeu-se um espaço infinito e lá, em perfeita ordem, seguiam nebulosas de estrelas com seus milhões de sóis, girando em volta de um centro luminoso que representava uma colossal, grandiosa e delicadamente delineada imagem. Na meia luz que reinava sob a enorme abóbada, levantavam-se e passavam as imagens de Osíris, Júpiter, Buda, Sakia-Muni e outros cultuados, que a fraca mente humana usava para encarnar o Ser tão indescritível e incomensurável como o infinito dirigido por Ele e absolutamente incompreensível para uma mente limitada. Ao final, acima de toda aquela visão, surgiu o morro Gólgota com o Cristo crucificado, ofuscando tudo com a sua luz. Em seguida, tudo ficou oculto por uma nuvem.

Agora, no fundo escuro, desenhou-se uma gigantesca cobra que se esgueirava, assobiando aos pés do Divino, tentando enrolar-se nele e feri-lo com o ferrão venenoso. Nas costas de escamas do monstro aglomerava-se, agitada e aos empurrões, uma multidão de pequeninos seres humanos que, imitando a cobra, também tentavam insultar a Divindade, mas caíam inutilmente e eram jogados no abismo onde ferviam as forças desenfreadas do caos.

Naquele instante, ouviu-se a distante, mas nítida voz do desconhecido mestre de Detinguen:

– O ser, cheio de maldade infernal, que se esgueira aos pés da Divindade, é a "dúvida", mas o seu ferrão somente fere os cegos, que não querem entender que tanto o movimento dos sistemas planetários, como a constante troca de substâncias astrais e a atividade de todos os seres que povoam os mundos e esferas invisíveis, tudo é controlado pela mesma grandiosa e imutável lei do aperfeiçoamento. Através de uma série de vidas, lutas e sofrimentos, esta lei conduz os seres sofredores, miseráveis, atormentados pela dúvida e rancor para o centro da luz eterna. A outra lei, tão imutável quanto à lei do aperfeiçoamento, é a "lei do karma", que semeia o caminho do progresso com provações e obstáculos que o próprio homem cria com as suas más ações.

Dagmara compreendeu, então, que ela também era um daqueles insetos que se arrastavam sobre as costas da dúvida, um daqueles átomos que rangiam os dentes e insurgiam-se contra a imutável lei; mas diante da grandiosidade dessa imensidão e poder, ela sentiu-se infinitamente mísera e fraca, e seus sofrimentos pareceram-lhe passageiros e insignificantes. Ela entendeu que a sua luta fora inútil e para se purificar, para atingir a luz e aproximar--se da Divindade, é necessário passar pelo funil de sofrimentos. O espírito que permite o triunfo da carne, ele próprio se castiga, condenando-se a recomeçar o difícil trabalho da elevação. A atormentada alma de Dagmara, que sempre procurou a luz e ansiava pelo bem, encheu-se de enorme desejo de aproximar-se do objetivo divino da verdade e luz. Ela arrancou de dentro de si a dúvida que a consumia, e o ímpeto de submissão, fé, amor e súplica de perdão pareceu levá-la para longe da terra e de seus malefícios.

Dagmara não viu como as forças do mal recuaram e deixaram passar a armada de luz, mas sentia o sopro quente e a profunda beatitude que a envolvia. Ajudada por Detinguen e pelo mago, ela facilmente elevou-se para uma atmosfera transparente e azulada, indo em direção ao distante centro da luz...

No restaurante da moda, no meio de seus velhos companheiros, Desidério comemorava pela décima vez o seu milagroso restabelecimento. A festa havia chegado ao apogeu; os rostos vermelhos dos companheiros de copo, o desarranjo dos trajes e as conversas desinibidas denunciavam que os vinhos e licores, jorrando à vontade, já tinham causado seu efeito. De repente, Desidério, que gargalhava de uma anedota picante de Varezi, empalideceu, deixou cair o copo e jogou-se no espaldar da poltrona, sentindo forte tontura. Foi como se uma estrela de fogo tivesse atravessado seu peito, e uma aguda dor instalou-se em seu coração. O barão teve a impressão de que estava morrendo. Em seguida, a sensação de queimadura foi substituída por um frio gélido e Desidério sentiu que caía num abismo escuro. Diante de seus olhos, pairava Dagmara, mortalmente pálida, que Detinguen e um desconhecido numa túnica de branco ofuscante levavam consigo.

A sensação fria da toalha úmida com que enxugavam seu rosto obrigou Desidério a abrir os olhos. Em volta dele juntaram-se os companheiros, preocupados e surpresos.

– O que você tem? De repente, começou a desmaiar como

uma mocinha nervosa. Está doente? – perguntou Varezi, servindo-lhe uma taça de champanhe.

Vallenrod recusou o vinho e pediu uma xícara de chá.

– Comigo está tudo bem. Só estou sentindo uma leve tontura e uma estranha dor no coração – respondia ele às perguntas das "damas".

Desidério tomou o chá, tentando rir e continuar a conversa interrompida, mas rapidamente percebeu que não estava para brincadeiras. Uma estranha inquietação que nunca havia sentido antes apertava o seu coração, e a forte dor no peito quase o impedia de respirar. Um quarto de hora depois, ele levantou-se e, alegando não estar se sentindo bem, dirigiu-se rapidamente para a vila.

Já eram cerca das três horas da manhã quando o barão voltou para casa e, torturado pela sensação de perigo, foi rapidamente ao dormitório. A cama de Dagmara estava vazia, o que nunca acontecera até agora. Onde estaria? Irritado e atormentado por um obscuro pressentimento, Desidério passou pelo quarto da esposa e, não a encontrando em lugar nenhum, entrou no gabinete e viu sobre a escrivaninha uma carta endereçada a ele. Abrindo apressadamente o envelope, ele leu o seguinte:

"A vida que você me deu é uma carga insuportável. Por isso estou voluntariamente cortando os laços que nos unem e que me obrigam a viver em dependência de sua energia vital. A minha morte nos livrará a ambos destas correntes, que lhe pesavam tanto..."

À medida que lia, o rosto de Desidério foi ficando cada vez mais pálido; a carta caiu de suas mãos trêmulas e ele saiu correndo do quarto. Examinando mais uma vez o recinto, correu para o santuário; a luz acesa no corredor indicava que ele estava na pista certa, e Desidério puxou a maçaneta da porta. Aromas sufocantes enchiam o amplo ambiente, sob a luz agourenta das velas acesas sobre o altar; mas o olhar horrorizado de Desidério fixou-se na grande poltrona onde jazia Dagmara. No longo e branco traje, ela parecia um fantasma; sua cabeça contrastava com o veludo escuro do espaldar da poltrona; seus olhos estavam fechados e, no pálido rosto marcado pelo selo da morte, congelou-se uma expressão clara de triunfo.

Ele balançou como se tivesse recebido um golpe de marreta na cabeça e encostou-se na parede. Tudo girava à sua volta e ele repetia maquinalmente:

– Não é possível!... Não é possível!...

De repente, endireitou-se, correu para Dagmara e começou a sacudi-la. Em seguida, ajoelhou-se, começou a massagear suas mãos e têmporas e soprar no seu coração. Tudo em vão. A jovem mulher permanecia fria e imóvel, e sua cabeça caiu para o lado. Percebendo que seus esforços eram inúteis, Desidério levantou-se. Ele sentia tonturas, os pensamentos se misturavam e, repentinamente, naquele caos surgiu o nome de Reiguern. Talvez ele, um cientista, ajudasse e encontrasse um antídoto.

Esperançoso, Desidério corria para o gabinete quando encontrou pelo caminho o velho José.

– Um médico!... Mande trazer para cá o doutor Reiguern! – bradou ele, com voz esganiçada.

– O senhor tem razão, barão, é preciso chamar o médico! Não sei o que houve com a criança, mas ela está imóvel, como morta! – exclamou a babá, pálida e com o corpo todo tremendo.

– A criança, como morta?... repetiu Desidério, estremecendo da cabeça aos pés.

Empurrando os criados, e fora de si, correu para o berço; mas vendo o pálido e imóvel corpo do menino, compreendeu imediatamente que havia perdido para sempre também o filho.

Não suportando aquele novo golpe, o barão caiu sem sentidos no tapete.

Quando voltou finalmente a si, a sua louca excitação fora substituída por uma sombria apatia. Ao ser informado de que José fora buscar o médico, Desidério pegou o corpo da criança, arrastou-se cambaleando até o santuário, sentou-se na cadeira ao lado da poltrona onde jazia Dagmara e ficou olhando-a com um olhar apagado e irracional.

Abatido e moralmente arrasado, Desidério encostou a cabeça em brasa no espaldar da poltrona e não se mexeu.

Reiguern encontrou-o nessa posição; pálido, calado, sentado com a criança morta nos braços. O médico, estarrecido, estava completamente desesperado. Tentou de tudo o que lhe oferecia a ciência para devolver a vida à mãe e à criança, mas estava tudo acabado e restava-lhe somente atestar a morte delas.

Colocando o menino ao lado da mãe, Reiguern pegou Desidério pelo braço e levou-o ao dormitório. Tudo o que certa vez vivera e animara o local, transformou-se em cinzas...

Quando, na manhã seguinte, o médico e Desidério entraram no santuário para recolher os corpos, pararam estarrecidos na porta. Alguém enfeitara o leito de morte e todo o chão com grande quantidade de rosas de cores e aroma magníficos, desconhecidos nos países nórdicos. Ambos os corpos estavam inteiramente cobertos com aquele manto perfumado – o último sinal de atenção do misterioso mestre.

Estava um dia frio e escuro de inverno. A neve caía em pesados flocos, e o forte vento agitava as grandes e nuas árvores do cemitério de Brandemburgo. Junto aos portões do cemitério, estavam estacionadas algumas carruagens e, pela grande alameda, caminhavam algumas pessoas, que se dividiram em pequenos grupos e conversavam à meia voz.

– O bondoso Vallenrod escolheu um dia horrível para seus funerais – disse o jovem oficial, enrolando-se de frio no capote.

– Penso que ele preferiria não nos incomodar – disse o homem vestido à paisana, que ia atrás, junto com Reiguern.

– Além da morte trágica da baronesa, que, dizem, envenenou-se junto com seu filho, aconteceu também uma história muito misteriosa com a mãe do barão. Uma instituição beneficente exigiu da baronesa Vallenrod uma grande soma em dinheiro que ela roubou da condessa de Helfenberg, quando esta ainda estava sob a tutela do barão Gunter; mas o caso acabou não sendo esclarecido, pois Vallenrod obrigou a mãe a entregar esta quantia. Com isso, ela acabou enlouquecendo e foi internada num manicômio...

– Onde logo morrerá, conforme diz a baronesa Shpecht. Ela me contou que a descoberta desse roubo escandaloso foi uma vingança de além-túmulo da jovem baronesa – acrescentou o senhor à paisana, parecendo interessado.

Alguns dias depois, na casa do pastor Reiguern, houve uma reunião para homenagear o aniversário da morte de Dagmara.

Nessa devota e simples família, a morte trágica da jovem mulher, que lá foi educada e que todos amavam, deixou uma marca indelével. Esse dia era sempre passado em tristeza e pesar, e, à noite, todos se reuniam para uma prece conjunta pela alma sofredora da sua pupila. As lágrimas caíam abundantemente dos olhos de todos os presentes, quando o pastor ajoelhou-se e, levantando as mãos, pronunciou com devoção:

– Nosso Senhor, Jesus Cristo! Pela Tua infinita misericórdia, tem piedade daquela que ousou comparecer diante do Teu altar antes de ser chamada. Não a julgues com todo o rigor de Tua lei, mas perdoa-lhe, pois pecou por ignorância, obscurecida pela perigosa e proibida ciência! Ela esqueceu as Tuas santas palavras:

"Bem aventurados os pobres de espírito, pois deles é o Reino dos Céus."

A NOITE DE SÃO BARTOLOMEU

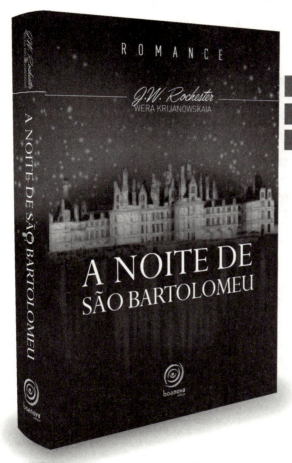

Novo Formato
Nova Diagramação
Nova Capa

Wera Krijanowskaia
ditado por
J. W. Rochester

16x23 cm | 432 páginas
Romance Histórico

Nessa obra, Rochester mostra todo um cotidiano de intrigas, fofocas, delações e traições que estiveram por trás de alguns acontecimentos. Narra o casamento de Henrique de Navarra (protestante) com Margarida de Valois (católica, filha de Catarina de Médicis, rainha-mãe) que foi usado como isca para atrair protestantes (hunguenotes) numa cilada. Uma história que fala de fanatismo bárbaro.

Catanduva-SP 17 3531.4444 | boanova@boanova.net | São Paulo-SP 11 3104.1270 | boanovasp@boanova.net
Sertãozinho-SP 16 3946.2450| novavisao@boanova.net | www.boanova.net

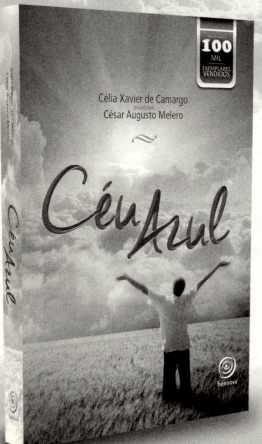

Céu Azul

100 MIL EXEMPLARES VENDIDOS

Novo Formato
Nova Diagramação
Nova Capa

Célia Xavier de Camargo
DITADO POR
César Augusto Melero

Quando se veem tantos jovens que desencarnam prematuramente e se contempla o sofrimento de familiares e amigos, compreende-se como o conhecimento dos assuntos espirituais é de vital importância para o ser humano. Prova disso é a ânsia com que hoje as criaturas buscam informações, nem sempre da forma correta. Reconhecendo essa necessidade, o jovem César Augusto Melero vem falar de suas experiências: como vivem, o que fazem, o que pensam aqueles que deixaram o mundo terreno partindo para uma outra realidade, mais viva, atuante e feliz. Suas narrativas são emocionantes, consoladoras e instrutivas. Além de demonstrarem que a morte não existe, trazem novas e surpreendentes informações sobre o admirável mundo espiritual.

Vida no Além | 16x23 cm

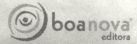

Catanduva-SP 17 3531.4444 | boanova@boanova.net
São Paulo-SP 11 3104.1270 | boanovasp@boanova.net
Sertãozinho-SP 16 3946.2450 | novavisao@boanova.net
www.boanova.net

QUANDO O AMOR TRIUNFA

Giseti Marques

432 páginas | Romance | 16x23 cm | 978-85-8353-049-7

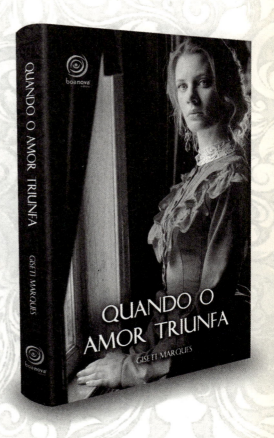

França, século XIX. Em meio à tumultuosa onda de revolta que se levantava no país com o surgimento de uma iminente revolução, o duque Cédric Lefevre, oficial do exército francês, homem duro de coração e com um passado envolto em sofrimento, depara-se com um sentimento que, para ele, até então era desconhecido. Ao ver Charlotte, uma linda jovem, doce e bem diferente das moças da época, o nobre sente seu mundo abalado pelo que agora clama seu coração. Contudo, um acontecimento inesperado trará de volta a amarga realidade à vida do nobre.

Como vencer o orgulho? Como aceitar que a vida nem sempre tem as cores com as quais a pintamos? Intriga, ódio, vingança – esses são alguns dos obstáculos com os quais os personagens deste livro vão se deparar.

Para auxiliar nos contratempos, no entanto, está um sábio espírito na figura de uma criança: Henry, o deficiente e doce irmão de Charlotte, traz a reflexão a todos os que o rodeiam com seus exemplos – atitudes que podem transformar uma existência.

Boa Nova Catanduva-SP | 17 3531.4444 | boanova@boanova.net
Boa Nova São Paulo-SP | 11 3104.1270 | boanovasp@boanova.net
Boa Nova Sertãozinho-SP | 16 3946.2450 | novavisao@boanova.net

O ELIXIR DA LONGA VIDA

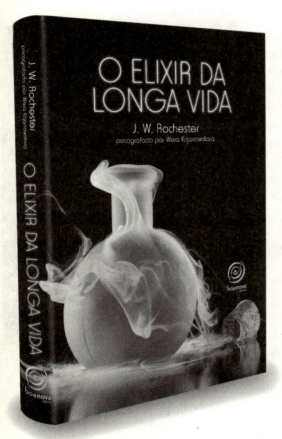

J. W. Rochester
psicografado por Wera Krijanowskaia

Romance Ficção | 16x23 cm
384 páginas | ISBN: 85-86470-14-7

Nesta obra Rochester aguça a nossa curiosidade e torna verdadeiros mitos e lendas da humanidade. O tema principal é um elixir que dá àquele que o beber a juventude eterna e a prova de suportar a perseguição de espíritos maus e a necessidade de aprender a dominar os fenômenos naturais através da magia. Uma leitura imperdível.

Catanduva-SP 17 3531.4444 | boanova@boanova.net | São Paulo-SP 11 3104.1270 | boanovasp@boanova.net
Sertãozinho-SP 16 3946.2450| novavisao@boanova.net | www.boanova.net

DE VOLTA AO PASSADO
CÉLIA XAVIER DE CAMARGO DITADO POR **CÉSAR AUGUSTO MELERO**

16x23cm | 448 páginas | Vida no Além

O esquecimento do passado, para todos nós aqui da Terra, é bênção divina, que nos proporciona condições de evoluir. Um dia, porém, temos de enfrentar nossa dura realidade, quando somos forçados a lutar vigorosamente para resgatar os débitos que assumimos em outras existências, assim como a superar os desafios da atual encarnação. Não é fácil. Pela nossa ótica, enxergamo-nos sempre como vítimas inocentes. A verdade, entretanto, poderá nos surpreender, revelando nossa real situação e os prejuízos que causamos aos outros através do tempo. A finalidade desta obra é despertar em cada um de nós a necessidade do autoconhecimento como meio de vencermos as imperfeições de que somos portadores.

Boa Nova Catanduva-SP | 17 3531.4444 | boanova@boanova.net
Boa Nova São Paulo-SP | 11 3104.1270 | boanovasp@boanova.net
Boa Nova Sertãozinho-SP | 16 3946.2450 | novavisao@boanova.net

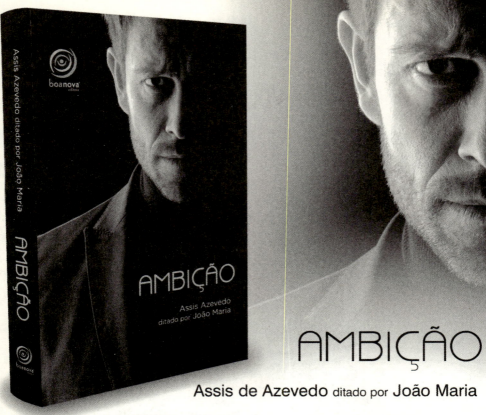

AMBIÇÃO

Assis de Azevedo ditado por João Maria

Um homem, um sonho! É possível acreditar em um mundo melhor? Em pessoas mais responsáveis? Em valores morais mais nobres? No coração de muitos, há tanta coisa represada! E nós, por questões às vezes meramente materiais, deixamo-nos envolver pelos gritos agitados que o mal alardeia ao nosso redor.

A morte de um megaempresário mexe com o mundo dos poderosos do país, inserindo nesse cenário um ilibado inspetor de polícia, que decide investigar a veracidade dos fatos. Falcão Nobre é um policial conhecido de muitos bandidos e respeitado em seu meio por sua conduta irrepreensível. Dono de sagacidade e coragem incomuns, o policial se vê então envolvido em uma conspiração perigosa, que pode levar um homem ao sucesso ou ao fracasso total.

Traição, egoísmo, intrigas e maledicência são alguns dos componentes que se mesclam neste livro à ambição desmedida de alguns personagens por poder e dinheiro.

Esta obra apresenta também uma reflexão sobre a condição de mudança do homem quando decide, encorajado pela fé, pela esperança e pela vontade, fazer a diferença.

Numa narrativa empolgante e em um clima de suspense, Falcão Nobre busca a verdade e, inesperadamente, ainda poderá encontrar algo que nunca imaginou: o amor.

352 páginas | Romance | 16x23 cm | 978-85-8353-036-7

Boa Nova Catanduva-SP	17 3531.4444	boanova@boanova.net
Boa Nova São Paulo-SP	11 3104.1270	boanovasp@boanova.net
Boa Nova Sertãozinho-SP	16 3946.2450	novavisao@boanova.net

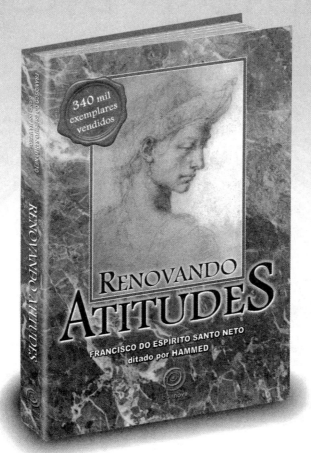

RENOVANDO ATITUDES
Francisco do Espírito Santo Neto/Hammed
Filosófico | 14x21 cm | 248 páginas | ISBN 978-85-99772-61-4

Elaborado a partir do estudo e análise de 'O Evangelho Segundo o Espiritismo', o autor espiritual Hammed afirma que somente podemos nos transformar até onde conseguirmos nos perceber. Ensina-nos como ampliar a consciência, sobretudo através da análise das emoções e sentimentos, incentivando-nos a modificar os nossos comportamentos inadequados e a assumir a responsabilidade pela nossa própria vida.

O MISTÉRIO DA CASA

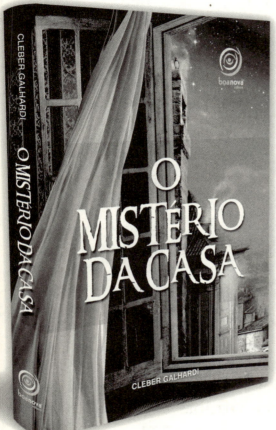

CLEBER GALHARDI
16x23 cm
Romance Infantojuvenil
ISBN: 978-85-8353-004-6

256 páginas

Uma casa misteriosa! Um grupo de pessoas que se reúnem alguns dias por semana, sempre a noite! Um enigma? O que essas pessoas fazem ali? O que significa esse código? Descubra juntamente com Léo, Tuba e Melissa as respostas para essas e outras situações nessa aventura de tirar o fôlego que apresenta aos leitores uma das principais obras da codificação de Allan Kardec.

LIGUE E ADQUIRA SEUS LIVROS!

Catanduva-SP 17 3531.4444 | boanova@boanova.net
São Paulo-SP 11 3104.1270 | boanovasp@boanova.net
Sertãozinho-SP 16 3946.2450 | novavisao@boanova.net
www.boanova.net

O Evangelho Segundo o Espiritismo

Autor: Allan Kardec | Tradução de J. Herculano Pires

Os Espíritos Superiores que acompanharam a elaboração das obras codificadas por Allan Kardec, assim se manifestaram à respeito de O Evangelho Segundo o Espiritismo: "Este livro de doutrina terá influência considerável, porque explana questões de interesse capital. Não somente o mundo religioso encontrará nele as máximas de que necessita, como as nações, em sua vida prática, dele haurirão instruções excelentes". Conforme palavras do Codificador "as instruções dos Espíritos são verdadeiramente as vozes do Céu que vêm esclarecer os homens e convidá-los à prática do Evangelho".

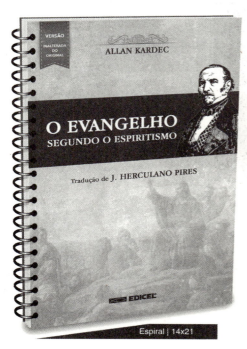

Espiral | 14x21

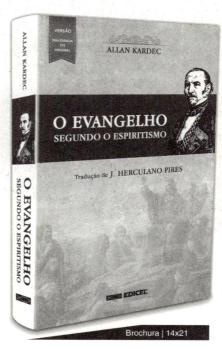

Brochura | 14x21

Os Reckenstein

Novo Formato
Nova Diagramação
Nova Capa

Wera Krijanowskaia
ditado por
J. W. Rochester

16x23 cm | 304 páginas
Romance Ficção

O livro apresenta a saga da família do Conde Reckenstein, tradicional na Europa medieval. A história é narrada de forma fascinante e encantadora por J. W. Rochester, que desnuda as intrigas e trivialidades da corte europeia. Um livro de fortes emoções, narrado com singularidade de detalhes.

Catanduva-SP 17 3531.4444 | boanova@boanova.net | São Paulo-SP 11 3104.1270 | boanovasp@boanova.net
Sertãozinho-SP 16 3946.2450| novavisao@boanova.net | www.boanova.net